U0635268

大夏书系·教师专业发展

任海涛　晋　涛／主编

# 中小学教育惩戒裁量基准及案例式解读

铁芳题

ECNUP
华东师范大学出版社
全国百佳图书出版单位
·上海·

# 编　委　会

主　编：任海涛　晋　涛

副主编：刘　宁　刘旭东　刘　扬

编　委（以姓氏笔画为序）：

丁紫玉（上海交通大学）
付　铮（华东师范大学）
付　楠（华东师范大学）
闫　波（中国政法大学）
李鑫狄（武汉大学）
肖　鹏（华东师范大学）
吴　璇（华东师范大学）
吴绣书（中国政法大学）
汪羽舒（中国人民大学）
沈琦尧（华东师范大学）
张冠群（华东师范大学）
陶丹凤（武汉大学）
康　优（武汉大学）
傅　松（华东政法大学附属中学）

# 前　言

《中小学教育惩戒规则（试行）》（以下简称《规则》）已于2021年3月1日正式实施。该规则在未来一段时间内将会成为指导我国中小学实施教育惩戒的基本规范。但是，中小学校领导、教师、家长及社会民众对该规则的理解还有差异。本书从学理角度对该规则内容及典型案例进行解析，目的是为实务部门及教师提供一个参考。本书的观点仅代表学者的观点，各学校可以参考本书的观点对具体内容进行调整。

本书旨在以简单、明快的方式向大家传递教育惩戒的规范知识，帮助大家进一步理解《规则》的要求，从而促进中小学教育惩戒做到有理、有据、有度，引导中小学教育惩戒在立德树人过程中发挥积极作用。

本书的特色在于对中小学教育惩戒案例进行了规范解读，依据《规则》对相关案例进行合规评判，以案说法、以案释法、以案明法，便于更加准确地理解教育惩戒的具体内容、实施程序。

全书以生动、详实、常见、多发的案例为载体，将中小学教育惩戒的知识融为一体，全面地展示了教育惩戒的知识体系。全书分为四编：

第一编“教育惩戒概述”，介绍了中小学教育惩戒的内容、价值、原则、申诉、复核，从理论视角概括了中小学教育惩戒的知识体系。

第二编“教育惩戒裁量基准表”，明确了中小学教育惩戒的适用裁量标准。用可视化的图表展示了教师、学校在小学（1—6 年级）、初中（7—9 年级）、高中（10—12 年级）适用教育惩戒的事由、事例和类型。同时，还专门单列了教师教育惩戒的禁止行为，凸显教育惩戒的“负面清单”。

第三编“案例解读”，共有教育惩戒原理、合规的教育惩戒、违规的教育惩戒三个部分，共有五十个案例。每个案例按照题目、关键词、案例详情、案例知识点、适用规则、案例评析、专家支招、案例来源等几项内容展开。这些案例有些来源于书籍期刊，有些来源于新闻报道，有些来源于写作者的调研，较为全面地反映了中小学教育惩戒在实践中的原生面貌。

第四编以华东政法大学附属中学为例，全景式记录了该校制定《〈中小学教育惩戒规则（试行）〉实施细则（草案）》的推进过程。通过这个细则制定样本，可以发现在制定《〈中小学教育惩戒规则（试行）〉实施细则》时，学生参与既符合惩戒规则要求，也是保障惩戒实施细则合理性的必要举措。这一样本具有示范意义，为中小学制定《〈中小学教育惩戒规则（试行）〉实施细则》和其他校规、校纪提供了必要参考和行动路径。

《规则》为中小学教育惩戒提供了依据，能够化解中小学及其教师不敢惩戒和滥用惩戒的双重困境。《规则》对于中小学教育惩戒的规范依据、惩戒类型、实施原则、实施程序、“负面清单”等内容进行了详实的规定。如何将这些条文内容转化为明确的操作指南？案例引导无疑是一种较为便捷、有效的方式。本书借助中小学教育惩戒的案例，帮助大家直观地认识到《规则》在实践中的正确“打开方式”，可以作为中小学教育惩戒日常学习、研讨的“口袋书”和支撑材料。

本书整体框架和编写思路由任海涛完成，初稿统稿工作由晋涛负责，刘宁（浙江大学光华法学院）、刘扬（华东师范大学法学院）参与统稿工作。本书第一编由刘旭东（南京财经大学法学院）、任海涛共同完成。第二编编写思路由两位主编商定，由晋涛执笔完成。第三编案例解析作者于案例末尾注明。第四编由华东政法大学附属中学傅松校长领衔完成。

不可否认，编写团队对于“惩戒规则”相关问题的研究也在不断更新之中，该书是应对现实需要的“急就章”，若有错谬之处，还望广大读者批评指正。

任海涛　晋涛

2021 年 5 月 21 日小满

# 目 录

## 第一编

## 教育惩戒概述

## 第二编

# 教育惩戒裁量基准表

# 第三编

# 案例解读

## 第一章

第二章

## 合规的教育惩戒 _ 096

第三章

## 违规的教育惩戒 _ 179

## 第四编

# 制定学校实施细则的典型范例

〔第一编〕

# 教育惩戒概述

# 第一章

# 认识教育惩戒

近年来，教育惩戒权的规范行使愈加受到社会关注。在我们的日常教学活动中，部分教师或是因惩戒手段过重而侵犯了学生权益，或是因不敢惩戒而对诸如校园欺凌等现象置之不理。造就这一现象的重要原因在于，长期以来我国关于教育惩戒权的立法规范尚不清晰，学校教育者行使惩戒权难以获得立法依据。因此，一旦因教育惩戒而产生一些纠纷，教师甚至学校往往处于“有理说不清”的境地，拿不出相应的法律条文为自己的惩戒行为提供依据。一些“校闹”事件实际上也是因为教育惩戒缺乏明确的立法规定。

所以，研究教育惩戒对于教育从业者而言至关重要，具有以下意义：

第一，让教师和学校在行使教育惩戒时有章可循、有法可依，促使教师和学校规范、合理地行使教育惩戒；

第二，在发生教育惩戒纠纷时，面对一些无理的指责，教师和学校可以依靠法律来维护自身的权益，提升教师和学校的权威性；

第三，当教育惩戒真的侵犯到学生权益时，学生及家长可以通过法律方式维权，明确教师或学校的违法之处。

## 一、教育惩戒的立法定义

过去很长一段时间，我国都没有从立法上明确教育惩戒的概念，这导致对什么是教育惩戒始终存在不同的观点。透过诸多案例可知，即使我国多部法律禁止体罚、变相体罚，很多教师对其与惩戒的界限认识仍较为模糊，体罚、变相体罚现象频频发生，将体罚、变相体罚作为教育教学的常用手段，严重违背教育教学规律，教育效果大打折扣，学生正当权利得不到保障。

2020 年 12 月 23 日，教育部颁布《中小学教育惩戒规则（试行）》（以下简称《规则》），自 2021 年 3 月 1 日起施行。《规则》首次对教育惩戒的概念进行了定义，根据《规则》，教育惩戒是指“学校、教师基于教育目的，对违规违纪学生进行管理、训导或者以规定方式予以矫治，促使学生引以为戒、认识和改正错误的教育行为”。

当然，通过定义还无法全面解决现实中教师和学校遇到的一些问题，《规则》随后还有其他诸多规定与这一定义形成搭配，共同勾勒了合法的教育惩戒的全貌。

## 二、教育惩戒的主体

根据《规则》，学校和教师都是教育惩戒的主体。过去有人认为只有学校或者教师才有惩戒权，这种观点是偏颇的。

将学校和教师都规定为教育惩戒的主体，有这样的优势：

**（一）教师与学生联系密切。**教育惩戒的目的在于通过惩戒促使学生反省，塑造其良好的人格，并维系基本的教学秩序，而这主要依靠教师。现实中，除了家长以外，和学生相处时间最长的莫过于教师，教师和学生朝夕相处，几乎成为学生的“第二家长”，这决定了由他们施加惩戒最为便利与及时，仅依靠学校必然导致惩戒的滞后甚至失效。同时，作为一线教学者，教师在教学进程中需要对行为失范的学生展开责罚教育，否则就会影响教学效果。

**（二）学校可以处罚较重的违纪行为。**当学生的失范行为较为严重，或不适宜由教师当场作出惩戒时，则应由学校根据一定的程序进行处理，这亦是学校在履行具体的教育职责。例如，停课这种教育惩戒措施就不宜由教师个人单独作出，因为停课属于相对较重的惩戒措施，处理不好会侵犯学生依法享有的受教育权。所以，处罚较重的教育惩戒应当由学校作出。

总之，以学校为主、教师为辅的惩戒方式符合教育实践的一般做法，符合我国现实国情，尊重了学校及教师的独立性与专业性，《规则》的这一界定应当予以肯定。

## 三、教育惩戒的种类

根据《规则》第八至十一条的规定，教育惩戒主要分为以下几类：

**（一）批评。**批评又被称为言语责备，是教育惩戒权中最为轻微的表现形式，它是指用言语对学生的失范行为进行责备，言明错误，指明规范，以督促学生改正错误。

尽管批评针对的是学生较为轻微的失范行为，但一般情况下教师仍应尽可能地采取私下批评而非当众批评的方式；涉及学生隐私的事件，则必须无条件地采取非公开的方式。教师更不得以批评学生为名，对学生进行公开或私下的讽刺、挖苦，甚至辱骂，否则这将构成变相体罚。

**（二）道歉。**道歉是常见的教育惩戒类型，在责令学生道歉时，教师需要首先对学生展开耐心教导，促使其认识到自己的错误，这样的道歉才会起到真正的教育作用。帮助学生构建起正确的是非观念，达到引以为戒的目的。否则，一味地让学生道歉，而不就对与错进行详细分析，道歉的同学很难发自肺腑地认识到错误。道歉流于形式，难以引起学生认同，教育目的就会落空，甚至引起学生的逆反心理，使其作出应激反应。

**（三）检讨。**检讨是指让违纪学生以口头或书面形式进行自我审视，全面检视自身的缺点或错误。但是，出于维护学生的人格尊严和疏导学生心理的需要，检讨应当以私下的形式作出，教师至多可以令学生作当面检讨，不可以让学生当着所有同学的面来作检讨；检讨是书面形式时，教师不应当众宣读或张贴学生的检讨书。

**（四）剥夺特殊权利。**这里所指的特殊权利是指学生享有的参与法定教育内容之外的课程或活动的权利，例如，剥夺学生参与课外讨论会或春游等权利。至于国家法定的教育内容，它们不具备“特殊”的特质，教师无权剥夺学生参与，否则，这也将侵犯到学生的受教育权。

**（五）课堂站立。**如果课堂站立的时间过长，容易导致课堂站立变异为体罚或变相体罚。所以，教师应当根据学生的身体素质来确定站立的时间。通常而言，站立不应当超过一堂课的时间，否则，既容易对学生的人格产生不利影响，也会导致变相体罚。例如，针对一年级的小朋友，可以罚站立20分钟；针对高中生，可以罚站立一节课。

**（六）罚做特定事情。**针对学生的违纪行为，教师可通过让学生做特定的事情从而起到教育学生的效果。实践中常见的罚站、罚打扫卫生、罚抄课文就属于该类惩戒。当然，这类惩戒也要注重量度。应当与该年龄段学生的一般身心发展水平以及个体特征大体相适应，明显超过限度则会滑进体罚、变相体罚的禁区。

教师令学生所做的事情应当与该生的违纪行为具有内容或因果关系上的关联性。教师须充分考虑到学生的年龄、身心发展状况等个人特质，从而保证这一惩戒行为在取得教育效果的同时，不至于给学生身心发展造成过多负担和痛苦。例如，针对学生忘写作业，教师可预计所用时长和实施强度，在合理的限度内罚抄课文等。此时，如若教师罚其打扫卫生，则与学生的违纪行为毫无关联性；如若教师罚其抄十遍课文，明显超出必要限度和学生可承受强度，有可能导致变相体罚。再如，罚学生适当打扫班级部分区域就是合理的教育惩戒，但罚学生打扫整个操场就属于体罚了。

**（七）暂时没收物品。**当学生携带了影响自身及他人学习，或是可能影响到正常教学秩序的物品时，教师可以暂时没收这些物品并分情况进行处理。对于非违禁物品，教师发现后可以立即控制或者没收，对学生进行批评教育。对于这类物品，教师应当予以妥善保存，及时通知家长进行领取，而不得不予返还或进行毁损。

实践中，部分教师没收了特定物品（如手机）后毁损的行为，侵犯了学生的财产权益，也无法达到教育学生的目的。对于违禁物品（如管制刀具、色情书刊等），教师在没收后应移交有关部门，并通知家长，不得自行处理上述物品。

**（八）单独教育。**单独教育是指针对持续扰乱教学秩序或持续侵犯他人权益的学生，教师采取的将其隔离，对其进行教育的惩戒活动。持续性是单独教育所规制的行为具备的鲜明特质，学生偶尔的短暂性违纪行为，或经劝阻后及时停止的违纪行为，都不宜适用单独教育。

单独教育的措施较为多样化，例如在教室后面罚站、带离教室。单独教育的时间不宜过长，例如，小学生的单独教育时间可以为一堂课，中学生的隔离时间可以为一小时。

另外，被单独教育的学生不应独处，尤其是对于那些被带离教室的学生，必须始终处于至少一名教师的管控之下，教师应及时对之进行教育训诫，而不能放任不管。当然，单独教育不能剥夺学生接受正常的课堂教学的权利。

**（九）留置。**留置是指教师针对某些违纪情况较为严重的学生，令其在放学后留置学校，并接受教师批评教育的惩戒行为。

教师采取留置惩戒时间不能过长，不能剥夺学生正常的生理需要，更不得限制学生的人身自由。更重要的是，决定留置学生后，教师必须及时通知学生家长，告知其留置的理由、时间，保障家长的知情权。

近几年，我们经常可以在新闻上看到一些关于留置后学生自杀或者意外身亡的事件，所以，教师一定要注意留置学生后的监管，避免学生独处，及时对学生心理进行疏解，防止出现上述新闻中的事件。此外，教师还需要妥善并及时与监护人达成合意，为学生离校制定稳妥的安全保障措施，保障学生离校后的人身安全。

**（十）责令学生赔偿损失。**学生损坏学校公共物品或他人财物的，教师可责令学生赔偿损失。考虑到学生的经济能力，针对小学生或初中生作出这一惩戒时，教师必须通知其家长；针对高中生作出这一惩戒时，教师可视情况决定是否通知家长。

同时，教师确定的赔偿数额应当尽可能地等同于损坏物的价值，不应明显高于原物价值，更不得额外采取“罚款”的措施，在合法性原则要求下，教师不具备“罚款”的权力。

**（十一）停课。**停课针对严重违纪行为，实施这一惩戒时应适用比例原则，必要且正当，当违纪学生的行为已经严重威胁到校园内人身安全或最基本的教育教学秩序时，学校可以考虑停课惩戒。

由于这一惩戒较重，停课这一惩戒决定只能由学校作出，教师个人不可单独作出。停课时间不能过长，否则将侵犯学生的受教育权这一宪法性权利。

**（十二）会谈家长。**这一惩戒是指教师针对学生的违纪行为而采取的通知家长到校谈话，或进行家访，抑或与家长采取电话谈话等以达到沟通互信，家校相互配合共同促进学生改正错误的教育措施。这类行为虽并非令学生直接承担某种不利负担，但适当的会谈家长在客观上显然会给学生带来直接的心理紧迫感，督促其反悔自身的违纪行为。因此，会谈家长仍属于教育惩戒的范畴。

**（十三）专人训导、专门课程。**根据《规则》第九、十条的内容，学校惩戒还包括专人训导、专门课程等，这都属于教育惩戒。

当然，在实施方法上，教师要考虑到学生以及家长的尊严，不能在见到家长后一味地指责学生的过错，而应当秉持理性谨慎的态度，彰显教育者的理解和爱护情怀。首先应当客观且全面地陈述学生的失范事实，就事论事，以事实为依据点明学生的错误，并以平等角度运用专业知识同家长协商具体对策，切忌发泄情绪并上升到对学生本身的否定。一味指责和谩骂显然不可取，发泄情绪并不能直面问题，更不能解决问题，想要达到教育目的，只有发挥教师本身的教育专业素养引导家长理性看待学生的错误行为，避免给家长和学生带来焦虑情绪，由此激发各方矛盾。

## 四、教育惩戒与纪律处分的差异

很多人主张，警告、记过、开除学籍等纪律处分也属于教育惩戒，但是根据《规则》的规定，教育惩戒和纪律处分是不同的措施。所以，学校和教师对此需要严格把握，切勿将纪律处分和教育惩戒混淆。

**（一）纪律处分有立法明确规定。**我国教育法律法规通常都会对纪律处分进行单独规定，如《普通高等学校学生管理规定》第五十一条就单独规定了纪律处分；中小学生违反法律法规及学校纪律的，也规定了相应的纪律处分。

可见，有专门规定纪律处分的文件。因此，作为一个规范的法律概念，纪律处分显然不宜与教育惩戒混为一谈。

**（二）教育惩戒的立法重点是针对不构成纪律处分的行为。**当前国家大力推进教育惩戒立法，主要就是为了将那些尚不足以构成纪律处分的行为纳入规范管理轨道，尤其是让教师合法地对一般失范行为进行惩戒。《规则》第十条规定："对违规违纪情节严重，或者经多次教育惩戒仍不改正的学生，学校可以给予警告、严重警告、记过或者留校察看的纪律处分。对高中阶段学生，还可以给予开除学籍的纪律处分。”可见，《规则》对纪律处分的单独规定实际上就是有意对这两种教育行为加以区分。

现实中我们可以很明显地感受到，学校在对学生进行纪律处分时往往很有底气，毕竟，纪律处分有法律的明确规定。但是，当学校或教师行使没有立法明确规定的教育惩戒时，往往进退两难，容易深陷纠纷。所以，此次国家通过的《规则》就是旨在对这些和纪律处分不同的、为正常履行教育教学职能所需且又没有法律明确规定的教育惩戒进行规制。

**（三）混淆二者将导致立法混乱。**如果将纪律处分纳入到教育惩戒的概念中，则教育惩戒立法的管理范围将明显扩大，也就是说，在纪律处分已经获得了教育法律法规规定的基础上，立法者需要对之再次展开立法。

这不仅会浪费立法资源，导致教育惩戒立法重心的不当偏移（偏移到纪律处分上），也会造成既有的纪律处分立法与新的教育惩戒立法的概念重复甚至逻辑矛盾，进而影响我国教育立法体系的科学性和一致性，削弱教育法律整体的体系化和权威性。所以，《规则》将教育惩戒与纪律处分予以区分对待的做法是合理的，具有可操作性。

## 五、教育惩戒的禁止性行为

根据《规则》第十二条规定，下列行为不是教育惩戒，属于禁止性行为：

**（一）以击打、刺扎等方式直接造成身体痛苦的体罚。**

**（二）超过正常限度的罚站、反复抄写，强制做不适的动作或者姿势，以及刻意孤立等间接伤害身体、心理的变相体罚。**

**（三）辱骂或者以歧视性、侮辱性的言行侵犯学生人格尊严。**

**（四）因个人或者少数人违规违纪行为而惩罚全体学生。**

（五）因学业成绩而教育惩戒学生。

（六）因个人情绪、好恶实施或者选择性实施教育惩戒。

（七）指派学生对其他学生实施教育惩戒。

（八）其他侵害学生权利的。

上述行为中有很大一部分属于体罚、变相体罚，这是严重违法的行为，既侵犯了学生的权益，也损害了教师的权威，应当被严厉禁止。

在我国古代，信奉“天地君亲师”，教师具有超然的地位，惩戒和体罚可以互为注解，比如明朝私塾有“入塾生徒，倘有违逆父母、兄弟相争及出口骂詈、与人殴斗者，必从重扑责，罚跪以供将来”的规定。受这种观念的深远影响，现今实践中，我国诸多教师在教育惩戒的过程中都不同程度地使用了体罚或变相体罚，给学生的身体和心理都留下了或大或小的不良影响。生活中我们看到很多诸如此类的新闻，尤其是在十几年前，体罚、变相体罚甚为常见，基本上每一个学生都曾经或多或少地遭遇到体罚。这和教育者的教育理念、素质有密切关系。体罚和变相体罚常常与“不打不成器，板头出状元”观念相伴随行，随着人权意识的提高、人本主义教育思潮被广泛推崇、教师专业化发展被重点关注、教师培养常规化，体罚和变相体罚现象已经得到巨大改善。

必须明确的是，体罚与变相体罚都是违法行为，不属于教育惩戒的范畴，应当被严格取缔。教育的目的是立德树人，是培养健全人格的人，而健全人格赖以建立的基础就是独立之人格得到他人的充分尊重和平等对待，而体罚或变相体罚背后的深刻意蕴正是对他人人格尊严的贬低与否定，与我们所倡导的教育背道而驰，所以，体罚和变相体罚都不是正当的教育手段。尤其是当前我们处于“全面依法治国”的新时代，依法治校和依法执教已经被纳入法治的蓝图，更要旗帜鲜明地对体罚和变相体罚说“不”！

## 六、本手册对教育惩戒的定义

通过对教育惩戒的主体、种类的分析，结合教育惩戒和纪律处分的差异，以及立法对体罚和变相体罚的禁止，本书给教育惩戒一个更完善的、更具可操作性的概念界定：

教育惩戒是指学校、教师基于教育目的，对违规违纪，但尚不构成纪律处分的学生进行管理、训导或者以规定方式予以矫治，促使学生引以为戒、认识和改正错误的教育行为。教育惩戒包括学校作出的有别于纪律处分的惩罚措施，也包括教师作出的即时性责罚。体罚与变相体罚不属于教育惩戒。

# 第二章

# 教育惩戒的价值

教育是一定社会背景下发生的促进个体的社会化和社会的个性化的实践活动。如果一味地对学生的失范行为不予理会，姑息迁就，甚至盲目信奉所谓的“无批评教育”，势必导致学生藐视规则，难以树立规则意识和责任感，立德树人的教育目的很难达成。教育惩戒作为一种教育制度形式，在学校的教育管理进程中占有重要地位，因此规范的教育惩戒在学校中不可或缺。综合来看，教育惩戒的意义主要体现在以下几个方面：

## 一、促使学生个体社会化这一教育应有之义的达成

教育惩戒作为一种规范的教育手段，能够使国家意志在学生培养上得到落实和贯彻，并以负向强化的方式让学生掌握必备知识与技能，主动遵守道德与法律，达成社会对个体提出的基本要求，促进个体的社会化。

**（一）学生通过预测后果而自觉杜绝违纪行为。**明确的教育惩戒制度，可以让学生预测自己失范行为的后果，从而自觉地避免失范行为的发生，逐步拒绝做出违法乱纪行为。

**（二）教育惩戒影响学生的价值观。**教育惩戒的背后更存在着国家、社会及学校对学生的期待与要求，教育惩戒还可以逐步地影响学生的价值观和

世界观，促使其了解其身上所肩负的重要使命，从而逐步走向成熟。

总之，学生处在身心正在发展和完善的状态，其辨别与控制自己行为的能力远未成熟，因而往往会不自觉地作出不符合社会规范的行为，并且难以正确、全面地对自身行为进行评价。当前我国独生子女占据多数，诸多独生子女缺乏共享、分享、关爱的成长背景，对他人不关心，对自己不约束，对事情不负责，过于重视自己的权利而对自身责任表现淡漠。

由于长期以来我国缺乏明确的教育惩戒规范，导致学校难以有效地引导学生的行为。这些事实都呼唤着规范的教育惩戒制度的建立，通过规范学生的行为从而实现对学生思想的约束，促使其认识到社会规范的重要性，完成自身的社会化转变。

## 二、维护他人权益和教育秩序

**（一）教育惩戒的立法缺失让教师不敢惩戒。**诸多调查表明，很多教师面对行为失范的学生都抱以“不想管”“不愿管”甚至“不敢管”的心态，谈“惩”色变。原因在于当规范的教育惩戒制度缺失时，教师难以为其合理的教育惩戒寻求立法支持，一旦发生纠纷，教师往往会失去法律保护而面对不利后果。

**（二）教育惩戒制度的存在让学生和家长主动约束自身行为。**教育惩戒含有公开的可预测的惩罚机制，这是教育惩戒制度的核心。因此，合理的教育惩戒明确了各方行为边界，可以令学生及家长预先就知晓实施特定行为后所可能带来的后果，从而促使学生或者家长规范自己的言行，主动避免失范行为或“校闹”行为的发生。

总之，由于学校或者教师的教育管理行为尤其是惩戒行为缺乏法律的明确规定与授权，导致很多家长甚至教师都忽视了学校和教师是接受国家委托、承担教书育人社会任务的事实和职责。长此以往，学校教育教学的功效将大打折扣，国家的教育方针将很难落实，立德树人的教育目的也很难予以实现。此时唯有规范的教育惩戒才可以让各方从意识上认可教育惩戒的合法性和合理性，避免极端行为的发生，维系良好的教育秩序。

## 三、提高教师的地位

教育惩戒是一种强制性的教育措施，因而它的法定化将会强化教师作为专业人员的特征，令学生及家长尊重教师合法行使教育惩戒的权力，正确认识并自觉地接受教师的惩戒，提升教师在学生心中的地位，维护教师的权威。

实践中，由于教育惩戒长期得不到立法的规定，因而诸多违规学生并不认可教师的教育惩戒，认为合理的惩戒侵犯了自身的权益，甚至部分家长为此对教师展开蓄意的打击报复。

教师作为教育活动的主要开展者与具体实施者，其职责之一就是代表国家对不符合教育要求的学生展开规训，纠正其成长中的失范行为，确保教育教学目标的达成。

所以，赋予学校及教师以明确的教育惩戒权，将强化教师的专业地位和公共属性，巩固教师在专业领域的权威性。

## 四、促使学校和教师更好地履行教育职责

当教育惩戒作为一种明确的、法定的行为规范时，既可以为学校和教师行使这一权力提供基本的法律依据，也可以反过来约束学校和教师的行为，防止其滥用权力。

教育、管理学生当然是教师的天职，面对失范行为，教师的一味宽容、姑息迁就、不闻不问属于严重违背师德的不作为。

长期以来，由于缺乏明确的立法依据，惩戒游离在法律之外，缺乏监督。在部分教师不愿意行使教育惩戒权时，还有一部分教师滥用这一权力，无视教育规律，将惩戒作为教育教学的“不二法门”，甚至将教育惩戒发展成为体罚或变相体罚，如掌掴、踢打等，严重侵犯了学生的合法权益。

这一方面是因为部分教师在缺乏教育惩戒立法的科学指引下不能正确认识合理惩戒和体罚的界限，更不能在现实中把握合理限度实施正当惩戒，另一方面是因为教育惩戒立法的缺失导致部分行使惩戒的教育者有恃无恐，通过体罚来泄私愤。

所以，建立规范的教育惩戒制度，可以促使学校和教师合理合法、科学有效地行使这一权力，维系良好的学校教育环境，促进教育教学的有效开展。

# 第三章

# 教育惩戒的基本原则

学校和教师进行教育惩戒必须遵循特定的原则，否则就有可能不当地侵犯到学生的权利，损害教育惩戒本身的权威性。

## 一、合法性原则

**（一）合法性原则概念。**合法性原则是法治的首要原则，这一原则要求教师教育惩戒权的内容应当符合现有法律规范的规定及法律体系的价值指向。

**（二）合法性原则之禁止体罚、变相体罚。**在这一原则的指导下，学校和教师应当首先将教育惩戒与体罚、变相体罚予以明确区分。体罚是指教师对学生的身体进行直接侵害的行为，如殴打、罚跪等，变相体罚指教师采取的虽未直接侵害学生身体，但对学生的身体或心理仍能产生伤害的行为，如罚抄过量作业、刻意孤立等。

**（三）合法性原则的法律体现。**根据我国相关法律规范，体罚及变相体罚属于违法行为。《教师法》第三十七条规定教师“体罚学生，经教育不改的”或“品行不良、侮辱学生，影响恶劣的”，“由所在学校、其他教育机构或者教育行政部门给予行政处分或者解聘”;《义务教育法》第二十九条规定“教师应当尊重学生的人格，不得歧视学生，不得对学生实施体罚、变相体罚或者其他侮辱人格尊严的行为，不得侵犯学生合法权益”。此外，《未成年人保护法》第二十七条、《义务教育法实施细则》第二十二条、《教师资格条例》第十九条、《小学管理规程》第二十三条、《中小学教师职业道德规范》第三条亦有相关规定。此次《规则》更是明确禁止体罚。

可见，在我国的法律体系中，体罚、变相体罚绝对不属于教师教育惩戒的范畴，而是被法律明确禁止的行为。

## 二、教育性原则

**（一）教育性原则的概念。**教育性原则要求教育惩戒权的行使需要以教育学生为目的，并最终能够切实取得教育效果。

**（二）教育惩戒要以教育学生为出发点。**任何教育都有目的性，学校或教师进行教育惩戒的目的应当在于令受教育者对有关行为进行真切的反思，告诫自己不再发生类似行为，而不是为了发泄私愤。

捷克教育家夸美纽斯在其《大教学论》中就这样阐释惩戒：“我们可以从一个无可争辩的命题来开始，就是犯了过错的人应当受到惩罚。但是他们之所以应受惩罚，不是由于他们犯了过错，而是要使他们日后不去再犯。”

**（三）教育惩戒必须起到教育效果。**教育惩戒行为的行使不仅应当出于教育的目的，也应当能够取得教育的效果。就是说，在教育领域工作者的一般认知水平上应当具有教育目的达成的预期可能性，受到现实学生个体差异的影响，惩戒的效果也各不相同。如若惩戒行为无法触及学生内心，不能令学生产生愧疚之情，甚至引发学生的逆反心理，则惩戒是失败的。总之，如果教师的某一惩戒行为虽出于教育学生的目的，但最终未取得教育效果，这一行为依然不是规范意义上的教师教育惩戒行为。

**（四）教育性原则反对体罚。**教育性原则再次令教育惩戒与体罚、变相体罚产生了显著区分。尽管大部分体罚也是出于教育的目的，但体罚是用触及身体皮肉等有损身体健康和侮辱人格性质的方式来惩罚学生的方法，被体罚的学生所感受到的通常并不是幡然悔悟式的痛苦，而仅仅是身体上的疼痛，由此极易产生逆反甚至仇恨心理。变相体罚亦是如此。

因此，即便体罚与变相体罚是出于教育目的，也几乎不会起到教育学生的实际效果；甚至，部分教师实施体罚或变相体罚也并非出于教育的目的，而是单纯为了泄愤或“省事”。所以，教育惩戒权绝对不应含纳体罚或变相体罚。

## 三、比例原则

**（一）比例原则的概念。**比例原则是行政法领域中的重要原则，它是指行政机关在实施行政行为时既要考虑如何达到行为目的，也要考虑自己的行为可能对公民产生的影响，如果行政机关的行为可能会对公民产生某种不利影响，那么行政机关应当确保将这种不利影响降至最低程度。如今，比例原则已广泛地适用于法律运行中的各个领域。

**（二）比例原则在教育惩戒中的体现。**将比例原则应用于教育惩戒领域就是指，学校或教师所选择的教育惩戒的方式和力度应当与学生的过错程度相当，界限以维系教育教学正常秩序之必要限度和使学生产生真诚的自责、悔悟为宜。过轻或过重的惩戒，或是达不到教育的效果，或是矫枉过正，损伤学生的自尊与合法权益，这都不符合比例原则的实践指向。

**（三）比例原则的具体内容。**具体来说，在比例原则的规范下，教育惩戒权的适用应当符合如下三个子原则：

**1. 教育性原则。**教育惩戒的行使应当能够起到教育的目的，即目的正当性。前文已有阐释，故此处不再赘述。

**2. 必要性原则。**该原则又被称为最小侵害原则，即学校或者教师如果必须对学生施加惩戒时，必须选择对学生负面影响最小的惩戒手段。如若较轻的惩戒手段足以令学生产生悔改之情，足以阻止其过错行为的继续发生，则教师就不应采取更为严厉的惩戒手段或继续施加惩戒。

**3. 狭义比例原则。**这一原则要求在达到预期最低程度教育效果的前提下，选择对学生的不利影响越大的惩戒措施，所应当实现的教育效果越好，二者应当符合一定的比例，即过惩相适应。

这要求教师需要充分考虑学生的年龄、个性、性别、客观危害程度、主观过错程度以及身心发展状况，尊重学生个体差异，因材施戒。比如，有的学生非常调皮，要对其使用比较严厉的语言责备才能取得效果。相反，有的学生性格懦弱、内向、敏感，对于这样的学生就应遵循循序渐进的原则，采取循循善诱的方式。

## 四、正当程序原则

**（一）正当程序的概念。**正当程序原则也是起源于行政法中的一项原则，它是指行政机关在实施行政行为时，必须遵循特定的法定程序，如事前告知、说明理由、听取陈述和申辩等。

这些程序性的要求就是为了确保实现程序正义。我们通常所讲的正义可以分为实体正义和程序正义。实体正义是指结果是符合事实的，是公正的；程序正义是说过程是公开、合法、有序的。程序正义不关心最终的实体正义，但只要过程是正义的，结果往往也是正义的。

**（二）正当程序的意义。**如果程序是正义的，即使我们不关心结果，结果往往也会是正义的。所以，程序正义是有独立价值的，不依附于实体正义。

将正当程序原则引入教育惩戒中，目的就在于避免教师惩戒学生时的任性、武断，提升惩戒行为的理性程度。正当程序本身具有巨大的可挖掘的教育潜力，比如，通过保障学生的陈述权利，促使学生对自身行为进行审视，给予其一定的改正空间，达到不惩而治的效果；再比如教育者必须听取陈述程序，可以让教育者平复情绪回归理性状态，避免“惩戒任性”，更能够运用专业知识技能和客观视角给予最适当的惩戒。

当然，相比学校惩戒，教师的惩戒行为呈现出了更为“即时性”的特质。教师给予的惩戒一般都是当场作出，没有繁琐的程序，也不需要经过一系列程序。所以，这就意味着教师行使惩戒权时需要高度自律，严防侵犯学生利益。

# 第四章

# 教育惩戒的校内申诉机制

学校或教师施加的教育惩戒未必都是正确的，有时候教育惩戒有可能侵犯学生的正当权益，此时，应当有规范的校内申诉程序来对学生的合法权益进行救济。

## 一、校内申诉机制的立法规定

为督促学校和教师公正开展教育惩戒，《规则》专门规定了校内申诉程序。《规则》第十七条规定：

学生及其家长对学校依据本规则第十条实施的教育惩戒或者给予的纪律处分不服的，可以在教育惩戒或者纪律处分作出后15个工作日内向学校提起申诉。

学校应当成立由学校相关负责人、教师、学生以及家长、法治副校长等校外有关方面代表组成的学生申诉委员会，受理申诉申请，组织复查。学校应当明确学生申诉委员会的人员构成、受理范围及处理程序等并向学生及家长公布。

学生申诉委员会应当对学生申诉的事实、理由等进行全面审查，作出维持、变更或者撤销原教育惩戒或者纪律处分的决定。

可以看到，根据《规则》，学校应成立专门的学生申诉委员会来处理针对教育惩戒的申诉。

## 二、校内申诉机制的具体细化

可以看到，《规则》的这一规定较为笼统，本手册对各个环节进行了详细设计，从而为各级中小学校提供细致参考。

**（一）明确学生申诉委员会的功能和构造。**

学生申诉委员会可以履行下列职能：

**1. 起草文件**：组织起草本校教师教育惩戒申诉机制的规章制度。

**2. 宣传**：向全校师生宣传申诉处理委员会的职能及联系方式。

**3. 受理申诉**：受理学生或家长关于教师教育惩戒纠纷的申诉。

**4. 调查**：组织开展调查取证工作。

**5. 提供咨询**：为当事人提供必要的咨询与帮助。

**6. 作出认定**：对教师教育惩戒纠纷案件作出认定，并出具处理建议。

**7. 其他**：办理学校交办的其他与教师教育惩戒校内申诉处理工作有关的事务。

同时，为保证学生申诉处理委员会得以公正处理纠纷，其应当符合以下几项条件：

**1. 避免挂靠**：申诉处理委员会应当独立于其他职能部门，避免采用挂靠的组织形式，学校应为申诉处理委员会提供独立的办公场所。

**2. 成员多元**：申诉处理委员会的组成人员至少 15 人，成员身份应尽量多元化，并应当具有教育教学的背景，从而提升其处理问题的科学性。

申诉处理委员会成员包括主任、教师代表、家长代表以及法律专业人士。其中，主任应由校长或副校长担任，从而提升申诉处理委员会的独立性；除在职教师外，已退休、评价较高的教师亦是申诉处理委员会的较优人选，他们经验丰富且相对独立于学校的人际关系，具有独立性与中立性，上述教师代表可由工会提名。

**3. 设定任期：** 为防止申诉处理委员会形成部门利益，推动教师教育惩戒纠纷的公平处理，《教师法》应当为申诉处理委员会的成员设定一定的任期，如 2 年或 3 年，任期届满后该成员必须退出申诉处理委员会。

**4. 独立：** 申诉处理委员会的相关经费应当具备独立性，专款专用，其他部门不得擅自干涉申诉处理委员会对经费的使用，从而减少因经费问题产生的校内行政制约。

**（二）明确学生申诉委员会的调查程序。**

**1. 提出申诉请求。** 对教师惩戒行为不服的，学生或其家长可以自惩戒发生之日起 10 日内提出书面申请；如果申诉人在申诉期间届满后向学生申诉委员会提起申诉的，学生申诉委员会应当给予其说明理由的机会，若理由正当，则应当接受请求。

**2. 决定是否受理申诉。** 学生申诉委员会应在收到举报后的 24 小时内决定是否受理，并书面告知申诉人结果、理由以及不服时的复核期限及复核机构。具体如下：

（1）符合条件。如果申诉理由符合受理条件，则学生申诉委员会应立即受理并启动调查。

（2）证据不合格。如若学生或家长提起申诉时附带的证据材料不符合要求，学生申诉委员会应当一次性告知其需要补正的内容，并规定补正期限（如 5 天），证据材料齐全后应立即受理。

（3）不符合条件。不符合受理条件的，应予以驳回并以书面形式说明理由，申诉人对不予受理不服时，可以在 2 个工作日内向校长办公室提出复核。

同时，为充分维护学生的权利，学生申诉委员会受理申诉的工作人员应当对申诉人的申诉请求仅进行形式审查，而不得直接进行实质审查。也就是说，仅能审查形式上纠纷是否适合被受理，而不能直接审查事件本身是否成立。这种形式审查的范围主要包括：

（1）申诉主体是否适合。

（2）申诉提出的时间是否超过规定期间，超过期间的有无正当理由。

（3）申诉的事件是否属于教师教育惩戒的纠纷范畴。

有下列情形之一的，申诉受理人员可不予受理：

（1）与教育惩戒纠纷无关的。

（2）没有明确被申诉人的。

（3）重复申诉且未提出新的证据的。

（4）申诉人同时提起诉讼的。

### 3. 开展调查工作。

内容层面上，学生申诉委员会应审查如下内容：

（1）惩戒行为是否符合教育类法律、法规、规范性文件及本校校规的规定。

（2）学校或教师在事实认定方面是否具备足够的直接证据。

（3）教育惩戒是否符合上述比例原则，即是否充分考虑了学生的日常表现及事后态度。

（4）教育惩戒是否违背了法律规定的程序。

方法层面上，学生申诉委员会应给予申诉人和被申诉教师同等的陈述、申辩权，并可以安排双方进行质证；当然，学生与教师往往处于权力不对等的状态，学生通常不敢公开反对教师，不敢说出真相。那么，为了避免这种状况，学生与教师的当面对质必须以双方当事人都同意为前提。

此外，在情况复杂的纠纷中，学生申诉委员会可以组织听证。为保障申诉学生的隐私，听证以不公开为原则，以公开为例外。时间上，听证小组应提前 3 日通知有关人员听证会议的举办时间与地点。

最后，为确保调查工作的公正与客观，回避制度亦是必不可少的。与本案有关的人员都不应参与调查工作。学生申诉委员会成员存在下列情形之一的，应当回避：

（1）本人是作出教育惩戒的教师。

（2）本人或其配偶与当事教师或学生有夫妻关系，是直系血亲、三代以内旁系血亲或其他可能影响事件公正处理的亲属关系。

（3）本人或其配偶与当事人或事件存在利害关系。

回避可以分为申请回避、自行回避和指令回避，申诉处理委员会拥有决定权。在提出方式上，当事人可以通过口头或书面形式提出申请。同时，回避提出的时间可以在调查启动前，也可以在调查过程中。

**4. 作出调查结论。**学生申诉委员会调查结论的形成应当注意如下几点：

（1）规定通过人数比例。为严格约束惩戒权的行使，学校可规定学生申诉委员会认为原教育惩戒行为合法、合理的通过人数比例应大于或等于 3/4。

（2）表决不记名。表决结果可以不记名，但学生申诉委员会应当书面说明理由。

（3）学生申诉委员会仅有建议权。需要指出的是，学生申诉委员会并不是学校的职能部门，因此，学生申诉委员会没有直接的撤销或变更权。如果认为教师作出惩戒行为的事实、依据、程序等存在不当之处，学生申诉委员会可以作出建议撤销、变更或重作的意见，并要求相关职能部门予以研究，重新提交校长办公会或者专门会议作出决定。

（4）期限问题。参酌《普通高等学校学生管理规定》第六十一条的内容，学校可以规定学生申诉委员会应当自展开调查之日起 15 日内作出调查结论并告知申诉人，情况特殊的，经校长批准，可延长 15 日。

**5. 启动追责机制。**一方面，追责机制可以让调查人员尽职尽责。实践中，学生申诉委员会中的工作成员，他们和被申诉的教师都是同事关系，所以，他们很有可能会偏袒自己的同事，忽视学生的利益。此时，追责机制的存在就可以对这些不负责任的调查人员展开追责，促使其尽职尽责。

另一方面，对于那些作出了不良惩戒从而侵犯学生权利的教师，追责机制可以对他们展开惩罚追责，这种追责可以体现在绩效考核、职称评定或者人事任免等方面。

## 第五章

# 教育惩戒的政府复核机制

## 一、政府复核机制的必要性

校内申诉机制可以让教育惩戒纠纷尽可能在学校内解决，给学生、家长及教师一个满意的答案。但学校教育惩戒申诉机制的级别毕竟不高，处理人员都是学校内部的教师，权威性有限，家长们可能不会充分相信他们的处理结果，甚至会认为他们“相互包庇”。

所以，除了加强学校内部申诉的过程公开，还应当构建政府的复核机制，为对学校处理结果不满的学生或家长提供继续维权的机会。《规则》第十八条规定，学生或者家长对学生申诉处理决定不服的，可以向学校主管教育部门申请复核。

## 二、政府复核机制的完善

可以看到，《规则》的上述规定仍然较为笼统，本书认为，实践中地方政府可以从如下几个方面具体予以展开：

**（一）提出申诉请求。**为了减轻政府的压力，尽可能地让教育惩戒纠纷能够在学校内部得到化解，政府可以规定，学生或家长如果不经过校内的申诉程序，就不能向政府提出复核请求。

在此基础上，对学校处理结果不服的，申诉人可自学生申诉委员会作出决定之日起 10 日内向政府专门机构提出书面复核申请。

**（二）决定是否受理。**政府专门机构应当在接到申诉人书面申诉之日起 5 个工作日内决定是否接受申诉。政府专门机构亦应仅进行形式审查，这一点可以参照上述学生申诉处理委员会的有关内容。

**（三）展开调查。**决定受理后，政府专门机构的调查方式亦可参酌学生申诉处理委员会的调查手段，诸如听证制度、回避制度。

政府调查程序的优势在于，学生申诉处理委员会的成员可能因种种利益关系或人情关系而在调查力度上有所放松，这一弊端恰恰可以由政府调查程序进行弥补。政府专门机构工作人员不受学校的行政牵制，与学校教师基本没有人际来往，这决定了政府专门机构的调查的客观性、真实性更强，公信力更高。

**（四）作出处理。**政府专门机构的处理结果可以分为以下几项：

（1）教育惩戒权的行使定性准确、程序正当、事实清楚、依据明确、处分适当的，应予维持。

（2）认定事实清楚，证据充分，但认定情节有误、定性不准确，或者适用依据有错误的，责令学校变更或者重新作出惩戒决定。

（3）认定事实不清、证据不足，或者违反程序规定的，责令学校重新作出惩戒决定。

（4）认定事实不存在，或者违反法律、法规或其他规范性文件的，责令学校予以撤销惩戒决定。

（5）政府专门机构发现教师存在违法违纪行为的，应当及时进行调查处理或者移送有关部门。

（6）协助部分申诉人进行起诉。如若申诉人经政府申诉机制处理后仍不服，且案件符合法院受理条件的，政府专门机构可以将其在调查过程中搜集的证据材料以及形成的专业意见交由当事人使用，协助其进行起诉。

〔第二编〕

# 教育惩戒裁量基准表

第一章

# 小学（1—6年级）教育惩戒基准表

## 一、教师实施的教育惩戒

| 惩戒事由 | 具体事例 | 惩戒类型 | 备注说明 |
| --- | --- | --- | --- |
| ● 故意不完成教学任务要求或者不服从教育、管理的。 | 1. 不按时上下学。<br>2. 不按时完成作业。<br>3. 不完成学校安排的学习任务，如观看素质教育类影视节目。 | 1. 点名批评。<br>2. 适当增加额外的教育任务，如罚背诵课文、抄作业等。 | 罚背诵课文、抄作业应在一个合理限度内，针对四年级以下学生不宜采用该惩戒。 |
| ● 扰乱课堂秩序、学校教育教学秩序的。 | 1. 上课大声喧哗、打闹。<br>2. 在老师授课时搞恶作剧。<br>3. 玩手机等电子设备。 | 1. 点名批评。<br>2. 一节课堂教学时间内的教室内站立。<br>3. 课后教导。<br>4. 将学生带离教室或者教学现场，并予以教育管理。 | 1. 鉴于中小学生的身心特点，对于他们的罚站宜控制在短时间之内。<br>2. 在公开课、课堂直播等形式的课堂中，不应使用罚站的惩戒方式。 |
| ● 吸烟、饮酒，或者言行失范违反学生守则的。 | 1. 吸烟、饮酒。<br>2. 上学带零食。<br>3. 携带大额零花钱。 | 1. 点名批评。<br>2. 责令做口头或者书面检讨。 | 对低年级学生宜以做出口头检讨为主。 |

续表

| 惩戒事由 | 具体事例 | 惩戒类型 | 备注说明 |
| --- | --- | --- | --- |
| 实施有害自己或者他人身心健康的危险行为的。 | 1. 携带危险物品。<br>2. 攀爬围栏。<br>3. 模仿危险动作。 | 1. 点名批评。<br>2. 责令做口头或者书面检讨。<br>3. 制止危险行为。<br>4. 检查、暂扣危险物品。 | |
| 打骂同学、老师，欺凌同学或者侵害他人合法权益的。 | 1. 欺凌同学。<br>2. 辱骂老师。<br>3. 窃取、毁坏他人财物。 | 1. 点名批评。<br>2. 责令赔礼道歉、做口头或者书面检讨。<br>3. 适当增加额外的班级公益服务任务。 | |
| 其他违反校规校纪的行为。 | 1. 不按照要求着装。<br>2. 无故不参加升旗仪式等集体活动。<br>3. 在老师和家长之间撒谎。 | 1. 点名批评。<br>2. 责令赔礼道歉、做口头或者书面检讨。<br>3. 适当增加额外的班级公益服务任务。 | |

## 二、学校实施的教育惩戒

| 惩戒事由 | 具体事例 | 惩戒类型Ⅰ | 惩戒类型Ⅱ | 备注说明 |
| --- | --- | --- | --- | --- |
| 故意不完成教学任务要求或者不服从教育、管理的。 | 1. 不按时上下学。<br>2. 不按时完成作业。<br>3. 不完成学校安排的学习任务，如观看素质教育类影视节目。 | 由学校德育工作负责人予以训导。 | 由法治副校长或者法治辅导员予以训诫。 | 1. 小学实施的教育惩戒，应由学校德育工作负责人予以训导为主。<br>2. 学生违规违纪情节严重或影响恶劣，才可以考虑实施惩戒类型Ⅱ。但对于四年级以下的学生不适用。 |

续表

| 惩戒事由 | 具体事例 | 惩戒类型Ⅰ | 惩戒类型Ⅱ | 备注说明 |
| --- | --- | --- | --- | --- |
| 扰乱课堂秩序、学校教育教学秩序的。 | 1. 上课大声喧哗、打闹。<br>2. 在老师授课时搞恶作剧。<br>3. 玩手机等电子设备。 | 1. 由学校德育工作负责人予以训导。<br>2. 安排接受专门的校规校纪、行为规则教育。 | 由法治副校长或者法治辅导员予以训诫。 | |
| 吸烟、饮酒，或者言行失范违反学生守则的。 | 1. 吸烟、饮酒。<br>2. 上学带零食。<br>3. 携带大额零花钱。 | 1. 由学校德育工作负责人予以训导。<br>2. 安排接受专门的校规校纪、行为规则教育。<br>3. 承担校内公益服务任务。 | 由法治副校长或者法治辅导员予以训诫。 | |
| 实施有害自己或者他人身心健康的危险行为的。 | 1. 携带危险物品。<br>2. 攀爬围栏。<br>3. 模仿危险动作。 | 1. 由学校德育工作负责人予以训导。<br>2. 安排接受专门的校规校纪、行为规则教育。<br>3. 承担校内公益服务任务。 | 1. 由法治副校长或者法治辅导员予以训诫。<br>2. 安排专门的课程或者教育场所，由社会工作者或者其他专业人员进行心理辅导、行为干预。 | |
| 打骂同学、老师，欺凌同学或者侵害他人合法权益的。 | 1. 欺凌同学。<br>2. 辱骂老师。<br>3. 窃取、毁坏他人财物。 | 1. 由学校德育工作负责人予以训导。<br>2. 安排接受专门的校规校纪、行为规则教育。<br>3. 承担校内公益服务任务。<br>4. 暂停或者限制学生参加游览、校外集体活动以及其他外出集体活动。 | 1. 由法治副校长或者法治辅导员予以训诫。<br>2. 给予不超过一周的停课或者停学，要求家长在家进行教育、管教。<br>3. 安排专门的课程或者教育场所，由社会工作者或者其他专业人员进行心理辅导、行为干预。 | |

续表

| 惩戒事由 | 具体事例 | 惩戒类型Ⅰ | 惩戒类型Ⅱ | 备注说明 |
| --- | --- | --- | --- | --- |
| ● 其他违反校规校纪的行为。 | 1. 不按照要求着装。<br>2. 无故不参加升旗仪式等集体活动。<br>3. 在老师和家长之间撒谎。 | 校规校纪可以规定新型惩戒措施。 | 由法治副校长或者法治辅导员予以训诫。 | |

## 三、学校实施的纪律处分

| 惩戒事由 | 具体事例 | 处分内容 | 备注说明 |
| --- | --- | --- | --- |
| ● 故意不完成教学任务要求或者不服从教育、管理的。 | 1. 不按时上下学。<br>2. 不按时完成作业。<br>3. 不完成学校安排的学习任务，如观看素质教育类影视节目。 | 原则上不适用纪律处分。 | 对违规违纪情节严重，或者经多次教育惩戒仍不改正的学生，才可以适用纪律处分。 |
| ● 扰乱课堂秩序、学校教育教学秩序的。 | 1. 上课大声喧哗、打闹。<br>2. 在老师授课时搞恶作剧。<br>3. 玩手机等电子设备。 | 原则上不适用纪律处分。 | |
| ● 吸烟、饮酒，或者言行失范违反学生守则的。 | 1. 吸烟、饮酒。<br>2. 上学带零食。<br>3. 携带大额零花钱。 | 学校可以给予警告、严重警告、记过的纪律处分。 | |
| ● 实施有害自己或者他人身心健康的危险行为的。 | 1. 携带危险物品。<br>2. 攀爬围栏。<br>3. 模仿危险动作。 | 学校可以给予警告、严重警告、记过或者留校察看的纪律处分。 | |

续表

| 惩戒事由 | 具体事例 | 处分内容 | 备注说明 |
| --- | --- | --- | --- |
| ● 打骂同学、老师，欺凌同学或者侵害他人合法权益的。 | 1. 欺凌同学。<br>2. 辱骂老师。<br>3. 窃取、毁坏他人财物。 | 学校可以给予警告、严重警告、记过或者留校察看的纪律处分。 | |
| ● 其他违反校规校纪的行为。 | 1. 不按照要求着装。<br>2. 无故不参加升旗仪式等集体活动。<br>3. 在老师和家长之间撒谎。 | 原则上不能适用纪律处分。 | |

第二章

# 初中（7—9年级）教育惩戒基准表

## 一、教师实施的教育惩戒

| 惩戒事由 | 具体事例 | 惩戒类型 | 备注说明 |
|---|---|---|---|
| ● 故意不完成教学任务要求或者不服从教育、管理的。 | 1. 不按时上下学。<br>2. 考试作弊。<br>3. 不完成学校安排的学习任务，如观看素质教育类影视节目。 | 1. 点名批评。<br>2. 责令做口头或者书面检讨<br>3. 适当增加额外的教育任务。 | 罚背诵课文、抄作业应在一个合理限度内。 |
| ● 扰乱课堂秩序、学校教育教学秩序的。 | 1. 上课大声喧哗、打闹。<br>2. 在老师授课时搞恶作剧。<br>3. 玩手机等电子设备。 | 1. 点名批评。<br>2. 一节课堂教学时间内的教室内站立。<br>3. 课后教导。<br>4. 将学生带离教室或者教学现场，并予以教育管理。 | 在公开课、课堂直播等形式的课堂中，不应使用罚站的惩戒方式。 |
| ● 吸烟、饮酒，或者言行失范违反学生守则的。 | 1. 吸烟、饮酒。<br>2. 纹身、佩戴首饰。<br>3. 早恋。 | 1. 点名批评。<br>2. 责令做口头或者书面检讨。 | |

续表

| 惩戒事由 | 具体事例 | 惩戒类型 | 备注说明 |
|---|---|---|---|
| ● 实施有害自己或者他人身心健康的危险行为的。 | 1. 携带危险物品。<br>2. 攀爬围栏。<br>3. 模仿危险动作。 | 1. 点名批评。<br>2. 做口头或者书面检讨。<br>3. 制止危险行为。<br>4. 检查、暂扣危险物品。 | |
| ● 打骂同学、老师，欺凌同学或者侵害他人合法权益的。 | 1. 欺凌同学。<br>2. 辱骂老师。<br>3. 窃取、毁坏他人财物。 | 1. 点名批评。<br>2. 责令赔礼道歉、做口头或者书面检讨。<br>3. 适当增加额外的班级公益服务任务。 | |
| ● 其他违反校规校纪的行为。 | 1. 不按照要求着装。<br>2. 无故不参加升旗仪式等集体活动。<br>3. 在网络空间发布危害言论。 | 1. 点名批评。<br>2. 责令赔礼道歉、做口头或者书面检讨。<br>3. 适当增加额外的班级公益服务任务。 | |

## 二、学校实施的教育惩戒

| 惩戒事由 | 具体事例 | 惩戒类型Ⅰ | 惩戒类型Ⅱ | 备注说明 |
|---|---|---|---|---|
| ● 故意不完成教学任务要求或者不服从教育、管理的。 | 1. 不按时上下学。<br>2. 考试作弊。<br>3. 不完成学校安排的学习任务，如观看素质教育类影视节目。 | 由学校德育工作负责人予以训导。 | 由法治副校长或者法治辅导员予以训诫。 | 学生违规违纪情节严重或影响恶劣，才可以考虑实施惩戒类型Ⅱ。 |
| ● 扰乱课堂秩序、学校教育教学秩序的。 | 1. 上课大声喧哗、打闹。<br>2. 在老师授课时搞恶作剧。<br>3. 玩手机等电子设备。 | 1. 由学校德育工作负责人予以训导。<br>2. 安排接受专门的校规校纪、行为规则教育。 | 由法治副校长或者法治辅导员予以训诫。 | |

续表

| 惩戒事由 | 具体事例 | 惩戒类型Ⅰ | 惩戒类型Ⅱ | 备注说明 |
| --- | --- | --- | --- | --- |
| ● 吸烟、饮酒，或者言行失范违反学生守则的。 | 1. 吸烟、饮酒。<br>2. 纹身、佩戴首饰。<br>3. 早恋。 | 1. 由学校德育工作负责人予以训导。<br>2. 安排接受专门的校规校纪、行为规则教育。<br>3. 承担校内公益服务任务。 | 由法治副校长或者法治辅导员予以训诫。 | |
| ● 实施有害自己或者他人身心健康的危险行为的。 | 1. 携带危险物品。<br>2. 攀爬围栏。<br>3. 模仿危险动作。 | 1. 由学校德育工作负责人予以训导。<br>2. 安排接受专门的校规校纪、行为规则教育。<br>3. 承担校内公益服务任务。 | 1. 由法治副校长或者法治辅导员予以训诫。<br>2. 安排专门的课程或者教育场所，由社会工作者或者其他专业人员进行心理辅导、行为干预。 | |
| ● 打骂同学、老师，欺凌同学或者侵害他人合法权益的。 | 1. 欺凌同学。<br>2. 辱骂老师。<br>3. 窃取、毁坏他人财物。 | 1. 由学校德育工作负责人予以训导。<br>2. 安排接受专门的校规校纪、行为规则教育。<br>3. 承担校内公益服务任务。<br>4. 暂停或者限制学生参加游览、校外集体活动以及其他外出集体活动。 | 1. 由法治副校长或者法治辅导员予以训诫。<br>2. 给予不超过一周的停课或者停学，要求家长在家进行教育、管教。<br>3. 安排专门的课程或者教育场所，由社会工作者或者其他专业人员进行心理辅导、行为干预。 | |

续表

| 惩戒事由 | 具体事例 | 惩戒类型Ⅰ | 惩戒类型Ⅱ | 备注说明 |
|---|---|---|---|---|
| ● 其他违反校规校纪的行为。 | 1. 不按照要求着装。<br>2. 无故不参加升旗仪式等集体活动。<br>3. 在网络空间发布危害言论。 | 校规校纪可以规定一些新型的惩戒措施，如取消评先选优资格。 | 由法治副校长或者法治辅导员予以训诫。 | |

## 三、学校实施的纪律处分

| 惩戒事由 | 具体事例 | 处分内容 | 备注说明 |
|---|---|---|---|
| ● 故意不完成教学任务要求或者不服从教育、管理的。 | 1. 不按时上下学。<br>2. 考试作弊。<br>3. 不完成学校安排的学习任务，如观看素质教育类影视节目。 | 学校可以给予警告、严重警告、记过的纪律处分。 | 对违规违纪情节严重，或者经多次教育惩戒仍不改正的学生，才可以适用纪律处分。 |
| ● 扰乱课堂秩序、学校教育教学秩序的。 | 1. 上课大声喧哗、打闹。<br>2. 在老师授课时搞恶作剧。<br>3. 玩手机等电子设备。 | 学校可以给予警告、严重警告、记过的纪律处分。 | |
| ● 吸烟、饮酒，或者言行失范违反学生守则的。 | 1. 吸烟、饮酒。<br>2. 纹身、佩戴首饰。<br>3. 早恋。 | 学校可以给予警告、严重警告、记过的纪律处分。 | |
| ● 实施有害自己或者他人身心健康的危险行为的。 | 1. 携带危险物品。<br>2. 攀爬围栏。<br>3. 模仿危险动作。 | 学校可以给予警告、严重警告、记过或者留校察看的纪律处分。 | |

续表

| 惩戒事由 | 具体事例 | 处分内容 | 备注说明 |
|---|---|---|---|
| 打骂同学、老师，欺凌同学或者侵害他人合法权益的。 | 1. 欺凌同学。<br>2. 辱骂老师。<br>3. 窃取、毁坏他人财物。 | 学校可以给予警告、严重警告、记过或者留校察看的纪律处分。 | |
| 其他违反校规校纪的行为。 | 1. 不按照要求着装。<br>2. 无故不参加升旗仪式等集体活动。<br>3. 在网络空间发布危害言论。 | 学校可以给予警告、严重警告、记过或者留校察看的纪律处分。 | |

## 第三章

# 高中（10—12年级）教育惩戒基准表

## 一、教师实施的教育惩戒

| 惩戒事由 | 具体事例 | 惩戒类型 | 备注说明 |
| --- | --- | --- | --- |
| ● 故意不完成教学任务要求或者不服从教育、管理的。 | 1. 不按时上下学。<br>2. 考试作弊。<br>3. 不完成学校安排的学习任务，如观看素质教育类影视节目。 | 1. 点名批评。<br>2. 责令做口头或者书面检讨。<br>3. 适当增加额外的教育任务。 | |
| ● 扰乱课堂秩序、学校教育教学秩序的。 | 1. 上课大声喧哗、打闹。<br>2. 在老师授课时搞恶作剧。<br>3. 玩手机等电子设备。 | 1. 点名批评。<br>2. 一节课堂教学时间内的教室内站立。<br>3. 课后教导。<br>4. 将学生带离教室或者教学现场，并予以教育管理。 | 在公开课、课堂直播等形式的课堂中，不应使用罚站的惩戒方式。 |
| ● 吸烟、饮酒，或者言行失范违反学生守则的。 | 1. 吸烟、饮酒。<br>2. 纹身、佩戴首饰。<br>3. 早恋、骚扰异性同学。 | 1. 点名批评。<br>2. 责令做口头或者书面检讨。 | |

续表

| 惩戒事由 | 具体事例 | 惩戒类型 | 备注说明 |
| --- | --- | --- | --- |
| ● 实施有害自己或者他人身心健康的危险行为的。 | 1. 携带危险物品。<br>2. 攀爬围栏。<br>3. 教唆、引诱他人做坏事。 | 1. 点名批评。<br>2. 做口头或者书面检讨。<br>3. 制止危险行为。<br>4. 检查、暂扣危险物品。 | |
| ● 打骂同学、老师，欺凌同学或者侵害他人合法权益的。 | 1. 欺凌同学。<br>2. 辱骂老师。<br>3. 窃取、毁坏他人财物。 | 1. 点名批评。<br>2. 责令赔礼道歉、做口头或者书面检讨。<br>3. 适当增加额外的班级公益服务任务。 | |
| ● 其他违反校规校纪的行为。 | 1. 不按照要求着装。<br>2. 不参加升旗活动。<br>3. 在网络空间发布危害言论。 | 1. 点名批评。<br>2. 责令赔礼道歉、做口头或者书面检讨。<br>3. 适当增加额外的班级公益服务任务。 | |

## 二、学校实施的教育惩戒

| 惩戒事由 | 具体事例 | 惩戒类型Ⅰ | 惩戒类型Ⅱ | 备注说明 |
| --- | --- | --- | --- | --- |
| ● 故意不完成教学任务要求或者不服从教育、管理的。 | 1. 不按时上下学。<br>2. 考试作弊。<br>3. 不完成学校安排的学习任务，如观看素质教育类影视节目。 | 由学校德育工作负责人予以训导。 | 由法治副校长或者法治辅导员予以训诫。 | 学生违规违纪情节严重或影响恶劣，才可以考虑实施惩戒类型Ⅱ。 |
| ● 扰乱课堂秩序、学校教育教学秩序的。 | 1. 上课大声喧哗、打闹。<br>2. 在老师授课时搞恶作剧。<br>3. 玩手机等电子设备。 | 1. 由学校德育工作负责人予以训导。<br>2. 安排接受专门的校规校纪、行为规则教育。 | 由法治副校长或者法治辅导员予以训诫。 | |

续表

| 惩戒事由 | 具体事例 | 惩戒类型Ⅰ | 惩戒类型Ⅱ | 备注说明 |
| --- | --- | --- | --- | --- |
| ● 吸烟、饮酒，或者言行失范违反学生守则的。 | 1. 吸烟、饮酒。<br>2. 纹身、佩戴首饰。<br>3. 早恋、骚扰异性同学。 | 1. 由学校德育工作负责人予以训导。<br>2. 安排接受专门的校规校纪、行为规则教育。<br>3. 承担校内公益服务任务。 | 由法治副校长或者法治辅导员予以训诫。 | |
| ● 实施有害自己或者他人身心健康的危险行为的。 | 1. 携带危险物品。<br>2. 攀爬围栏。<br>3. 教唆、引诱他人做坏事。 | 1. 由学校德育工作负责人予以训导。<br>2. 安排接受专门的校规校纪、行为规则教育。<br>3. 承担校内公益服务任务。 | 1. 由法治副校长或者法治辅导员予以训诫。<br>2. 安排专门的课程或者教育场所，由社会工作者或者其他专业人员进行心理辅导、行为干预。 | |
| ● 打骂同学、老师，欺凌同学或者侵害他人合法权益的。 | 1. 欺凌同学。<br>2. 辱骂老师。<br>3. 窃取、毁坏他人财物。 | 1. 由学校德育工作负责人予以训导。<br>2. 安排接受专门的校规校纪、行为规则教育。<br>3. 承担校内公益服务任务。<br>4. 暂停或者限制学生参加游览、校外集体活动以及其他外出集体活动。 | 1. 由法治副校长或者法治辅导员予以训诫。<br>2. 给予不超过一周的停课或者停学，要求家长在家进行教育、管教。<br>3. 安排专门的课程或者教育场所，由社会工作者或者其他专业人员进行心理辅导、行为干预。 | |
| ● 其他违反校规校纪的行为。 | 1. 不按照要求着装。<br>2. 不参加升旗活动。<br>3. 在网络空间发布危害言论。 | 校规校纪可以规定一定程度上的惩戒措施，如取消评先选优资格。 | 由法治副校长或者法治辅导员予以训诫。 | |

## 三、学校实施的纪律处分

| 惩戒事由 | 具体事例 | 处分内容 | 备注说明 |
| --- | --- | --- | --- |
| ● 故意不完成教学任务要求或者不服从教育、管理的。 | 1. 不按时上下学。<br>2. 考试作弊。<br>3. 不完成学校安排的学习任务，如观看素质教育类影视节目。 | 学校可以给予警告、严重警告、记过的纪律处分。 | 1. 对违规违纪情节严重，或者经多次教育惩戒仍不改正的学生，才可以适用纪律处分。<br>2. 原则上不鼓励使用开除学籍的纪律处分，除非存在不适宜继续就读或者实施了犯罪行为。 |
| ● 扰乱课堂秩序、学校教育教学秩序的。 | 1. 上课大声喧哗、打闹。<br>2. 在老师授课时搞恶作剧。<br>3. 玩手机等电子设备。 | 学校可以给予警告、严重警告、记过的纪律处分。 | |
| ● 吸烟、饮酒，或者言行失范违反学生守则的。 | 1. 吸烟、饮酒。<br>2. 纹身、佩戴首饰。<br>3. 早恋、骚扰异性同学。 | 学校可以给予警告、严重警告、记过的纪律处分。 | |
| ● 实施有害自己或者他人身心健康的危险行为的。 | 1. 携带危险物品。<br>2. 攀爬围栏。<br>3. 教唆、引诱他人做坏事。 | 1. 学校可以给予警告、严重警告、记过或者留校察看的纪律处分。<br>2. 极为特殊情况可以开除学籍。 | |

续表

| 惩戒事由 | 具体事例 | 处分内容 | 备注说明 |
| --- | --- | --- | --- |
| ● 打骂同学、老师，欺凌同学或者侵害他人合法权益的。 | 1. 欺凌同学。<br>2. 辱骂老师。<br>3. 窃取、毁坏他人财物。 | 1. 学校可以给予警告、严重警告、记过或者留校察看的纪律处分。<br>2. 极为特殊情况可以开除学籍。 | |
| ● 其他违反校规校纪的行为。 | 1. 不按照要求着装。<br>2. 不参加升旗活动。<br>3. 在网络空间发布危害言论。 | 1. 学校可以给予警告、严重警告、记过或者留校察看的纪律处分。<br>2. 极为特殊情况可以开除学籍。 | |

# 第四章

# 教师教育惩戒的禁止行为

1. 以击打、刺扎等方式直接造成身体痛苦的体罚。

2. 超过正常限度的罚站、反复抄写，强制做不适的动作或者姿势，以及刻意孤立等间接伤害身体、心理的变相体罚。

3. 辱骂或者以歧视性、侮辱性的言行侵犯学生人格尊严。

4. 因个人或者少数人违规违纪行为而惩罚全体学生。

5. 因学业成绩而教育惩戒学生。

6. 因个人情绪、好恶实施或者选择性实施教育惩戒。

7. 指派学生对其他学生实施教育惩戒。

8. 其他侵害学生权利的。

〔第三编〕

# 案例解读

# 第一章

# 教育惩戒原理

## 案例1
## 慧莲老师体罚学生

**案例关键词：**

普遍体罚、支持体罚、逃离

**案例详情：**

这天下午，慧莲老师在教室里对不背单词的学生“大开杀戒”了。她小小的个子，嘴里一直在骂学生，挥着长长的戒尺呼呼作响，戒尺大多落在学生的小腿上。慧莲老师打了将近二十个学生，体力消耗很大，中途还停下来休息了一会儿。打完了那么多学生，慧莲瘫坐在椅子上擦汗，一边用手摸额头，一边长长地叹气。

马校长在G中的微信群里公然宣扬体罚的重要性，推崇用体罚这种方式来教育学生。他曾多次对家长说：“你们管不住自己的孩子，我来帮你管！你不舍得打，放到我这里来，给你收拾得服服帖帖！”他本人也确实身体力行，不断践行他的这种教育理念。有一次，为整治一个经常不写作业的男孩，他把拖把棍拽下来直接往学生身上甩去，估计是气急了下手也没轻重，学生被打得趴到地上惨叫。

同学们虽然很畏惧这些体罚措施，但是并不抗拒，甚至可以说是欣然接受。有的学生在日记里写道：“我的烦恼就是一到下课总要被老师喊进办公室背课文，一进办公室不是打就是骂，不是俯卧撑就是下蹲，根本不敢进去啊！本来背住的课文到了办公室门口就忘光了……”与此同时也有很多同学赞成体罚。有的同学认为体罚意味着老师没有放弃他们，很尊敬打他们的老师。甚至有同学对新老师说：“老师，我不听话上课捣乱你就打我吧。”而家长普遍持有的态度则可以用“老师我把孩子交给你了，你就狠狠地打，不打不成才”来概括。

在体罚和应试教育的维系下，这所学校还算有秩序，也因学生考试成绩尚可在当地小有名气。然而，恐怕没有一个老师不想趁着外出培训的机会暂时不用面对行尸走肉一般的学生，不需要催永远交不上来的家庭作业，不再现身于混乱的教室，不用迫于无奈大声呵斥、动手打人……

**案例知识点：**

案例中的所有惩戒，或者说体罚都是《义务教育法》《教师法》《规则》等法律法规所不允许的，这自不待言。事实上，已经很难认为案例中教师和校长的行为属于教育惩戒了。该案例表明，体罚一旦被普遍接受和使用，会对学生、学校和教师造成难以想象的负面后果。体罚严重挫伤了教师的教育热情，极易引起职业倦怠情绪。因此，教育惩戒必须强调合规性，这不仅是保护学生的权益，对教师而言也是一种保护。

**适用规则：**

《义务教育法》

第二十九条　教师应当尊重学生的人格，不得歧视学生，不得对学生实施体罚、变相体罚或者其他侮辱人格尊严的行为，不得侵犯学生合法权益。

《教师法》

第三十七条　教师有下列情形之一的，由所在学校、其他教育机构或者教育行政部门给予行政处分或者解聘：

（二）体罚学生，经教育不改的。

教师有前款第（二）项、第（三）项所列情形之一，情节严重，构成犯罪的，依法追究刑事责任。

《未成年人保护法》

第二十七条　学校、幼儿园的教职员工应当尊重未成年人人格尊严，不得对未成年人实施体罚、变相体罚或者其他侮辱人格尊严的行为。

《中小学教育惩戒规则（试行）》

第十二条　教师在教育教学管理、实施教育惩戒过程中，不得有下列行为：

（一）以击打、刺扎等方式直接造成身体痛苦的体罚。

**案例评析：**

现有研究体罚的文献和观点大多是从教育惩戒的目的、教育活动的性质、教师和学生的关系等层面上对体罚进行谴责，并未破除“体罚有用”这种错误观念。本案例介绍了在一个将体罚奉为圭臬的学校中，一种勉强而无望的秩序如何形成，教师和学生如何感到痛苦和无意义却找不到出路和方向的故事，它基本上彻底否定了“体罚有用”的观点。

这种秩序是如何形成的呢？学校层面，校长公开宣扬和实践体罚，这固然是思想落后的问题；在这种背景下，教师只能用体罚来鞭策和驱赶学生完成日常学习任务，表明教师事实上缺乏有效的权威和管理能力。换句话说，就是除了打骂，老师也做不了什么。但体罚不是由机器人实施的，体罚需要消耗教师的体力，会使教师十分疲累。对学生而言，体罚的威慑力在递减。

教师越是体罚，所消耗的精力就越大，直到放弃通过体罚教育学生这一最后选择（其实也是放弃教师的职责），转向“堕落与逃离”。[1]

在本案例中，应试教育与体罚是一对双生子，教师体罚的目的并非纠正学生失范行为，而是为了非常有限地提高成绩。因此，体罚除了给学生带来生理与心理的伤害以及表面上聊胜于无的成绩提升，实则既不能提高其规则意识、责任意识，又不能帮助其获得知识与能力。学生看似能够接受教师体罚，但这种“体罚依赖”让学生对体罚反应日趋迟钝，沉沦于“他律”的自我迷失之中，很难发现自我“存在”，“自律”能力难以激活，更谈不上由此成就自我，教育目标必然落空。后果就是体罚不断增加而边际效益逐渐递减，用时髦的话来说，这也算是一种“内卷”。审视体罚，只是空空逼迫学生们忍受能力的提高，逐渐降低自我效能感，带来的是自我迷失与麻木，而非内心的觉醒。从师生关系、家校关系的角度看，体罚还严重异化了家校关系和家庭教育。由于学生接受了体罚的秩序，家长即使存有异议也很难抗拒，最终要么是甩手不管、丢给学校，要么成为另一个体罚的主体。

事实上，体罚不啻是刀尖上的舞蹈——上级突然检查，学生或家长的一次过激行为都可能让这种脆弱的秩序分崩离析，并给学生、教师和学校造成严重后果。从这个意义上说，体罚所维系的秩序甚至称不上低水平稳定的秩序。读罢本案例，就能意识到“体罚有用”是一种多么荒谬的观点了。

**专家支招：**

1. 教师应当认真学习相关法律法规，尤其是《规则》，破除过时和有害

1 参见莫丽娟：《“堕落”与“逃离”：应试压力下农村薄弱学校教师的顺从与反抗》，《当代教育科学》2017 年第 1 期。

的惩戒观，杜绝任何形式的体罚行为。对于积重难返者，要循序渐进地改变。教师要积极寻找和使用有效的教育惩戒方式，在班级里树立权威，避免过度依赖教育惩戒驱动学生行动。

2. 学校应当从校领导层面做起，革新对教育惩戒的认识，并组织教师及政教人员学习教育惩戒的相关理论与合规实践，破除错误和陈旧的教育惩戒观念，严厉制止违法的教育惩戒行为，树立起正确的教育惩戒导向。

**案例来源：**

摘自李子茜：《体罚与学校秩序：G 中学的教育日常》，南京大学 2018 年硕士论文，第 18—19 页。

**编者：闫波**

## 案例 2

## 重庆某中学语文老师因学生抄袭用藤条惩戒学生

**案例关键词：**

体罚、殴打、教育目的

**案例详情：**

2011 年 11 月，初一的孩子们刚刚入学两个多月。某日下午教师办公室门口排起了长队，经过办公室的人都好奇地向门里望去，发现初 2011 级一班的语文老师谢老师正拿着藤条，面色发红，十分生气：“今天的作业但凡抄袭了答案的同学，每抄袭一处挨一鞭。我不收答案不是让你们在写作业的时候抄袭，而是为了方便你们后面根据答案纠正自己的错误。但是抄袭这种事绝对不能发生，以后再抄袭每抄一下就不止一鞭了！”原来，同学们在门口排着队是要依次受罚，其中不乏成绩优异的同学，拿着自己的练习册，轮到自己了就给老师指出哪些地方抄袭了，然后受领惩罚。

虽然老师打得比较重，但是在场的同学没有一声怨言，因为每个人心里都十分清楚，自己抄袭答案是不对的，而谢老师的惩罚是在帮助大家及时纠正错误，改正坏习惯。事实也确实证明，在经历此次惩罚以后，该班同学抄袭答案、抄袭别人的现象大幅减少，大家都明白无论是平时的作业还是考试，都要自己完成，如实体现自己的水平，而后才能有所提高。

**案例知识点：**

《规则》明确规定了教育惩戒的概念，明晰了学校和教师享有教育惩戒权。根据《规则》第二条，教育惩戒是指学校、教师基于教育目的，对违规违纪学生进行管理、训导或者以规定方式予以矫治，促使学生引以为戒、认识和改正错误的教育行为。从上述概念可见，教育惩戒是手段与目的的结合，教育惩戒权的行使首先应当符合教育目的，其次惩罚手段需要遵守比例原则，即只有目的和手段都符合要求的惩罚才是教育惩戒。正如《规则》第四条所明确的“实施教育惩戒应当符合教育规律，注重育人效果；遵循法治原则，做到客观公正；选择适当措施，与学生过错程度相适应”。若不符合教育目的，甚至反教育，譬如老师因自己的好恶随意惩罚学生，这种教育行为不是教育惩戒。虽然符合促使学生引以为戒、认识和改正错误的目的，但采取的教育手段超出了适当性与必要性，即所采取的手段不一定能够实现教育目的，或在能达成目的的诸方式中该手段对学生权益造成了侵害，此时该种教育行为也不属于教育惩戒。《规则》还明确规定了教育惩戒的适用规则和类型，并从反面列举了不属于教育惩戒的内容。教育惩戒与体罚不同，虽然教育惩戒可以包含一定的身体痛苦性，但体罚超出了教育的限度，背离了社会一般人的基本共识，因而成为被严格禁止的措施。若老师实施体罚的出发点是善意的，是本着教育的目的，但体罚会给学生的身体、心理带来严重的痛苦和伤害，不符合教育惩戒手段的比例原则，依旧是违规的教育惩戒。

**适用规则：**

《未成年人保护法》

第二十七条　学校、幼儿园的教职员工应当尊重未成年人人格尊严，不得对未成年人实施体罚、变相体罚或者其他侮辱人格尊严的行为。

《义务教育法》

第二十九条　教师在教育教学中应当平等对待学生，关注学生的个体差异，因材施教，促进学生的充分发展。

教师应当尊重学生的人格，不得歧视学生，不得对学生实施体罚、变相体罚或者其他侮辱人格尊严的行为，不得侵犯学生合法权益。

《中小学教育惩戒规则（试行）》

第十二条　教师在教育教学管理、实施教育惩戒过程中，不得有下列行为：

（一）以击打、刺扎等方式直接造成身体痛苦的体罚。

**案例评析：**

本案例中，主要有以下两个方面的问题需要厘清：第一，语文老师谢老师能否对抄袭答案的同学们进行管教？第二，若老师可以行使自己的惩戒权，那么其管教的方式是否在法律允许的范围内？其惩戒的程度是否在法律允许的限度内？

第一，谢老师可以对抄袭的学生进行管教。根据《规则》第七条“学生有下列情形之一，学校及其教师应当予以制止并进行批评教育，确有必要的，可以实施教育惩戒:（一）故意不完成教学任务要求或者不服从教育、管理的;（二）扰乱课堂秩序、学校教育教学秩序的;（三）吸烟、饮酒，或者言行失范违反学生守则的;（四）实施有害自己或者他人身心健康的危险行为的;（五）打骂同学、老师，欺凌同学或者侵害他人合法权益的;（六）其他违反校规校纪的行为”，本案例中谢老师管教学生的法律依据来源于第七条第六项，即抄袭是不被任何一所学校的校规校纪所认可的，抄袭是被严厉禁止的行为。

第二，虽然谢老师可以行使自己的惩戒权，但其管教的方式是用藤条鞭打学生，惩戒的程度超越了法律允许的限度与范围。根据《规则》第十二条第一项“教师在教育教学管理、实施教育惩戒过程中，不得有下列行为:（一）以击打、刺扎等方式直接造成身体痛苦的体罚”，本案例中谢老师显然是善意的，接受惩罚的学生们也无怨言，但是用藤条鞭打抄袭答案的学生、每抄袭一处即挨一鞭的教育方式是体罚。体罚会给学生的身心健康带来严重伤害，因而不被法律法规所允许，所以谢老师的惩戒行为是违法的。

第三，关于体罚事件的应急处理，首先，应当根据伤害程度对受体罚学生进行必要治疗或心理干预；其次，应当对体罚的实施者进行必要的处理。具体而言，涉事学校应当积极修复被体罚学生的身体或心理健康。对于体罚学生的老师应该批评教育，责令其写出检讨，保证不再实施体罚行为。教育行政部门根据相关规定可以给予警告、严重警告、记过、记大过、开除等处分。体罚学生造成轻伤以上后果的，应当移送司法部门处理。在本案例中，学校未对涉事老师作出任何处理。这种忽视实则是一种默许，根源在于学校和老师们对合法与违规教育惩戒的界限认知不清。若不及时处理，让较轻的体罚处于放任状态，教师们无法树立合法惩戒的观念，体罚等恶性事件会一而再再而三地出现。

**专家支招：**

中小学校以及教师应认真学习《规则》，掌握行使教育惩戒权的法定情形、合法教育惩戒的方式以及深刻把握违规教育惩戒的情形，辨明合法与违规惩戒的界限，积极采用教育惩戒，杜绝体罚。

1. 教师行使惩戒权应当遵循依法惩戒的原则，注意惩戒手段的合目的性、适当性和必要性，根据具体情节、危害结果采用恰当的惩戒方式，但不应当进行体罚。

2. 学校应该组织学习《规则》，聘请专家举办专题讲座或者通过线上网络学习，在全校形成知悉《规则》内容的效果。中小学应整理汇编本校或者本辖区内的其他学校有关教育惩戒或者体罚的案例，形成指导案例，为老师行使教育惩戒权提供明确的指引。

**案例来源：**

重庆市万州区某初级中学实地调研所得，调研人为吴绣书，调研时间为2021年2月17日。

**编者：吴绣书**

## 案例 3
## 班主任让忘带作业的学生收取作业

**案例关键词：**

忘带作业、负责收取、教育惩戒

**案例详情：**

我是本班的班主任，班里有位叫小哲的同学老是丢三落四。这不，今天的作业又忘带了。一般，如果忘带作业或者作业多未写完，我会和学生约定在一定期限内让他完成即可，学生们也完成得挺好，我觉得这种弹性和人性的方法不错。但是对于小哲这种孩子，没有点必要的惩戒他是不长记性的。面对此类问题，我一般会让孩子做一些“利己利人”的体力活，比如负责按时收取和统计班内所有同学的作业。

我是基于这样的思考：其一，这事还犯不上“脸红脖子粗”地批评；其二，让他体会到自己行为的危害，他还有改进的动力。

果然，第二天他面对有的同学忘带，有的同学忘做的情况，花很大力气才能把作业收上来，并统计好。对于忘带的同学，他甚至有点不满意了。我打趣道：“你也知道没带作业给课代表造成的麻烦了吧？”他深深地点了点头。就这样，他艰难地干了一周。我在全班同学面前和他开玩笑：“小哲是咱班卖力最多的总课代表。”在同学们的哄笑中，他也笑了。此后，小哲丢三落四的毛病还真的改掉了不少。

学生之所以屡次犯一些“无关紧要”的“小错”，就是因为他们觉得这没有什么大不了的。而班主任要做的就是让学生在自己犯错的地方感受到犯错带来的痛楚。比如，对乱扔垃圾的同学我绝对不会罚站，而是让他负责擦一天黑板。这时，你再装作异常惊讶地问全班：“今天的黑板谁擦的呀，怎么这么干净啊？”这时，受罚的学生想恨你，估计也恨不起来了。

其次，要就“时”论“施”。这个“时”，指的是时机。有了合适的时机，教育效果才能最大化。《学记》有云“禁于未发之谓豫，当其可之谓时”，即在适当之时，不失时机地进行教育。时机不同，措施也会有所变化。

时机恰当，学生会痛彻认识到自己的错误以及危害，也会理解班主任的用意。否则，即使惩戒了，学生也是口服心不服，不但对自己的错误难有深刻的反思和改进，还会产生对班主任的不满、抵触甚至敌视情绪。

## 案例知识点：

《中小学教育惩戒规则（试行）》明确规定了教育惩戒的基本原则。教师在实施惩戒行为时，除了应当对照上述惩戒规则所列举的行为内容之外，更应当遵循规则中教育惩戒的基本原则。实施教育惩戒时，惩戒的力度应与学生的错误程度相适应，同时注意教育惩戒行为的目标导向，使其能够达到更好的育人效果，为学生的学习和身心健康带来裨益，真正起到教育惩戒的目的。类似于上述案件的情形在班级日常管理中数不胜数，如何适当、有效地使学生认识到自己的错误并自觉改正，既需要学校、教师熟悉教育惩戒的相关规定和理论，又需要在实践中积累经验并发挥一定的教育机智。惩戒过程中，学校、教师还需要不断调整对教育惩戒的认知以及所实施的具体教育惩戒行为。

## 适用规则：

《未成年人保护法》

第二十五条　学校应当全面贯彻国家教育方针，坚持立德树人，实施素质教育，提高教育质量，注重培养未成年学生认知能力、合作能力、创新能力和实践能力，促进未成年学生全面发展。

学校应当建立未成年学生保护工作制度，健全学生行为规范，培养未成年学生遵纪守法的良好行为习惯。

《教师法》

第八条　教师应当履行下列义务：

（四）关心、爱护全体学生，尊重学生人格，促进学生在品德、智力、体质等方面全面发展。

《义务教育法》

第二十九条　教师在教育教学中应当平等对待学生，关注学生的个体差异，因材施教，促进学生的充分发展。

教师应当尊重学生的人格，不得歧视学生，不得对学生实施体罚、变相体罚或者其他侮辱人格尊严的行为，不得侵犯学生合法权益。

《中小学教育惩戒规则（试行）》

第二条　普通中小学校、中等职业学校（以下称学校）及其教师在教育教学和管理过程中对学生实施教育惩戒，适用本规则。

本规则所称教育惩戒，是指学校、教师基于教育目的，对违规违纪学生进行管理、训导或者以规定方式予以矫治，促使学生引以为戒、认识和改正错误的教育行为。

第四条　实施教育惩戒应当符合教育规律，注重育人效果；遵循法治原则，做到客观公正；选择适当措施，与学生过错程度相适应。

《中小学班主任工作规定》

第十六条　班主任在日常教育教学管理中，有采取适当方式对学生进行批评教育的权利。

**案例评析：**

在日常班级管理中，学校和教师不应忽视学生的小错误，否则错误会日积月累、从小到大，甚至发展为不可控制的后果。例如本案例中小哲经常丢三落四、忘记带作业，看似是小错误，但如果不及时纠正，可能会使他逐渐丧失责任意识，更加马虎大意。应当注意的是，学校和教师不能通过非理性、与错误程度不相适应的严厉惩戒措施对待学生，让教育惩戒失去应有的积极作用。

《规则》第八条第一款规定："教师在课堂教学、日常管理中，对违规违纪情节较为轻微的学生，可以当场实施以下教育惩戒：……（三）适当增加额外的教学或者班级公益服务任务。"在本案例中，对未完成作业这一情节，老师选择让小哲完成收作业这种额外的教学公益服务任务，符合《规则》的规定。

《规则》第四条规定：“实施教育惩戒应当符合教育规律，注重育人效果；遵循法治原则，做到客观公正；选择适当措施，与学生过错程度相适应。”教育惩戒的目的不是惩罚学生，而是使学生经过惩戒认识到自己的错误并改正。

本案例中，班主任没有因为小哲多次忘记带作业而严厉惩罚小哲，也并未对小哲多次的错误行为置之不理，而是采取了与其忘带作业的错误行为相适应的惩戒方式——让小哲收取班内作业。班主任的教育惩戒使小哲更加深刻地认识到了自己的缺点和给班级管理带来的麻烦，增强了学生的规则意识和责任意识，这样的惩戒行为在小哲身上和班级内都起到了更好的教育效果。

**专家支招：**

中小学校和教师应当认真学习《规则》。在进行教育惩戒前，应当首先将惩戒措施与上述规则内明确的惩戒原则和列举的具体惩戒措施相比较，选择恰当的、有正面影响的教育惩戒。

1. 针对本案例中学生出现的违反班级纪律行为，教师应当根据具体情节进行教育惩戒。本案例中班主任老师采取的“让学生负责收取作业”属于适当的、能够发挥积极作用的教育惩戒。此外，还可以采取让学生站立听一节课、口头批评等惩戒方式。相对而言，“让学生负责收取作业”这样的公益服务任务更好，可以让学生体会到自己忘带作业给别人带来的麻烦，从而对自己的错误有更加深刻的认识。同时，教师可以对学生展开课后教导，使学生更好地吸取教训、有所收获。

2. 学校可以组织教师集体学习《规则》，并可以聘请专家针对教育惩戒的原则和范围开展讲解。针对类似本案例中学生错误较为轻微的情况，可以组织学校和教师一起总结经验，列举类似情形下其他适当形式的教育惩戒。

**案例来源：**

摘自《心得体会：班主任工作案例》：https://wenku.baidu.com/view/06923144f78a6529647d53bd.html（最后访问日期：2021年3月10日）。

**编者：张冠群**

## 案例4
## 巢湖市城东小学老师体罚学生致其头部受伤

**案例关键词：**

打头打手、教师被解聘、违规惩戒

**案例详情：**

根据新安晚报、安徽网、大皖客户端的记者报道，2020年12月，一名自称为“巢湖市城东小学的学生家长”曝光了一组微信聊天截图，其内容为几位家长反映自己的孩子在学校被老师打头的情况。记者看到，一名家长在班级群内询问该班语文老师，为什么孩子头上被打了一个包，标注为“语文老师”的微信名回应称：“我的手也被她打淌血了。”在该微信群内，陆续有学生家长反映孩子的头部被打、手部被打等情况，孩子甚至出现头晕症状。在聊天截图中，老师承认体罚学生，并进行道歉。2021年1月5日，巢湖市城东小学童姓校长在接受新安晚报、安徽网、大皖客户端记者采访时表示，被打的学生是因为在背书时没背出来，当时的班主任兼语文老师没控制住情绪用小板子打了两下。“老师动手打人确实不对，但并不是像网传的那样学生受伤严重，现在也一直在关注，孩子没有事。”

现该教师已被解聘。涉事学生家长称“没想到事情这么严重”，也亲自到校表示谅解与歉意。据童校长介绍，被解聘的蒋某某1997年出生，为阜阳师范大学本科毕业的学生，考取了高中教师资格证，今年9月才到该学校入职。该教师平时比较老实负责，但因年纪较轻没有控制好情绪。童校长称，网传的孩子头部受伤的视频很模糊，孩子现实中并未出现流血等问题，“有一点轻微的红肿，事情出来后孩子家长也比较理解，对老师被解聘的事情感到愧疚”。

新安晚报、安徽网、大皖客户端记者拨打了被解聘的老师蒋某某的电话，电话中，蒋某称自己已经去了外地，目前也遭到了教育行业的封杀。之后再无回应。

**案例知识点：**

教育惩戒，是指学校、教师基于教育目的，对违规违纪学生进行管理、训导或者以规定方式予以矫治，促使学生引以为戒、认识和改正错误的教育行为。《规则》第二条提出教育惩戒的规制范围即“普通中小学校、中等职业学校及其教师在教育教学和管理过程中对学生实施教育惩戒，适用本规则”。

根据是否具有合法性，惩戒行为分为合规的教育惩戒与不合规的教育惩戒，《规则》明确规定了“体罚”属于“不得实施的行为”。因此，体罚行为被完全地排除在合规的教育惩戒之外。换言之，对学生造成身体痛苦的体罚均不合法。这条规定是为了保障学生的合法权益，保护学生的身体健康。

**适用规则：**

《未成年人保护法》

第二十七条　学校、幼儿园的教职员工应当尊重未成年人人格尊严，不得对未成年人实施体罚、变相体罚或者其他侮辱人格尊严的行为。

《义务教育法》

第二十九条　教师在教育教学中应当平等对待学生，关注学生的个体差异，因材施教，促进学生的充分发展。

教师应当尊重学生的人格，不得歧视学生，不得对学生实施体罚、变相体罚或者其他侮辱人格尊严的行为，不得侵犯学生合法权益。

《中小学教育惩戒规则（试行）》

第十二条　教师在教育教学管理、实施教育惩戒过程中，不得有下列行为：

（一）以击打、刺扎等方式直接造成身体痛苦的体罚；

（二）超过正常限度的罚站、反复抄写，强制做不适的动作或者姿势，以及刻意孤立等间接伤害身体、心理的变相体罚；

（三）辱骂或者以歧视性、侮辱性的言行侵犯学生人格尊严；

（四）因个人或者少数人违规违纪行为而惩罚全体学生；

（五）因学业成绩而教育惩戒学生；

（六）因个人情绪、好恶实施或者选择性实施教育惩戒；

（七）指派学生对其他学生实施教育惩戒；

（八）其他侵害学生权利的。

**案例评析：**

在本案例中，由于学生没有背出来课文内容，该班的语文老师兼班主任就打学生的头部和手部。根据现有的证据可知，老师为其行为进行道歉，并承诺“再也不会打了”，承认了自己“动手打人”的行为。该案例老师使用小板子打手，虽然没有造成极为严重的损伤结果，但击打行为具有一定的侮辱性，故对学生的身心健康均有损害。

总之，体罚学生不符合法律规定，不具有必要性和合理性，还会让学生对教师产生恐惧或抗拒心理，更不利于之后教育、教学活动的开展。这是在实施教育惩戒时需竭力避免的。

**专家支招：**

1. 对于学生没有背出来课文的情况，教师可以进行口头批评，也可以要求学生进行合理限度的罚抄（适当增加额外教学）。但是，教师在进行教育惩戒时，应当符合教育规律，注重育人效果，注重比例原则，保证惩戒手段既能够取得教育效果，又对学生产生的危害最小。

2. 教师的惩戒应当遵循法治原则，做到客观公正，任何情况下都不得施行体罚。体罚是被《规则》明确禁止的行为，这是教师行使惩戒权的底线。

**案例来源：**

新安晚报、安徽网、大皖客户端《关注！记者还原巢湖老师打学生事件真相！》：https://www.sohu.com/a/443138384_360748（最后访问日期：2021 年 3 月 20 日）。

**编者：汪羽舒**

## 案例 5
## 山东日照一中学教师体罚迟到学生

**案例关键词：**

课本抽打、踢踹、停职一个月

**案例详情：**

2019年4月29日下午，五莲二中两名初三学生上课迟到，被班主任老师杨某责令到教室门口反省，但这两名学生未遵照老师的要求，没过多久两人离开教室门口到操场，杨老师发现后将其叫回。在教学楼楼道内，杨老师让学生蹲在地上，用课本抽打、脚踢等方式实施体罚、批评教育10多分钟。之后，学生李某的家长到校发现孩子脸部、颈部、腿部等多处出现红肿，随即报警。辖区派出所迅速出警，依法调查，开展相关工作。按照《未成年人保护法》规定，对教师实施体罚学生的行为，应由教育部门处分。对此，派出所与教育部门进行了沟通，将该案件移交教育部门处理。

据上述消息，学校方面立即作了调查，经研究，对教师杨某作出停职一个月，向当事学生和家长赔礼道歉，向学校提交书面检查，承担诊疗费，取消评优，师德考核不及格，党内警告、行政记过等处分决定。同时，该学校校长也主动承担管理责任，在学校办公会上作出深刻检查，并扣罚一个季度职级薪酬。

对这一处理决定，学生家长表示不服，认为教师体罚殴打学生下手太重，已越过了正规管教学生的底线，按照相关法规应从严处理。教师杨某也对自己一时冲动、做出体罚学生的举动十分后悔。

五莲县教育主管部门成立调查组进行深入细致的调查后，经党组会研究，认为这名教师出于管教学生之目的，虽未造成严重后果，但无视国家教育法规及上级三令五申严禁体罚学生的有关规定，公然体罚学生，对学生身心造成伤害，如不严肃处理，难以防微杜渐。因此，依据《义务教育法》《教师法》《教育部关于印发中小学教师违反职业道德行为处理办法的通知》以及山东省相关规定，对教师杨某作出追加处理：扣发其2019年5月至2020年4月奖励性绩效工资；责成杨某所在学校2019新学年不再与其签订《山东省事业单位聘用合同》；将杨某自2019年7月纳入五莲县信用信息评价系统“黑名单”。五莲县教育主管部门有关负责人表示，体罚学生为国家法律法规明令禁止，任何教师违反此禁令都将受到严肃处理。

该案在网络上发酵后，舆论质疑该处理过重。7月28日，五莲县人民政府官网发布情况通报，7月23日教体局已撤销对杨老师的追加处理决定。根据涉事老师个人意愿，已将其从原学校调往五莲一中。当事双方已协商达成和解。县委、县政府全力做好教师、学生的后续安抚、思想工作。下一步，将举一反三，采取有效措施，加强师德师风建设，切实维护好师生合法权益。

**案例知识点：**

《规则》第十二条第一项规定，教师在教育教学管理、实施教育惩戒过程中，不得实施以击打、刺扎等方式直接造成身体痛苦的体罚。此外，该案例体现了教育惩戒与体罚之间的区别。刘晓巍教授指出，在法律上区分教师的惩戒与体罚行为是一个不易说明的问题，"因为它不仅涉及到教师惩戒权的范围和标准问题，还涉及到其与学校的教育管理权、学生的受教育权等一系列法定权利之间的关系问题以及教育法律制度的安排问题等"。他建议可以从三个层面来区分两者间的关系：目的上是否具有教育性；实体上是否具有比例性；程序上是否具有规范性。[1] 在实践中，的确可以从目的、手段和程序等角度来考察惩戒措施，进而分析具体行为属于教育惩戒还是体罚。

**适用规则：**

《未成年人保护法》

第二十七条　学校、幼儿园的教职员工应当尊重未成年人的人格尊严，不得对未成年人实施体罚、变相体罚或者其他侮辱人格尊严的行为。

1　刘晓巍：《论教师惩戒与体罚的法律界限与实践区分》，《当代教育与文化》2020年第6期。

《义务教育法》

第二十九条　教师在教育教学中应当平等对待学生，关注学生的个体差异，因材施教，促进学生的充分发展。

教师应当尊重学生的人格，不得歧视学生，不得对学生实施体罚、变相体罚或者其他侮辱人格尊严的行为，不得侵犯学生合法权益。

《中小学班主任工作规定》

第十六条　班主任在日常教育教学管理中，有采取适当方式对学生进行批评教育的权利。

《中小学教育惩戒规则（试行）》

第十二条　教师在教育教学管理、实施教育惩戒过程中，不得有下列行为：

（一）以击打、刺扎等方式直接造成身体痛苦的体罚。

**案例评析：**

本案例中，学生迟到后未按照要求在教室门口反省，反而擅自离开去操场，教师因此让学生蹲在地上，用课本抽打、脚踢等方式实施体罚、批评教育10多分钟，导致孩子脸部、颈部、腿部等多处出现红肿。该行为属于《规则》第十二条第一项规定的“以击打、刺扎等方式直接造成身体痛苦的体罚”，是教师在教育教学管理、实施教育惩戒过程中的禁止行为。

该事件一开始，班主任老师杨某责令两人到教室门口反省的惩罚方式较为合理。后续由于学生擅自离开去操场，杨老师用课本抽打、脚踢等方式实施体罚导致其多处出现红肿的行为则超出了必要限度。陕西师范大学教育学院胡金木教授也指出，教师“需要认识到秩序的维持并非教育惩戒的根本目的，仅具有工具性价值，促进学生自由而全面的发展才是惩戒的本体性价值。教育惩戒的意图不是为了实现对学生的宰制与压迫、羞辱，而是为学生自由而全面的发展创造一种良善的纪律与秩序”。[1]面对犯错的学生，教师可以采取限度内的教育惩戒，但须得避免体罚行为。本案例中，尽管杨老师是出于教育的目的，但其实施的惩戒措施与学生的过错行为之间已然不符合比例。面对学生上课迟到这一违反学习纪律的行为；杨老师可以公开批评或要求其罚站，然而，抽打、脚踢等行为会对学生身体造成伤害，直接侵犯学生的人身权利，为法律法规所不允许。本案例也提醒教师，面对学生的过错行为，一定要理智选择惩戒方式，采取限度内的合规惩戒手段，不应情绪过激、体罚学生。

**专家支招：**

1. 教师应主动学习《规则》，明确其中对合规惩戒和不合规惩戒的详细规定，结合以往案例区分教育惩戒与体罚的不同之处，使得自己的惩戒行为符合比例原则并遵循正当程序。

2. （1）教师层面：学校应重视让教师学习《规则》，可以通过定期组织专题讲座或者网络教学等方式进行，还可以组织考核检验教师的认识情况，避免教师因认识不足而不合规地惩戒学生。（2）学生层面：学校可以组织专题讲座或者网络教学来帮助学生学习《规则》，让学生了解什么属于不合规的教育惩戒，告知学生当其遇到不合规的惩戒应当通过何种程序向学校何种部门反馈来维护自身权益。

**案例来源：**

《山东日照一中学教师体罚学生被疑处罚过重》：http://zqb.cyol.com/html/2019-07/12/nw.D110000zgqnb_20190712_5-06.htm?spm=C73544894212.P99766666351.0.（最后访问日期：2021年3月15日）。

1　胡金木：《教育惩戒的学问》，《光明日报》2020年12月8日15版。

《五莲教师因体罚学生被重罚，县教体局已撤销对杨老师追加处理决定》：https://new.qq.com/omn/20190728/20190728A08SA600.html（最后访问日期：2021 年 3 月 15 日）。

**编者：陶丹凤**

## 案例 6
## 女生欺凌被停课

**案例关键词：**

校园欺凌、停课反省、检讨保证

**案例详情：**

两名初中女生因琐事滋生矛盾，女生 A 遂在放学后于校园外找到女生 B 并进行“教训”。据女生 A 所言，其对女生 B 实施了掌掴数下、揪拽头发等暴力行为，但并未造成女生 B 身体受伤。由于案发于放学后，有多名学生围观，女生 B 认为女生 A 对自己进行了侮辱，遂在回家后向家长说明了遭遇殴打的情况。

实际上，女生 B 确实未有明显受伤，但掌掴、揪拽头发等行为仍属于暴力行为。另外，尽管女生 A 的暴力行为发生在放学后校园外，但仍属于校园欺凌。女生 B 的家长知晓该事件后，次日前往学校与班主任以及教务处老师会面要求处理此事。女生 A 的班主任在知晓该事件后及时通知了女生 A 的家长，要求 A 家长前往学校协助处理。

此前，该中学在新生入学时向学生发放了《教育手册》，并在入学家长会和日常班会上对《教育手册》进行了详细的讲解。除此以外，校园内也悬挂有 ×× 初级中学校规校纪，其中规定：“校内外殴打同学，停课一周，写检讨上交班主任，签署保证书上交学校教务处与班主任保存。”

经教务处老师与两女生的班主任、家长共同协商，教务处根据 ×× 初级中学校规校纪作出了对女生 A 停课一周、向女生 B 赔礼道歉、写检讨与保证书的处理，并对女生 A 进行了教育训诫。女生 A 表示服从处罚，向女生 B 道歉，书写了检讨与保证书，女生 A 家长也表示将加强对女生 A 的教育管理。

**案例知识点：**

《规则》明确规定了学校应当根据本校学生的特点制定校规校纪。制定校规校纪应当符合《规则》所要求的程序，《规则》规定的基本程序为：征求教职工、学生和学生家长的意见，提交家长委员会、教职工代表大会讨论，提交校长办公会议审议通过，报主管教育部门备案。另外，有条件的学校可以举办校规校纪制定听证会，由学生、家长以及有关方面代表（如教育部门、未成年人保护协会专家等）参加。

《规则》还明确规定，学校应当公开校规校纪的内容并利用入学教育、班会等适当时机向学生和家长宣传讲解，否则校规校纪不得施行。

**适用规则：**

《未成年人保护法》

第三十九条　学校应当建立学生欺凌防控工作制度，对教职员工、学生等开展防治学生欺凌的教育和培训。

学校对学生欺凌行为应当立即制止，通知实施欺凌和被欺凌未成年学生的父母或者其他监护人参与欺凌行为的认定和处理；对相关未成年学生及时给予心理辅导、教育和引导；对相关未成年学生的父母或者其他监护人给予必要的家庭教育指导。

对实施欺凌的未成年学生，学校应当根据欺凌行为的性质和程度，依法加强管教。对严重的欺凌行为，学校不得隐瞒，应当及时向公安机关、教育行政部门报告，并配合相关部门依法处理。

《中小学班主任工作规定》

第十六条　班主任在日常教育教学管理中，有采取适当方式对学生进行批评教育的权利。

《中小学教育惩戒规则（试行）》

第五条　学校应当结合本校学生特点，依法制定、完善校规校纪，明确学生行为规范，健全实施教育惩戒的具体情形和规则。

学校制定校规校纪，应当广泛征求教职工、学生和学生父母或者其他监护人（以下称家长）的意见；有条件的，可以组织有学生、家长及有关方面代表参加的听证。校规校纪应当提交家长委员会、教职工代表大会讨论，经校长办公会议审议通过后施行，并报主管教育部门备案。

教师可以组织学生、家长以民主讨论形式共同制定班规或者班级公约，报学校备案后施行。

第六条　学校应当利用入学教育、班会以及其他适当方式，向学生和家长宣传讲解校规校纪。未经公布的校规校纪不得施行。

学校可以根据情况建立校规校纪执行委员会等组织机构，吸收教师、学生及家长、社会有关方面代表参加，负责确定可适用的教育惩戒措施，监督教育惩戒的实施，开展相关宣传教育等。

第七条　学生有下列情形之一，学校及其教师应当予以制止并进行批评教育，确有必要的，可以实施教育惩戒：

（五）打骂同学、老师，欺凌同学或者侵害他人合法权益的。

第九条　学生违反校规校纪，情节较重或者经当场教育惩戒拒不改正的，学校可以实施以下教育惩戒，并应当及时告知家长：

（一）由学校德育工作负责人予以训导。

第十条　小学高年级、初中和高中阶段的学生违规违纪情节严重或者影响恶劣的，学校可以实施以下教育惩戒，并应当事先告知家长：

（一）给予不超过一周的停课或者停学，要求家长在家进行教育、管教。

**案例评析：**

女生 A 因校园琐事而将矛盾带到校外，在校外对女生 B 进行了掌掴、揪拽头发等暴力行为。该事件发生于放学时间，有多名学生围观，这不仅给女生 B 带去了身体痛苦，也对其精神造成了伤害。显然，这是一起典型的校园欺凌事件。

校园欺凌是发生在校园内外、以学生为参与主体的一种攻击性行为，它既包括直接欺凌也包括间接欺凌。校园欺凌是最常见的一种校园暴力。[1] 直接欺凌指采用公然、明显的方式进行，包括直接身体欺凌和直接言语欺凌，本案例中，女生 A 采用的就是直接身体欺凌；间接欺凌是指以较不易被发现的方式进行欺凌，通常借助第三方进行，包括关系欺凌（如传播谣言或孤立同学等）、网络欺凌。[2]

近年来，校园欺凌事件频发，如何扼杀校园欺凌的苗头以及如何应对已经发生的校园欺凌，成为政府、中小学、家长群体等关注的问题。

为了预防应对校园欺凌，我国先后颁布了《关于开展校园欺凌专项治理的通知》《加强中小学生欺凌综合治理方案》，并修改了《未成年人保护法》，明确强调："学校应当建立学生欺凌防控工作制度，对教职工、学生等开展防治学生欺凌的教育和培训。"学校、教师、学生、家长对校园欺凌行

1　联合国教科文组织：《校园暴力与欺凌：全球现状报告》2017 年版，第 9-48 页。

2　刘艳丽，陆桂芝：《校园欺凌行为中受欺凌者的心理适应与问题行为及干预策略》，《教育科学研究》2017 年第 5 期；刘文利，魏重政：《面对校园欺凌，我们怎么做》，《人民教育》2016 年第 11 期。

为都不应当视而不见，更不应当将校园欺凌视为学生之间的小打小闹，而要对此具有清醒的认识和足够的警惕，才能防范校园欺凌行为的发生。本案例中，学校事先存在已经公开的校规校纪，对学生形成了震慑作用，也能在欺凌事件发生后积极应对与处置，及时联系涉事学生家长进行处理，是值得肯定的。

校园欺凌的危害是巨大的，对于被欺凌者的伤害不仅是身体上的，更是心理上的。为此，必须正确处理已经发生的校园欺凌事件。首先，应当对受欺凌学生进行必要的身体检查与治疗，尤其要加强心理干预。教师应当积极修复被欺凌学生的身体及心理健康，防止受欺凌学生产生压抑、焦虑的情绪，进而形成孤僻、自卑的性格，从而产生抗拒学校的心理。其次，应对校园欺凌的实施者进行处理。涉事学校应对欺凌他人的学生进行批评教育，责令其写检讨，并保证不再实施校园欺凌行为。欺凌他人的学生造成轻伤以上后果的，应当及时移送司法部门处理。本案例中，考虑到涉事学校事先已经有公开的校规校纪，学校根据女生 B 的受欺凌情况以及校规校纪的规定，对女生 A 作出了停课一周的处理，并要求其赔礼道歉、写检讨与保证书，处理方案合理、合规。

**专家支招：**

中小学校以及教师应认真学习《规则》与《未成年人保护法》，明确校规校纪的制定程序，积极利用校规校纪防范校园欺凌，建立完善的预防与惩戒校园欺凌机制，再出现校园欺凌案件时，积极根据已有的规则对涉事学生进行惩戒，从而保证教育惩戒的合规、合理、有效。

1. 针对本案例中学生出现的校园欺凌行为，教师应该根据具体情节、危害结果进行批评教育，配合学校等相关部门进行调查与惩戒，同时应当在班级内部做好宣传教育工作，防范校园欺凌，并密切关注相关学生的心理变化，与家长合力做好心理干预。

2. 学校组织学习《规则》与《未成年人保护法》。学校可以聘请专家举办专题讲座或者通过线上网络学习，在全校形成知悉校园欺凌的基本形式与危害的效果。学校可以要求教师在班级内部展开校园欺凌的防范教育，引导学生正确处理同学之间的关系，从根本上杜绝校园欺凌。

**案例来源：**

河南省安阳市某初级中学实地调研所得，调研人为付楠，调研时间为2021年1月21日。

**编者：付楠**

## 案例 7
## 语文老师罚学生写文章

**案例关键词：**

罚写文章、反复修改、获奖

**案例详情：**

马同学从小个性开朗，是个爱说爱笑的孩子。在某天的语文课上，她和她的同桌罔顾课堂纪律，滔滔不绝地说起话来，甚至影响了她俩周围同学的学习。严厉的语文老师发现后，虽未在课堂上批评她，但要求她课后去老师办公室。马同学忐忑不安，准备接受最为严厉的惩罚。但语文老师却只是罚马同学写一篇1000字的文章，讨论教育及其对经济的影响。马同学按时把写好的文章交了上去。语文老师在仔细阅读后将文章退回，指出了文章存在的缺点，并要求马同学重写。如此反复了数次，语文老师才收下该文章。这篇经过反复改写的文章，被语文老师推荐上去，参加了征文比赛。后来，语文老师高兴地在全班宣布了马同学征文得奖的消息。事实上，这次惩罚不仅使马同学迅速改正了错误，而且让她由此迷恋上了写作和教育。

**案例知识点：**

《规则》明确了教育惩戒的概念、目的、措施、原则等内容。为改变我国中小学教育中存在的不敢惩戒或是滥用惩戒两个极端局面，《规则》详细规定了学校和教师可以实施的教育惩戒措施。教育惩戒是教育手段的一种，有助于规范学生行为，塑造个人优良品格，建立良好的教育秩序。教育惩戒行为应当合法、正义。《规则》的出台，规范了学校与教师教育惩戒的底线与边界，可以有效杜绝采用超过教育惩戒范畴的方式。教育惩戒实施的目的是促使违规违纪学生进行自我反思，遏阻犯错，促进学生全面发展。教师所采取的教育惩戒措施应当与学生的过错程度相适应，审慎使用惩戒措施。教师不得随意使用教育惩戒措施，避免对学生的权益造成过度侵害，防止对学生身心或人格尊严造成损害。在使用惩戒措施前，需要全面地考虑该措施是否能起到教育的效果，惩戒行为的选择应当符合学生的性格与年龄特征，能够实现矫正错误行为的效果。更重要的是，教师在实施教育惩戒时应当设身处地地为学生着想，展现教师对学生的关怀，构建良好的师生关系。合理的教育惩戒能让学生从中感受到教师的苦心，促进他们积极主动地进行自我反思、规范自身行为，帮助他们成就美好未来。

**适用规则：**

《义务教育法》

第二十九条　教师在教育教学中应当平等对待学生，关注学生的个体差异，因材施教，促进学生的充分发展。

《中小学教育惩戒规则（试行）》

第二条　普通中小学校、中等职业学校（以下称学校）及其教师在教育教学和管理过程中对学生实施教育惩戒，适用本规则。

本规则所称教育惩戒，是指学校、教师基于教育目的，对违规违纪学生进行管理、训导或者以规定方式予以矫治，促使学生引以为戒、认识和改正错误的教育行为。

第三条　学校、教师应当遵循教育规律，依法履行职责，通过积极管教和教育惩戒的实施，及时纠正学生错误言行，培养学生的规则意识、责任意识。

第四条　实施教育惩戒应当符合教育规律，注重育人效果；遵循法治原则，做到客观公正；选择适当措施，与学生过错程度相适应。

**案例评析：**

语文老师针对马同学上课讲话的坏习惯以罚写文章作为惩戒，并指导马同学对文章一遍遍地重写与修改，最终马同学的文章在征文比赛中获奖。马同学在这次惩罚后，迅速改正了错误，并由此迷恋上了写作和教育。很明显，本案例中的语文老师能够发掘学生长处，因材施戒，选择了最为合适的教育惩戒措施，以真诚的爱和关怀使马同学改正了错误，让马同学从惩戒中终身受益。

教育惩戒措施应出于育人目的，应能够实现育人效果。教育惩戒并不是为了惩罚而惩罚，而是为了使学生认识到自身行为的错误，然后积极主动地予以改正，从而获得全面发展。正如语文老师所做的那样，他惩罚马同学并没有选择通过暴力或是羞辱的方式让她感到痛苦来实现自我反思，而是看到马同学的独特性，有针对性地让其写文章并给予专门的指导。语文老师始终以促进学生成长为目的展开教育活动。事实证明，语文老师的教育惩戒是有效的，不仅使马同学改正了错误，更让她终身受益。因此，在合法限度内，结合学生特点，选择最适合学生的惩戒方式尤为重要。

此外，教师教育惩戒应饱含关怀与爱。教师的关怀与爱不应仅在言辞中得以体现，还要在育人实践中多给予能够给学生带来更多正面情绪的体验与帮扶。教师的关怀有助于建立师生互相信赖的良好关系。在教师的爱与关怀包裹下的教育惩戒行为，相比冷漠的斥责更能得到学生的认同，促使他们进行主动的反思与成长。就像语文老师罚马同学写文章，反复修改，每次修改时语文老师都会有针对性地提出意见。马同学能够感受到惩戒下的温暖关怀与帮助，迅速改正了错误。语文老师将马同学的文章进行投递，最终获奖，等同于对马同学的一种表扬，对其行为的纠正起到了正面强化的效果。惩戒与奖励相结合的模式更有利于学生建立信心，更有利于他们的长远发展。

**专家支招：**

认真学习《规则》，掌握教育惩戒的概念、目的、原则、措施等内容，采用合规的教育惩戒措施，实现育人的目标。

1. 在学习生活的方方面面要给予学生爱与关怀，积极与学生沟通交流，多关注学生的性格特征与思想动态。当学生出现违规违纪时，选择最恰当的惩戒方式引导学生认识自身错误并改正。

2. 邀请教育专家就《规则》的解读举办专题讲座，学习教育惩戒应遵守的原则以及教育惩戒措施的范畴。鼓励教师开展有关合规合理有效实施教育惩戒的经验分享会，进行互相学习反思。专门构建学生意见征集通道，多倾听学生的声音并及时反馈，促使教育惩戒效用最大化。

**案例来源：**

该案例改编自［美］玛莉·福特雷尔：《从乔丹老师那里得到的》，伍珉译，《语文学习》1991 年第 8 期。

**编者：李鑫狄**

## 案例 8

# 鄂尔多斯中学"专业心理学教育"进校

**案例关键词：**

课外心理疏导、理智行为干预、关爱学生心理教育

**案例详情：**

鄂尔多斯一中学经常会通过匿名校园问卷以及家长微信群调研的方式了解学生的心理健康状况。经调研发现，该中学的多数学生存在或多或少的心理问题，除了正常的课业压力之外，家庭因素以及青春期懵懂的焦虑感都使得很多学生困惑不已。学校虽然设置了心理健康教室，并由德育老师担任心理室的导师，可很多孩子碍于自尊心以及对任课老师的天然"畏惧感"，纷纷选择被动地消化心理压力和创伤。每年学校心理咨询室的上座率很低，此事件引起了校方领导的重视。经周密商讨，学校决定开展专业的"心理教育进校园"主题活动。安排专门的课程或者教育场所，由社会工作者或者其他专业人员进行心理辅导、行为干预，这种教育模式很受学生欢迎，在校园内引发热烈反响。

小美是一个单亲家庭的孩子，父母离婚后，小美跟随母亲生活，母亲是一家国有企业的高级管理人员，收入不菲，为了弥补对小美的伤害，母亲从不限制小美的零花钱。在这种背景下，小美的物质生活条件非常不错，但母

亲常年忙碌疏于陪伴，导致小美的童年一直缺乏父母关爱，小美渐渐沾染了小偷小摸的习惯。小美发现在学校偷盗同学们的财物会受到老师批评甚至学校处分，届时老师和学校就会通知母亲从而引起母亲关注，她就可以见到母亲并且得到母亲的关怀。小美对自己的发现乐此不疲，刚开始只是偷盗同学的文具类小额财物，后来愈演愈烈，开始偷盗同学们的贵重财物，比如手机、手表、钱财等。

此事件引发了班主任张老师的重视。知悉其单亲家庭背景的班主任对小美采取私下批评劝慰的惩戒方式以期小美改过自新。遗憾的是，事情并没有得到有效控制，随着同班同学不断地投诉，恶劣的盗窃事件得到了校方的重视。校方了解原因后，并未给予小美相应的记过处分，因为老师们一致认为小美堕落的根源并非其本质恶劣贪婪，而在于原生家庭的创伤以及父母关爱的缺位，于是校方采取了以社会专业人员对小美进行心理疏导和行为规制为主要内容的教育惩戒措施。此事件后，校方和老师们更加重视对孩子心理健康的关爱，以及对失足或有恶劣影响孩子的心理疏导，经常安排专门的课程或者教育讲座，由富有经验的社会工作者以及其他专业人员进行心理辅导和行为干预。

得到专业的心理教育和疏导后，小美清醒地认识到了自己行为的错误，并真诚地向同学们道歉，最终回归校园生活。之后小美逐渐得到了同学们的理解和认可，交到了越来越多的朋友，大家一起努力进步、互相帮助，活成了自己最美的样子。小美的母亲在经历此事件后，也认识到自己对孩子成长阶段关爱的缺失是造成孩子孤独、堕落行为的元凶，于是决定将小美带在身边悉心照顾，不仅给予物质上的关怀，还有更多的精神陪伴与鼓励。多年以后，小美凭借努力成功考上了市重点高中，后来就读于一所 211 大学，再后来成为了一名优秀的公务人员。回首往事，小美有悔恨、有痛心，更有内心深处无法言表的温暖。小美坚信是学校给了她重新面对生活的勇气，是学校合理的教育惩戒方式塑造了她再次鲜活的生命和青春。

## 案例知识点：

在高速发展的今天，各种问题层出不穷，学生们时刻面临着来自体制内和体制外因素的侵扰，因此学生的心理问题成了很多学校的教育难题。学习节奏的加快，容易滋生学生多方面的压力，这种压力如果得不到良好的梳理和释放则会严重阻碍学生的健康成长。对此很多学校都积极开展了课外的心理疏导课程和活动，举一切社会力量和学校资源去关爱孩子成长。这种理智的行为干预措施，或者说体制外教育，在本案例中的鄂尔多斯实验中学取得了理想的成果。有的时候面对学校的心理老师，学生们难免会囿于其老师的身份而不敢或者羞于表达想法，但是面对学校之外的人则会更容易敞开心扉，没有那么多的顾虑，建议学校多开展这种“心理讲座”或者“心理疏导活动”进校园工作。

## 适用规则：

《未成年人保护法》

第四条　保护未成年人，应当坚持最有利于未成年人的原则。处理涉及未成年人事项，应当符合下列要求：

（二）尊重未成年人人格尊严。

《义务教育法》

第二十九条　教师在教育教学中应当平等对待学生，关注学生的个体差异，因材施教，促进学生的充分发展。

教师应当尊重学生的人格，不得歧视学生，不得对学生实施体罚、变相体罚或者其他侮辱人格尊严的行为，不得侵犯学生合法权益。

《中小学班主任工作规定》

第十六条　班主任在日常教育教学管理中，有采取适当方式对学生进行批评教育的权利。

《中小学教育惩戒规则（试行）》

第十条　小学高年级、初中和高中阶段的学生违规违纪情节严重或者影响恶劣的，学校可以实施以下教育惩戒，并应当事先告知家长：

（三）安排专门的课程或者教育场所，由社会工作者或者其他专业人员进行心理辅导、行为干预。

第十六条　学校、教师应当重视家校协作，积极与家长沟通，使家长理解、支持和配合实施教育惩戒，形成合力。家长应当履行对子女的教育职责，尊重教师的教育权利，配合教师、学校对违规违纪学生进行管教。

**案例评析：**

教育惩戒的目的不在于惩戒而在于育人，无论是学校还是教师都拥有合理的教育惩戒权。在过去相当长的一段时期里，由于片面强调赏识教育，学校和教师对学生的管理处于不能管、不敢管，动辄得咎的尴尬境地。由于缺乏保护自己的合法武器，只要因为学生管理问题发生了纠纷，学校和教师几乎都是处于被动地位，屡屡被送上被告席。即使是学生家长无理取闹，学校和教师也不得不一再让步。很多教师感到非常无助，甚至“谈管色变”。《规则》的出台，为广大教育工作者撑了腰、壮了胆。教师应该如何正确运用被赋予的教育惩戒权，是个值得关注的问题。对教师教育惩戒权入法的提案，大部分教育工作者非常认可，而且呼声很高。有些教师对教师教育惩戒权入法的提案给予了高度评价，认为这是真正为教师代言，以后惩戒学生就有法可依了，可以理直气壮，不再怕家长和公众说三道四。不过，教师需客观看待教育惩戒权，在任何情况下都应该合情、合理、合规地使用。

我国《未成年人保护法》第四条明确规定：“保护未成年人，应当坚持最有利于未成年人的原则。处理涉及未成年人事项，应当符合下列要求：（二）尊重未成年人人格尊严。”教育惩戒权有其特定的含义，对其理解要准确，不含体罚、打骂、辱骂。可见，没有具体实施细则的惩戒权，教师如何去用好是个难题，一旦操作不当，就会因为惩戒失当引发不必要的麻烦。教师不能任性地靠惩戒权的加持迫使学生服从，而是要在法律规定的框架内合理使用。

首先教育是出自“爱”，对学生的惩戒一定要出于“爱”的关怀，并且事后要让学生知道。如果为了惩戒而惩戒，让学生感受不到关心、爱护，惩戒不仅取得不了良好的效果，反而会引起学生反感，造成师生敌对，达不到教育的目的。再者对学生的惩戒一定不要在情绪激动下进行。教师一定要学会克制自己的情绪，做到学生着急老师不急，等情绪冷静下来再进行处理。这样处理时就会更理智，更能把握分寸，不至于有过激行为，不会造成不可控的后果。另外对学生的惩戒要尽量避免在公众场合进行。古人说“扬善于公堂，规过于密室”，这也应该是惩戒学生的准则。惩戒学生尽量单独进行，惩戒目的是教育学生遵规守纪，使其知错能改。如果在公开场合对学生实施惩戒，使学生失去颜面，容易造成师生敌对、冲突，或者学生干脆“破罐子破摔”，越来越难管。

在教师的地位日益恶化乃至教师人身安全屡屡被侵犯的当下，合理的管理方案具有提升教师社会地位、保证教师人身安全、教育行为恶劣学生的重要作用。学校教育惩戒实施方案，就像一把戒尺、一根标杆，使得教师能够真真正正地拥有管理学生的权利。对于行为恶劣、道德滑坡的学生给予一定的惩罚，让他们知道有一些不能触碰的底线。教育应循序渐进，需要“耐心”“感化”“引导”“说服”。教育惩戒权的意义主要在于教育，而非惩戒。因此，教育惩戒的目的是更好地促进学生成长，而不是治服学生。对此，学校对教育惩戒合理化的支持和理解尤为重要，校方是否重视一定程度上决定了教育惩戒是否能够向着合规的方向发展。

**专家支招：**

《规则》第十条第一款规定：小学高年级、初中和高中阶段的学生违规违纪情节严重或者影响恶劣的，学校可以实施以下教育惩戒，并应当事先告知家长：……（三）安排专门的课程或者教育场所，由社会工作者或者其他专业人员进行心理辅导、行为干预。此外，第十六条规定：学校、教师应当重视家校协作，积极与家长沟通，使家长理解、支持和配合实施教育惩戒，形成合力。家长应当履行对子女的教育职责，尊重教师的教育权利，配合教师、学校对违规违纪学生进行管教。

1. 无论是任课老师还是班主任都需要积极主动地关注每一个孩子的成长，多与孩子沟通，遇到比较羞涩赧然的学生，需要老师们耐心引导。平时可以通过电话查访的方式多向家长询问孩子的状态并及时反馈，形成“学校—家庭—学生”三位一体的联动模式。

2. 学校多开展“心理学教育进校园”主题活动是十分必要的，只有校方的高度重视，才能带动每一位在职教师的积极性，从而切实解决学生的心理问题。这种体制外的教育模式可能会带给学生更多的亲切感，便于增进学生对老师或者学校教育的认同，构建良好的校园生态环境。

**案例来源：**

鄂尔多斯市康巴什区某中学实地调研所得，调研人为丁紫玉，调研时间为 2021 年 3 月 9 日。

**编者：丁紫玉**

## 案例 9
# 中学老师谈惩戒

**案例关键词：**

惩戒制度、教师体会、育人

**案例详情：**

南宁三十三中的贾松（化名）老师表示，惩戒本身是一种制度，而不是教师的个人行为。学生犯了错，就要受到相应的处分。当然，在执行过程中可能会有不当，但没有惩戒的教育是不完整的。

贾老师讲述了自己带班的经历。他曾经出差一个星期，回来后听到数学老师反馈，这段时间他所带的高三班级学生作业交得不好。学生在教室里默默地看着数学老师“告状”。

上课时，贾老师走进教室，坐了 20 分钟，一言不发。最后在黑板上写了一句话：人生的成长重要的不是我在的时候你做什么，而是我不在的时候你做什么，这才是真性情。写完，他还是一句话不说。看到这句话，很多同学都把头低下了。有学生开始写东西，下课自己把检讨书交给他。

他认为，面对不同年龄段的学生，要有不同的惩戒方式。对于高中生来说，有时苍白的说教，远不如学生内心的反思和琢磨重要。后来，学生毕业回来，很多事情都已经遗忘，但大家都记得这件事。惩戒本身是制度，更重要的在于会影响人、带动人和鼓励人。不应把惩戒当成警告、警示，而忽略了惩戒背后的带动和鼓励。

**对比：**

瑞边学校位于花都区狮岭镇芙蓉大道花都成教旁瑞边村，12 岁的小涛在该校六年级二班就读。周一下午，小涛没有去上课，坐在家里不停地揉着双腿。

“当时老师很用力地打我，现在还觉得疼。”据小涛介绍，10 月 11 日是周六，上午他回学校补课。上语文课时，教语文的胡老师要大家交国庆长假前布置的读后感。

小涛没有交，胡老师便让他到讲台上询问原因。“我就说不会写，老师就很生气，拿扫帚上的实心棍子打了我的双腿两棍。”

小涛说，老师打第一棍时，他疼得哭了起来，但老师并未停手，又用力打了第二棍。打完后，老师让小涛回到座位继续上课。“不只是我一个人被打了，还有一个同学也是因为没有交作文，挨了一棍。”小涛说，今年 9 月他刚从清远老家的学校转学过来。上课几天后，他因听写不过关遭到胡老师的体罚。

小涛一家来自清远，父亲老冯目前在狮岭镇做豆腐生意，小涛是家里的独子。老冯说，如果孩子顽皮或者不用心读书，老师应该要教育他，而不是这样体罚。他们已找学校反映，希望学校能给孩子一个说法。

“现在孩子不敢去上学了，要么我们给孩子办理转校，要么学校开除打人的老师。”老冯说，如果孩子转校，费用应该由学校承担。

**案例知识点：**

《规则》规定了教育惩戒的目的、性质，即学校、教师基于教育目的，对违规违纪学生进行管理、训导或者以规定方式予以矫治，促使学生引以为戒、认识和改正错误的教育行为。教育惩戒应遵循教育规律，而体罚等不合规的惩戒方式超出了必要限度，给学生身心带来不良影响，同时也违反了教育的基本规律。《规则》明确规定了实施教育惩戒应遵循教育性、合法性、适当性原则。主要体现在：一是强调教育惩戒应当符合教育规律，注重育人效果，坚持育人为本。教育惩戒要基于关爱学生的宗旨，注重人文关怀，达到教育学生遵守规则、增强自律、改过向上的目的。基于这一原则，《规则》

规定，教师对学生实施教育惩戒后，应当注重与学生的沟通和帮扶，对改正错误的学生及时予以表扬、鼓励；学生受到教育惩戒或者纪律处分后，能够诚恳认错、积极改正的，可以提前解除教育惩戒或者纪律处分。二是明确实施教育惩戒要遵循法治原则，做到客观公正、合法合规。要以事先公布的规则为依据，尊重学生的基本权利和人格尊严。《规则》要求，校规校纪中的行为规范和教育惩戒措施应当明确，并应事先公布，未经公布的校规校纪不得施行；此外，实施严重教育惩戒，要事前听取陈述申辩、事后给予救济。三是要求实施教育惩戒应当选择与学生过错程度相适应的适当措施。《规则》要求要综合考虑学生的一贯表现、主观认识、悔过态度以及家庭环境等因素，以求最佳育人效果。

**适用规则：**

《义务教育法》

第二十九条　教师应当尊重学生的人格，不得歧视学生，不得对学生实施体罚、变相体罚或者其他侮辱人格尊严的行为，不得侵犯学生合法权益。

《中小学教育惩戒规则（试行）》

第二条　普通中小学校、中等职业学校（以下称学校）及其教师在教育教学和管理过程中对学生实施教育惩戒，适用本规则。

本规则所称教育惩戒，是指学校、教师基于教育目的，对违规违纪学生进行管理、训导或者以规定方式予以矫治，促使学生引以为戒、认识和改正错误的教育行为。

第三条　学校、教师应当遵循教育规律，依法履行职责，通过积极管教和教育惩戒的实施，及时纠正学生错误言行，培养学生的规则意识、责任意识。

教育行政部门应当支持、指导、监督学校及其教师依法依规实施教育惩戒。

第四条　实施教育惩戒应当符合教育规律，注重育人效果；遵循法治原则，做到客观公正；选择适当措施，与学生过错程度相适应。

第十二条　教师在教育教学管理、实施教育惩戒过程中，不得有下列行为：

（一）以击打、刺扎等方式直接造成身体痛苦的体罚。

《中小学班主任工作规定》

第十六条　班主任在日常教育教学管理中，有采取适当方式对学生进行批评教育的权利。

**案例评析：**

通过案例对比，对学生不及时上交作业这一行为，两位老师的做法截然不同。贾老师选择了思想指导，而胡老师则选择了棍棒教育。两种不同的方式产生的后果截然不同，贾老师用教育理性引导学生自省顿悟，而小涛在棍棒的威逼下对学校产生了恐惧，胡老师看似是想“严师出高徒”，但却没有遵循教育的基本规律，违背了教育的基本精神，也违反了《规则》的规定。教育惩戒应当符合一定的目的和原则：符合教育规律，注重育人效果；遵循法治原则，做到客观公正；选择适当措施，与学生过错程度相适应（《规则》第四条）。行使教育惩戒权应始终秉持“教育目标中心主义”的基本宗旨，实现最佳的育人效果。

惩戒必须符合教育的目的，不能在功利思想的支配下进行惩戒，导致惩戒成为秩序的附庸，最为常见的情形是教师把通过惩罚手段所获取的对其他同学的警示和告诫作用作为教育惩戒的目标，而一旦形成这样的逻辑思路，“教师就会牺牲违纪学生的利益去追逐对大多数学生的警戒作用。在现实中，许多体罚、变相体罚以及各种心理惩罚现象的出现，都与此有关”。果真如此，脱离了正确方向的惩戒只能背离教育目标，不合规惩戒的危害性超出了教育的实际收益，教师权威荡然无存，教学关系异化崩塌。

**专家支招：**

中小学校以及教师应认真学习《规则》，坚持德育与教育惩戒有机结合，既需要掌握教育惩戒与体罚的界限，也应当不断加强教师教育、教育原理教育。

1. 针对本案例中学生出现的不交作业的行为，教师应该根据具体情节进行批评教育或者在《规则》范围内进行一定的教育惩戒，而不应当进行体罚。

2. 组织学习《规则》。可以以交流会、研讨会的形式从学生发展心理出发解读《规则》，探讨可行性惩戒措施和更加细化的限度标准，准确把握教育惩戒与传统体罚等不合规惩戒之间的界限。

**案例来源：**

《教育惩戒是一门艺术，"过来人"讲述自己的经历，为惩戒正名》：https://new.qq.com/omn/20191127/20191127A057E200.html（最后访问日期：2021 年 3 月 19 日）。

《小学生没按时交作业遭老师用实心棍子毒打》：http://baby.sina.com.cn/news/2014-10-14/092865526.shtml（最后访问日期：2021 年 5 月 25 日）。

**编者：肖鹏**

## 案例 10
## 陶行知教育"惩戒"

**案例关键词：**

课后教导、教育惩戒、以惩为戒

**案例详情：**

陶行知先生在育才学校当校长时，发生过这样一件事：一天，他在校园里看到男生王友用泥块砸自己班上的男生，陶行知当即喝止了他，并让他放学后到校长室去。

放学后，王友早早站在校长室门口准备挨训。没发泄完的愤怒、错误行为的自责、面对校长责问的恐惧、同学们即将看笑话的羞愧、还有可能找家长的担忧，这些能量包围着男孩，不停旋转，形成强大黑洞般的引力波。

这时，陶行知走了过来。一见面却掏出一块糖果送给王友，并说："这是奖给你的，因为你按时来到这里，而我却迟到了。"

王友惊愕地接过糖果。随后，陶行知又掏出一块糖果放到他手里，说："这第二块糖果也是奖给你的，因为当我不让你再打人时，你立即就住手了，这说明你很尊重我，我应该奖你。"

王友更惊愕了，他眼睛瞪得大大的，不知道校长想干什么。

陶行知又掏出第三块糖果放到王友手里："我调查过了，你用泥块砸那些男生，是因为他们不守游戏规则，欺负女生；你砸他们，证明你很正直善良，且有跟坏人作斗争的勇气，应该奖励你啊！"

王友感动极了，他流着泪后悔地喊道："陶……陶校长，你打我两下吧！我砸的不是坏人，而是自己的同学啊……"

陶行知满意地笑了，他随即掏出第四块糖果递给王友，说："为你能正确地认识错误，我再奖励给你一块糖果，只可惜我只有这一块糖果了。我的糖果完了，我看我们的谈话也该完了吧！"

男孩手握四颗糖，眼神里充满着一种前所未有的光。

陶行知先生善于发现孩子的闪光点并巧妙激励，用四颗糖完成了一次别开生面的训诫，化解了孩子心中的愤怒、自责、恐惧和羞愧，如同一道光照亮了孩子。这普普通通的四颗糖，在陶行知的手中似乎有了生命：第一颗糖，尊重和理解；第二颗糖，信任和支持；第三颗糖，赏识和鼓励；第四颗糖，宽容和体贴。

**案例知识点：**

本案例主要涉及教育惩戒的意义和相当性，教育惩戒中的“惩”并不是目的，而是一种手段，在实施教育惩戒时应当注重方式方法，做到罚责相当。《规则》第二条规定：“本规则所称教育惩戒，是指学校、教师基于教育目的，对违规违纪学生进行管理、训导或者以规定方式予以矫治，促使学生引以为戒、认识和改正错误的教育行为。”教育惩戒是一种教育行为，意在“以惩为戒”，即通过惩罚错误来及时纠正学生的不当言行，培养学生的规则意识、责任意识。只有明确了教育惩戒的意义，才能在教育实践中更好地发挥教育惩戒的“工具价值”。面对不同类型的违规违纪行为，学校、教师应当充分发挥主观能动性，在制度框架内选择最恰当的惩戒措施，从而实现最好的育人效果。例如根据《规则》第八条的规定，对于情节轻微的违规行为，可以采取及时制止、单独教导的措施等。

**适用规则：**

《义务教育法》

第三十四条　教育教学工作应当符合教育规律和学生身心发展特点，面向全体学生，教书育人，将德育、智育、体育、美育等有机统一在教育教学活动中，注重培养学生独立思考能力、创新能力和实践能力，促进学生全面发展。

《中小学教育惩戒规则（试行）》

第二条　本规则所称教育惩戒，是指学校、教师基于教育目的，对违规违纪学生进行管理、训导或者以规定方式予以矫治，促使学生引以为戒、认识和改正错误的教育行为。

第三条　学校、教师应当遵循教育规律，依法履行职责，通过积极管教和教育惩戒的实施，及时纠正学生错误言行，培养学生的规则意识、责任意识。

第四条　实施教育惩戒应当符合教育规律，注重育人效果；遵循法治原则，做到客观公正；选择适当措施，与学生过错程度相适应。

第八条　教师在课堂教学、日常管理中，对违规违纪情节较为轻微的学生，可以当场实施以下教育惩戒：

（一）点名批评；

（二）责令赔礼道歉、做口头或者书面检讨；

（三）适当增加额外的教学或者班级公益服务任务；

（四）一节课堂教学时间内的教室内站立；

（五）课后教导；

（六）学校校规校纪或者班规、班级公约规定的其他适当措施。

教师对学生实施前款措施后，可以以适当方式告知学生家长。

**案例评析：**

面对学生以暴制暴的错误做法，身为校长的陶行知先生在及时制止危险之后，采用了另类的教育惩戒方法，将令人“闻风丧胆”的校长训话转变成了一场平等者之间的交流谈话，体现出了一名教育工作者对教育惩戒的深刻理解，折射出一种高超的教育艺术。“教育的本质意味着，一棵树摇动另一棵树，一朵云推动另一朵云，一个灵魂唤醒另一个灵魂。”作为一名教育者，对待学生要像陶行知先生一样给予尊重、信任、鼓励和宽容。学校规章制度是死板的，但人可以赋予这些条条框框无限的意义。大声斥责是教导，循循善诱也是教导，不同的是，一个是电闪雷鸣，另一个却是春风化雨。正如《规则》第四条规定的那样：“实施教育惩戒应当符合教育规律，注重育人效果；遵循法治原则，做到客观公正；选择适当措施，与学生过错程度相适应。”案例中陶行知先生的做法，就是对这条规则最好的注解，是一个教育工作者应有的姿态。

**专家支招：**

1. 在教育实践过程中，面对学生的错误言行，教师应当从实际出发，循循善诱，因势利导，“润物细无声”地将德育、智育、体育、美育等有机统一在教育教学活动中，善于运用正面行为的强化促使学生改正错误，而不能一味地挥舞着教师的“权杖”，简单粗暴地动用教育惩戒，以师长的威严逼迫学生“就范”。

2. 教育惩戒是教育教学过程中不可缺少的教育工具，而只有明确了教育惩戒的意义，才能在教育实践中更好地发挥教育惩戒的“工具价值”。学校可以通过讲座学习、课题报告等形式，组织全校教师学习教育惩戒的基础理论，帮助教师更加深入地理解教育惩戒的意义，把教育惩戒的工具价值发挥到最大化。

**案例来源：**

摘自张祚百：《陶行知的“四块糖果”》，《教师博览》2001 年第 3 期，第 48 页。

**编者：康优**

# 第二章

# 合规的教育惩戒

## 案例 1

## 重庆某中学生因不服老师管教殴打老师

**案例关键词:**

合法管教、殴打老师、大面积软组织挫伤

**案例详情:**

2014 年上半年，距离初 2014 届同学们中考的日子已经不远了，初 2014 届五班的班主任夏老师十分着急，因为她班上总有那么一批爱打架、不听话的同学，不光自己不学习，还时常扰乱班级秩序。某天晚上晚自修时，夏老师将班里那批爱惹事同学的“头头”谭同学叫到自己办公室，打算推心置腹和谭同学好好聊聊学业规划。

“谭 ××，你看啊，这离中考也不远了，你想上哪个高中啊，自己有打算没啊？”谭同学平日就嫌夏老师管得多，十分不耐烦地回应道:“老师你又不是我爸妈，我上哪个学校关你什么事啊？”夏老师听闻感到十分堵心，自己好心劝诫学生专注学业，没想到学生不仅不领情还态度恶劣，由于生气，夏老师便说了几句重话："我看你这个样子没有哪个中学能要你！你不学就算了，别一天祸害班里其他同学！我们班是实验班，需要升学的同学占绝大多数，你每天不是找这个说话，就是怂恿那个逃课，你这是害人啊！"听闻老师的话，平日一向脾气火爆的谭同学，瞬间情绪激动，觉得老师侮辱了自己的人格，便动起手来，将坐在椅子上的夏老师用力朝后推去，致使座椅重心不稳，老师连同椅子翻倒在地。此时，办公室的其他老师连忙拉住了似乎还不肯收手的谭同学，把翻倒在地的夏老师送往医院。

经检查，夏老师左胸上方有大面积软组织挫伤和淤青，由于伤在胸口，说话呼吸都疼，需在家休养一周，班级事务和教学任务都由其他老师代为完成。而谭同学由于故意出手伤害老师，被学校给予留校察看的纪律处分，后经过道歉获得了老师的谅解，其家长也赔偿了夏老师的治疗费用，这件一时轰动学校的学生打伤老师事件才告一段落。

**案例知识点：**

根据《规则》第三条"学校、教师应当遵循教育规律，依法履行职责，通过积极管教和教育惩戒的实施，及时纠正学生错误言行，培养学生的规则意识、责任意识。教育行政部门应当支持、指导、监督学校及其教师依法依规实施教育惩戒"，学校、教师拥有对学生的教育惩戒权。对于该权利的实施，第四条作出了明文规定："实施教育惩戒应当符合教育规律，注重育人效果；遵循法治原则，做到客观公正；选择适当措施，与学生过错程度相适应"，即教育惩戒需要同时满足目的和手段的合法性。既然教师、学校有明文规定的教育惩戒权，那么如何做到合法惩戒？《规则》在第八、九、十条进一步明确列举了教师、学校合法惩戒的形式，其中教师的合法惩戒包括点名批评、责令赔礼道歉、做口头或者书面检讨、适当增加额外的教学或者班级公益服务任务等。学校的合法惩戒包括由学校德育工作负责人予以训导、承担校内公益服务任务、安排接受专门的校规校纪与行为规则教育等，严重违反纪律者还可以给予不超过一周的停课或者停学，给予警告、严重警告、记过或者留校察看的纪律处分等。需要注意的是，《规则》对于合法惩戒行为的规定采用的是列举辅以概括的立法技巧，既有列举，但又未完全列举所有的情况，都以诸如“学校校规校纪或者班规、班级公约规定的其他适当措施”兜底。因此，无论是教师还是学校在实施合法惩戒时，都应当以第四条为原则，根据学生具体的情况考察惩戒方式的合法性、适当性和必要性，从而作出正确的、合法的教育惩戒。

**适用规则：**

《中小学教育惩戒规则（试行）》

第七条　学生有下列情形之一，学校及其教师应当予以制止并进行批评教育，确有必要的，可以实施教育惩戒：

（一）故意不完成教学任务要求或者不服从教育、管理的；

（二）扰乱课堂秩序、学校教育教学秩序的；

（三）吸烟、饮酒，或者言行失范违反学生守则的。

第八条　教师在课堂教学、日常管理中，对违规违纪情节较为轻微的学生，可以当场实施以下教育惩戒：

（一）点名批评；

（五）课后教导。

教师对学生实施前款措施后，可以以适当方式告知学生家长。

第十条　小学高年级、初中和高中阶段的学生违规违纪情节严重或者影响恶劣的，学校可以实施以下教育惩戒，并应当事先告知家长：

（一）给予不超过一周的停课或者停学，要求家长在家进行教育、管教；

（二）由法治副校长或者法治辅导员予以训诫；

（三）安排专门的课程或者教育场所，由社会工作者或者其他专业人员进行心理辅导、行为干预。

对违规违纪情节严重，或者经多次教育惩戒仍不改正的学生，学校可以给予警告、严重警告、记过或者留校察看的纪律处分。对高中阶段学生，还可以给予开除学籍的纪律处分。

第十二条　教师在教育教学管理、实施教育惩戒过程中，不得有下列行为：

（三）辱骂或者以歧视性、侮辱性的言行侵犯学生人格尊严。

**案例评析：**

本案例涉及的法律问题主要围绕以下三个层面展开：第一，夏老师能否对谭同学行使教育惩戒权？其管教学生时的言语是否恰当？是否构成侮辱性言论？换言之，在该种情形下，老师的管教是否构成合理、正当的惩戒？第二，学校对故意打伤老师的同学予以留校察看的处分是否恰当？第三，在老师对学生进行惩戒时，除了学生权益的保护，老师的权益是否也需要维护？老师权益受损时该如何救济？

首先，夏老师拥有教育惩戒的权利，其对谭同学的管教属于合法正当的惩戒。其一，根据《规则》第七条“学生有下列情形之一，学校及其教师应当予以制止并进行批评教育，确有必要的，可以实施教育惩戒：（一）故意不完成教学任务要求或者不服从教育、管理的；（二）扰乱课堂秩序、学校教育教学秩序的；（三）吸烟、饮酒，或者言行失范违反学生守则的”，本案例中谭同学多次不遵守班级规则、扰乱班级秩序、不服从老师管教，班主任夏老师可以对其进行惩戒。其二，根据《规则》第八条“教师在课堂教学、日常管理中，对违规违纪情节较为轻微的学生，可以当场实施以下教育惩戒：……（五）课后教导”，夏老师课后单独找谭同学谈心的行为完全符合老师合法惩戒学生的规定，夏老师的教导并无出现第十二条禁止的辱骂或者歧视性、侮辱性的言行。虽然对于歧视性、侮辱性言论的判断存在个体的主观差异，譬如本案例中谭同学就认为夏老师的教导侮辱了自己，但是对于是否构成歧视性、侮辱性言论的判断需要遵循社会一般人的价值判断。按照社会上一般人的价值观，夏老师的教导显然不属于歧视性、侮辱性言论，因而夏老师对于谭同学的惩戒合法。

其次，学校对故意打伤老师的谭同学予以留校察看的处分是恰当的。根据《规则》第十条“对违规违纪情节严重，或者经多次教育惩戒仍不改正的学生，学校可以给予警告、严重警告、记过或者留校察看的纪律处分。对高中阶段学生，还可以给予开除学籍的纪律处分”，本案例中谭同学故意打伤老师的行为属于严重违纪，加之该同学原本就已经因打架斗殴等受到了多次纪律处分，因此学校对其作出留校察看的纪律处分是合法、合理、正当的。

最后，在老师对学生进行惩戒时，除了学生权益的保护，老师的权益是否也需要维护？老师权益受损时该如何救济？纵览《未成年人保护法》《义务教育法》《规则》的全文，几乎所有规定都围绕学生权益的保护而展开。毫无疑问，大多数情况下，在老师与学生、学校与学生的关系中，学生总是处于弱势地位，因而需要重视对学生权益的保护。但除了保护学生的权益，是否也需要保护老师的权益？在诸如本案例学生殴打老师事件中，显然老师是处于弱势地位的受害人。打人的学生因违反校规校纪，理应接受相关的纪律处分。这样单一的保护是否足够？若如本案例一样，伤害结果较轻微，对学生予以纪律处分是适当的；但是若结果很严重，是否需要追究涉事学生的其他部门法责任，譬如民法的侵权赔偿责任、刑事法律责任？《规则》第十六条第二款规定“家长威胁、侮辱、伤害教师的，学校、教育行政部门应当依法保护教师人身安全、维护教师合法权益；情形严重的，应当及时向公安机关报告并配合公安机关、司法机关追究责任”，但对于学生责任的承担并无明文规定，只能依靠其他部门法进行救济，在笔者看来，目前这是相关法律法规中的一个空白，还需要根据具体的情况予以补足。

**专家支招：**

中小学校以及教师应认真学习《规则》，掌握可以行使教育惩戒权的法定情形、合法教育惩戒的方式以及深刻把握违规教育惩戒的情形，辨明合法与违规惩戒的界限，积极采用合法教育惩戒。

**1.** 教师行使惩戒权应当遵循依法惩戒的原则，注意惩戒手段的合目的性、适当性和必要性，有法可依时要遵循法律的明文规定，在法律尚未明文规定时要根据具体情节进行衡量。

**2.** 学校应组织学习《规则》，聘请专家举办专题讲座或者通过线上网络学习，在全校形成知悉《规则》内容的效果。面对学生违规违纪时要依法惩戒，平衡好学生权益保护与教师权益维护，遵守法律法规，坚持合法性原则和合理性原则。

**案例来源：**

重庆市万州区某初级中学实地调研所得，调研人为吴绣书，调研时间为2021年2月21日。

**编者：吴绣书**

## 案例2

## 安徽小镇教师因与学生家长产生纠纷跳江自杀

**案例关键词：**

殴打老师、家长纠缠、老师自杀

**案例详情：**

陈瑶湖镇中心小学有 6 个年级，900 多个学生。周老师教五年级三班的数学课，这班 57 个孩子，他从一年级教起，已经教了五年。

2019 年 6 月 19 日下午的数学小测验上，坐在一组四排的男生周某和女生柳某为一支笔争吵起来。五年级三班的学生向某告诉记者，两人有一样的笔，周某说柳某用的笔是他的，柳某不给他，周某生气地在柳某背上打了一拳。周老师原本在讲台上坐着，就走到一组四排，对周某说："男生怎么能打女生呢？要谦让。""那支笔本来就是我的。"周某说。这时，所有同学都没料到的是，平时并不调皮且数学成绩优秀的周某站起来，这个男生戴着眼镜，不到一米六的个子，对着周老师的胸口猛地打了一拳头。

向某惊呆了，她看到周老师往后退了一下，然后用手摁住周某的肩颈，把他摁回座位上，说"你先坐下"。据铜陵市郊区教育局官方通报，回家后周某感觉身体不适，家长带他到医院做 CT 等检查。直到 6 月 26 日期末考试，周某再没来过学校，他的妈妈在班级家长群里发言："老师，周某头还是晕，今天只能还请假。"事情发生第二天的上午，周某外婆和妈妈来到学校，要求周老师赔偿检查费，还要他在全班道歉，理由是"老师打孩子，孩子肩上留下两个指印"。

接下来的几天，周老师的手机不停地响。学校一直让他和学生家长"私了"，担心万一学生家长把事情放到网上，对他自己和学校的名声都不好。当地教育局官方通报显示，校长分别于 6 月 21 日、24 日、28 日通过电话、面谈等方式和周老师谈心，让他不要为此事所困扰，安心工作。

6 月 28 日早上，周老师接到电话，让他到陈瑶湖镇派出所协调双方纠纷。出门之前，妻子记得他心情轻松，说这件事情终于要了结，他相信学校会拿出一个解决方案。派出所里，岳母陪着周老师一起，和周某家、校方、警方四方坐在一起。周老师岳母回忆，警方起初一直在劝周某的家人，但对方态度强势，只好转过头劝女婿，让他把书面协议签了。周老师没说什么，直接签了，当场给周某妈妈微信转了 930 元检查费和医疗费。

后来周老师告诉姐夫，当时民警让他签字，他没多想也没多看就签了，“脑子一片空白”。签完他瞟了一眼，好像协议上写着“体罚”两个字。第二天他又去了一趟派出所，想看协议书确认，但所长不在没看到。这两个字让周老师心神不宁。大姐找他去广场散步，可他始终愁眉不展，他说:“现在我钱也交了，字也签了，相当于已经承认是我的错，他们可以随便弄我了。”

和周某发生冲突前一个星期，周老师刚刚被一个学生的奶奶扇了耳光。6 月 11 日，周老师检查全班的数学作业，发现有几个学生没有做，叫他们站起来，“用一根很细的，周老师平时讲 PPT 指屏幕用的棍子”，五年级三班的学生回忆，“在他们小腿肚子上打了两下”。第二天早上七点多，其中一个学生的奶奶来到学校，在食堂等着周老师，情绪激动:“他打了我孙子，我也要打回来。”在校的万老师看见，老太太从食堂门口追着周老师，一路追进他办公室，只听到“啪”一声，周老师被老太太打了耳光。

7 月 3 日，周老师那天上午 9 点多出门，说去 28 公里外的市区散散心，儿子挽了一下他的手臂，想一起去。周老师对儿子说:“外面下雨，你在家看书，我一会儿就回来。”11 点多，妻子打电话催他回家吃饭，电话里传来风声和车流声，还夹杂着江水流动的声音。“你在哪儿?”“在过桥，就快到家了。”

这是周老师和家人的最后一通电话。之后再拨他的手机，全是无法接通的回复音，妻子急了，立马打电话给家人。接下来几天，亲戚朋友在小区门口、附近的电线杆上贴上寻人启事——男，43 岁，身高 1 米 69 左右，中等身材，国字脸，上穿蓝底白花短袖 T 恤衫，下穿蓝色长裤，脚穿黑色运动鞋。

7 月 7 日，安徽警方在铜陵下游的长江段发现男性尸体，7 月 15 日确认死者就是周老师。

**案例知识点:**

《规则》第三条规定:“学校、教师应当遵循教育规律，依法履行职责，通过积极管教和教育惩戒的实施，及时纠正学生错误言行，培养学生的规则意识、责任意识。教育行政部门应当支持、指导、监督学校及其教师依法依规实施教育惩戒。”可见学校、教师对于学生拥有教育惩戒的权利。《规则》第十六条进一步明确了家长需要尊重教师的教育权利：“学校、教师应当重视家校协作，积极与家长沟通，使家长理解、支持和配合实施教育惩戒，形成合力。家长应当履行对子女的教育职责，尊重教师的教育权利，配合教师、学校对违规违纪学生进行管教。”可见，教师在对学生依法进行管教时，无论是学校还是家长都不应干涉教师的惩戒权，若家长不支持、不理解，学校和教育行政部门需要注意对教师权益的保护，防止家长采取过激行为。若教师对学生的惩戒超越了合法范畴，那么根据第十六条第二款处理：“家长对教师实施的教育惩戒有异议或者认为教师行为违反本规则第十二条规定的，可以向学校或者主管教育行政部门投诉、举报。学校、教育行政部门应当按照师德师风建设管理的有关要求，及时予以调查、处理。”需要注意的是，在教师与学生、学生家长的纠纷中，不仅要保护学生的权益，也要注意维护教师的权益，学校和主管教育行政部门需要平衡好学生、教师与学校之间的多重利益。

**适用规则：**

《义务教育法》

第二十八条　教师享有法律规定的权利，履行法律规定的义务，应当为人师表，忠诚于人民的教育事业。

全社会应当尊重教师。

《中小学教育惩戒规则（试行）》

第七条　学生有下列情形之一，学校及其教师应当予以制止并进行批评教育，确有必要的，可以实施教育惩戒：

（一）故意不完成教学任务要求或者不服从教育、管理的；

（二）扰乱课堂秩序、学校教育教学秩序的；

（三）吸烟、饮酒，或者言行失范违反学生守则的；

（四）实施有害自己或者他人身心健康的危险行为的；

（五）打骂同学、老师，欺凌同学或者侵害他人合法权益的；

（六）其他违反校规校纪的行为。

第八条　教师在课堂教学、日常管理中，对违规违纪情节较为轻微的学生，可以当场实施以下教育惩戒：

（一）点名批评；

（二）责令赔礼道歉、做口头或者书面检讨；

（三）适当增加额外的教学或者班级公益服务任务；

（四）一节课堂教学时间内的教室内站立；

（五）课后教导；

（六）学校校规校纪或者班规、班级公约规定的其他适当措施。

教师对学生实施前款措施后，可以以适当方式告知学生家长。

第十五条　学校应当支持、监督教师正当履行职务。教师因实施教育惩戒与学生及其家长发生纠纷，学校应当及时进行处理，教师无过错的，不得因教师实施教育惩戒而给予其处分或者其他不利处理。

第十六条　学校、教师应当重视家校协作，积极与家长沟通，使家长理解、支持和配合实施教育惩戒，形成合力。家长应当履行对子女的教育职责，尊重教师的教育权利，配合教师、学校对违规违纪学生进行管教。

家长对教师实施的教育惩戒有异议或者认为教师行为违反本规则第十二条规定的，可以向学校或者主管教育行政部门投诉、举报。学校、教育行政部门应当按照师德师风建设管理的有关要求，及时予以调查、处理。家长威胁、侮辱、伤害教师的，学校、教育行政部门应当依法保护教师人身安全、维护教师合法权益；情形严重的，应当及时向公安机关报告并配合公安机关、司法机关追究责任。

《国务院关于深化教育教学改革全面提高义务教育质量的意见》

第十四条　制定实施细则，明确教师教育惩戒权。依法依规妥善处理涉及学校和教师的矛盾纠纷，坚决维护教师合法权益。

**案例评析：**

本案例涉及的法律问题主要围绕以下三个层面展开：第一，周老师能否对学生周某行使教育惩戒权？其管教学生时的行为是否恰当？第二，当老师在合法范围内行使惩戒权的前提下，如果学生家长不予配合反而胡搅蛮缠时，老师该如何处理？学校应当如何作为？一味地满足学生家长的要求，以牺牲老师为代价息事宁人的处理方式是否正确？第三，在老师对学生进行惩戒时，除了学生权益的保护，老师的权益是否也需要维护？老师权益受损时该如何救济？

首先，周老师拥有教育惩戒的权利，其对周同学的管教属于合法正当的惩戒。其一，根据《规则》第七条"学生有下列情形之一，学校及其教师应当予以制止并进行批评教育，确有必要的，可以实施教育惩戒：……（二）扰乱课堂秩序、学校教育教学秩序的；……（五）打骂同学、老师，欺凌同学或者侵害他人合法权益的"，本案例中周同学在数学测验上和同桌女生为一支笔争吵起来，还与女生发生了肢体冲突，此时周老师显然可以依据第七条的规定对学生周某进行管教。其二，根据《规则》第八条"教师在课堂教学、日常管理中，对违规违纪情节较为轻微的学生，可以当场实施以下教育惩戒：（一）点名批评"，周老师对学生周某的行为只是进行了温和的口头批评——"男生怎么能打女生呢？要谦让"，因此周老师采取的管教方式是完全合法适当的。在学生动手朝老师胸口打了一拳的情况下，周老师仅仅是用手将情绪激动的周某摁回座椅上，周老师的处理方式完全合法合理。

其次，本案例中周老师对纠纷的处理是完全正确的，而学校在处理周老师与学生家长的纠纷时未充分考虑到老师的利益，未给予老师足够的支持。根据上述分析可知，周老师没有实施过如周某家长所说的体罚行为，对学生周某的管教完全合法适当，因此周老师不需要接受学生家长的无理要求，即承认自己的错误并在全班同学面前道歉。反观学校的处理方式，学校一直让周老师和学生家长“私了”，担心万一学生家长把事情曝光到网上影响学校声誉，这种息事宁人的处理方式无疑是以牺牲周老师的权益为代价的。事实上，根据《规则》第十五条“学校应当支持、监督教师正当履行职务。教师因实施教育惩戒与学生及其家长发生纠纷，学校应当及时进行处理，教师无过错的，不得因教师实施教育惩戒而给予其处分或者其他不利处理”，本案例中，虽然学校未给予周老师处分或者其他不利处理，但也未支持周老师的教育行为，这不免加剧了周老师在这一纠纷中的弱势地位，不利于周老师权益的维护。

最后，在老师与学生因教育惩戒产生的纠纷中，往往社会各界关心的、法律保护的是学生权益，但学生并非永远处于弱势地位，老师的权益也需要维护，杜绝诸如本案例中周老师事件的再次发生，需要寻求学生、学生家长、老师和学校等多重利益的平衡点。纵览《未成年人保护法》《义务教育法》《规则》的全文，几乎所有规定都围绕学生权益的保护而展开，毫无疑问，大多数情况下，在老师与学生、学校与学生的关系中，学生处于弱势地位，因而其权益需要得到重视。除了学生权益的保护，老师的权益是否也需要保护？诸如本案例中老师合法管教，学生反应过激，家长不依不饶，老师处于弱势地位。通过检索法条，根据《规则》第十六条第二款后半句“家长威胁、侮辱、伤害教师的，学校、教育行政部门应当依法保护教师人身安全、维护教师合法权益；情形严重的，应当及时向公安机关报告并配合公安机关、司法机关追究责任”，本案例中周老师不幸逝世，学生周某的家长是否需要承担一定的责任，这一问题值得深思。

**专家支招：**

中小学校及教师应认真学习《规则》，掌握可以行使教育惩戒权的法定情形、合法教育惩戒的方式。注意协调与学生家长之间的关系，重视家校协作，积极与家长沟通交流。

1. 教师行使惩戒权应当遵循依法惩戒的原则，注意惩戒手段的合目的性、适当性和必要性。在合法惩戒后，要及时与学生家长取得联系，如实告知事情原委，协调、维护好与学生家长之间的关系。

2. 学校应该组织学习《规则》，聘请专家举办专题讲座或者通过线上网络学习，在全校形成知悉《规则》内容的效果。在面对学生家长不支持、不理解教师行为时，学校要注意平衡好学生家长、教师以及学校之间的关系，做到既保护学生权益又维护教师权益，不应让学生受了伤，同时也不该让教育者寒了心。

**案例来源：**

《悲痛！安徽小镇教师跳江自尽，20天内两次被学生和家长打……》：https://www.sohu.com/a/328912209_120212045（最后访问日期：2021年3月10日）。

**编者：吴绣书**

## 案例3
## 特级教师的育人智慧

**案例关键词：**

老师帮助、处分撤销、“坏学生”

**案例详情：**

一位学生在初一、初二时曾被学校处分过两次。初一时，他“研究”出游戏机房不需要投钱就能获得游戏币的方法，还带着同班的几位男孩子一起去“玩”，被当场抓住，游戏店主直接告到学校，“性质”很严重，结果学校对其批评教育后给予警告处分。初二时，他爬到学校屋顶去掏鸟窝，违反学校不得爬屋顶（学校出于安全考虑，因为房屋建筑是斜顶）的规定，再加之同时期的其他违反校规校纪的行为，又受到了警告处分。受处分的学生在那所当时的市重点中学里是极少的，被处分了两次的就更少了。

教师小 A 接班后，这位学生的家长曾多次和小 A 交流，对儿子的行径怒其不争，对其成长表现出异常焦虑。小 A 仔细观察这位学生，认为他具有处于青春期同年龄段的其他男孩许多共同的特点，如要说不同，那就是心智更不成熟，但本质上不坏。他仗义、遇事想得简单，做的事情不少是出于好奇，以彰显自己的与众不同。爬屋顶以证明自身的勇敢，“游戏币事件”以显示自身的“聪明”，当然做这些事情的时候，他根本没考虑后果。如果以不少人衡量被“处分”过的学生的眼光来看，一味地“上纲上线”，他肯定是“坏学生”。小 A 曾多次找他聊，晓之以理，动之以情，希望他尽快改正，争取早日撤销处分。当然小 A 的期待也是该学生本人的意愿，没有学生希望在毕业前还顶着处分的帽子。孩子到了初三，心似乎也静了下来，开始围绕中考努力奋斗。初三第一学期末，他本人提出申请后，根据他被处分后的表现，学校相关部门经过讨论，撤销了对他的两个处分。

过了几个月后，他报考了省重点高中，作为班主任要写评价意见。在写这份意见时，小 A 几乎没有任何犹豫，实事求是地反映了他的优点，但没将他曾经两次被处分的经历落笔。小 A 认为大多数老师都会作出这样的选择，这是否是作为老师的小 A 不够诚信呢？小 A 不这样认为。除了教师普遍都有的“护犊”心理外，小 A 从心底里认为学生未成年时期犯的许多“错误”是孩子成长中的探索与试错，未成年阶段从生理、心理来说都是不成熟的阶段。犯错了改正了，学校、家庭、社会就一定要给机会。这位学生毕业后回来看小 A，他说过一句话令人印象深刻：“小 A 老师，回想初中时期，我真觉得当时自己是脑子没有长好啊！”令人欣慰的是，他后来成为一名优秀的警察。去年教师节他告诉小 A，这么多年来，他没有给小 A 和学校丢脸，荣誉证书一大堆，还获得了市委市政府颁发的个人嘉奖。

**案例知识点：**

教育惩戒的目的并非惩戒，最终的目的在于立德育人，而惩戒只是引导学生进步的手段。不得不承认，教育惩戒虽然是最严厉的一种手段，却有其存在的必然意义。本案例中的学生曾受到过多次处分，从某种意义上老师们会直接将这类学生划分为“坏学生”，这是一种典型的刻板印象，但在实践中却普遍存在。但是每一位老师需要具备这样的认知：即便教育资源再稀缺，即便作为老师面对众多学生精力再有限，也不能忽视每一个孩子的成长和改变。惩罚或者原谅相伴而生，共同维持着一个庞大教育系统的平衡，也许成长的意义就在于不断地犯错或者说不断地试错，然后才能无所畏惧地长大。希望每一位老师都能像本案例中的小 A 一样，能够不偏不倚地对待每一个孩子，在他们犯错时给予他们适当的批评甚至严厉的惩戒，但在发现他们及时改正错误后亦能够给予他们改过自新的机会，并且不遗余力地帮助他们迎接属于自己的挑战和机遇。法律追求的永远都不是唯一的正义，而是平衡的正义，因此有人说法律是一门平衡的艺术。这种法学思维放在一个学校也是如此，学校和老师都要尽最大的努力做到客观公允、不失偏颇。

**适用规则：**

《未成年人保护法》

第二十七条　学校、幼儿园的教职员工应当尊重未成年人人格尊严，不得对未成年人实施体罚、变相体罚或者其他侮辱人格尊严的行为。

《义务教育法》

第二十九条　教师在教育教学中应当平等对待学生，关注学生的个体差异，因材施教，促进学生的充分发展。

教师应当尊重学生的人格，不得歧视学生，不得对学生实施体罚、变相体罚或者其他侮辱人格尊严的行为，不得侵犯学生合法权益。

《中小学班主任工作规定》

第十六条　班主任在日常教育教学管理中，有采取适当方式对学生进行批评教育的权利。

《中小学教育惩戒规则（试行）》

第十二条　教师在教育教学管理、实施教育惩戒过程中，不得有下列行为：

（一）以击打、刺扎等方式直接造成身体痛苦的体罚。

**案例评析：**

这是一位特级教师分享的育人心得，在此和各位共勉。一个人在成长过程中，总会遇到各种各样的诱惑和迷惘，家长和老师们总是孜孜不倦地勉励我们要争当“好孩子”而不能成为“坏孩子”。当我们逐渐长大，逐渐成熟，就会发现生活中“好”和“坏”并没有泾渭分明的界限，一个“好人”会有坏的一面，而一个“坏人”也会有好的一面，正如弗洛伊德所说：“人是善恶同体的兽。”相信很多老师都看过悬疑喜剧电影《唐人街探案》，里面的小男孩秦风是个侦破案件的高手，他报考警官学院时落榜了，原因在于老师们问他：“你为什么要来警官学院？”秦风回答说：“因为我想完成一场完美的犯罪。”秦风性格中的这一特点非常耐人寻味，他每次都能侦破案件，从这个角度上说他是正义的；但他总是放走凶手，第一次是思诺，然后是宋义，再到最后的小林酱。第一部时秦风和思诺有这样的对话，思诺说：“个体生命不同，但世间善恶总量不变。每个人从出生起就注定扮演各自的角色，有的是善，有的是恶。”秦风给出的回答是：“个体生命不同，但世界善恶总量不变，有人选择黑暗，我们坚守光明，因为我们坚信，光明大于黑暗，只要善恶共存，我们便不会停止。”放在每一个孩子身上也是如此，每一个“坏孩子”只要能积极向上，都能够重新蜕变为“好孩子”，每一个孩子在成长过程中都会有着或多或少的迷失，而老师在他们生命中扮演着十分重要的引导者角色，老师们应当给予每一个“坏孩子”重新改过自新的机会。

本案例中的这位老师，没有对曾经是“坏孩子”的学生怀有刻板印象，而是愿意真诚地和家长及孩子本人沟通，愿意倾听当事人的诉求，并且秉公处事，既为孩子的未来作长远的考虑，又不为帮助孩子取得更好的成绩而撒谎，真实、真诚地表达了一位老师对孩子的客观公正的看法，看着孩子一步步成长、进步，取得好的成绩。现实生活中有很多老师不愿放下心结，总是对一些孩子留有刻板印象，经常脱口而出的口头禅就是“一只老鼠坏一锅汤”“死猪不怕开水烫”等。在行为上，好学生做了坏事就可以被轻易地原谅，而坏学生一旦有个风吹草动就“大动干戈”，这反映了部分老师受到“晕轮效应”（以偏概全）、“首因效应”（第一印象，均为心理学名词）等影响而引起的认知局限，最终导致不能做到不偏不倚的现象普遍存在。孩子的青葱岁月是一生中最肆意飞扬、最鲜衣怒马的欢乐时光，在这一阶段很多孩子会受到来自各方的诱惑，他们会沉溺会沦陷，甚至无法自拔，因而老师的作用非常关键。老师在他们的人生中扮演着领路人和导航塔的角色，对于这一阶段的小孩子来说，只要老师愿意真诚地、平等地和他们交流，他们就会发现和认识到自己存在的不足和犯的错误，此时老师再多加鼓励和暖心问候，孩子们就会自然而然地向着好的一面发展。老师的首要本职工作是“传道、授业、解惑”，但在这一过程中面对不服管教的学生应当适当惩戒。更为重要的是，老师需要对每一个曾犯过错误的“坏孩子”保有信心和勇气，相信每一个“坏孩子”都能够通过自己的努力不断地蜕变和成长。

《规则》体现了“育人为本”的精神。不仅在第一条规定了立法目的

"为落实立德树人根本任务"，第三条规定了惩戒是"基于教育目的与需要"，还在第五条规定了实施原则"育人为本""基于关爱学生的宗旨"。《规则》区分了体罚和惩戒。《教育法》《教师法》《义务教育法》等各部法律均禁止教师体罚学生，惩戒和体罚如何区分是广大教师最难把握的问题。《规则》强调"师道尊严"，免除教师正当实施教育惩戒因意外或者学生本人因素导致学生身心造成损害的责任。《教师法》规定"全社会都应当尊重教师"，但现实生活中因教师批评学生而遭到学生或家长报复的案例屡见不鲜，《规则》要求教育主管部门要支持或代表教师追究其法律责任。《规则》反映了正常程序的要求，不仅在惩戒实施的原则里规定了"程序正当"，而且要求在实施严重惩戒时要听取学生的陈述和申辩，必要的应当举行听证。《规则》规定了学生及其家长对惩戒不服的申诉程序，要求学校成立申诉委员会；对申诉结果不服的，可以向教育主管部门申请复核。《规则》明确了不同层级的惩戒权限，确保惩戒措施被审慎行使。

学校和教师都应当发扬"心底无私""中立包容"的情怀，不能因为孩子在成长过程中犯的一次错误就给孩子带上一辈子的枷锁，每一个孩子都需要被体谅和接纳，老师和学校应该尽己所能给予孩子被原谅的机会。教育惩戒的目的不是惩罚，而是育人。我们不能随意撤销对于学生的处分，但是当学校和老师注意到孩子改观时，应当积极地予以重视，及时予以肯定，多考查孩子在校的表现和学习状况，综合评估孩子的改正态度。我们须知，教育惩戒是有温度的，而能赋予其温度的，就是教育者宽阔的胸襟和无私的真诚。

**专家支招：**

《义务教育法》第二十九条规定："教师在教育教学中应当平等对待学生，关注学生的个体差异，因材施教，促进学生的充分发展。教师应当尊重学生的人格，不得歧视学生，不得对学生实施体罚、变相体罚或者其他侮辱人格尊严的行为，不得侵犯学生合法权益。”

1. 及时观察每一个学生的改变，及时给予学生反馈，不能带着“有色眼镜”或者说“刻板印象”去想象学生，多给予学生进步的空间和改正错误的机会。

2. 学校在必要时可以给予学生警告、处分等较为严厉的教育惩戒措施，但是需要把握好“度”，轻重得宜，在学生和任课老师以及班主任反映受处分学生有改好迹象时，学校可以派专门的德育老师重新考查和评估受处分学生的行为现状，必要时可撤销学生的处分。这样做既可以达到教育惩戒的威慑力，又可以真正引导孩子养成良好的行为，是一件两全其美的事情。

**案例来源：**

摘自上海市特级教师特级校长联谊会：《静待花开——百位特级谈育人智慧》，上海教育出版社 2020 年版，第 25 页。

**编者：丁紫玉**

## 案例 4
## 育红小学政治老师罚站学生

**案例关键词：**

批评教育、罚站、家长侮辱谩骂

**案例详情：**

周二下午第七节课，育红小学三年级某班代课教师替生病请假的政治老师上自习课，要求同学们在课堂上保持安静，自己完成自己的回家作业即可。但班中的同学却不遵守自习课的纪律。有两个女生无视代课教师的存在，未经报告直接去洗手间。后两排同学更是高声说话，影响整个班级的自修氛围，整个教室乱哄哄的。这让代课教师很生气，代课教师对不遵守自习纪律的学生进行了批评教育，并且要求他们罚站几分钟以示惩戒。代课教师认为自己的教育惩戒行为是制止学生扰乱课堂秩序所必要的。但罚站学生将自己的情况告知家长后，家长认为代课教师的行为欠妥，遂对代课教师侮辱谩骂，并找校长要求开除代课教师。

对轻微违规违纪的同学作出短时间的罚站处理，是教师日常管理中经常采取的一种教育惩戒措施，但家长往往不能理解、支持教师的教育惩戒行为。譬如，某小学生上课期间不遵守纪律，随意与同学交谈，影响其他同学上课，教师罚其在教室后方站了半节课。家长认为教师的行为使学生心理受伤了，让孩子在学校里受了委屈，教师的教学方法存在问题。还存在一种情况，就是上课时同学不遵守纪律捣乱喧哗，教师根据违纪情况让学生在课堂上站了 10 分钟。本来教师采取的教育惩戒措施是恰当的，但家长说孩子当天回家后就身体不适，认为是教师对学生变相体罚造成的。[1] 家长对教师适当的教育惩戒并不配合，导致教师在教育学生时有所顾虑，束手束脚。

**案例知识点：**

《规则》明确规定了对学生的违规违纪行为教师可以进行批评教育，在必要时可以采取教育惩戒措施。《规则》的出台使教师在日常管理与教学过程中，破除了不敢使用教育惩戒规则的局面，解决了教师不敢管的问题，切

1 《惩戒熊孩子，老师能不能“罚站”？教育部拟明确教师惩戒权》，https://baijiahao.baidu.com/s?id=1650958176010140597&wfr=spider&for=pc（最后访问日期：2021 年 3 月 20 日）。

实保障了教师的教育权。教师可根据学生违规违纪的情节与程度，在合规的基础上，探索最适合学生的教育惩戒方式，营造良好的教育教学环境，实现立德树人的教育目标。《规则》规定了罚站这种颇具争议的教育惩戒方式及其正常限度，以区别于变相体罚。一节课堂教学时间内的教室内站立，充分考虑到了学生的承受能力，是符合限度要求的教育惩戒措施。此外，《规则》的出台也明确提出了家长要尊重学校与教师的教育管理，注重家校协作。教师与学校对实施的教育惩戒措施应当按规定及时告知家长，而家长也应当尊重教师的教育权利，配合教师对学生进行管教。《规则》的出台，使教育惩戒合法化、规范化，有利于教师权益的维护，还有助于教育教学，使学生在反思中获得成长与发展。

**适用规则：**

《义务教育法》

第二十九条　教师在教育教学中应当平等对待学生，关注学生的个体差异，因材施教，促进学生的充分发展。

《中小学班主任工作规定》

第十六条　班主任在日常教育教学管理中，有采取适当方式对学生进行批评教育的权利。

《中小学教育惩戒规则（试行）》

第八条　教师在课堂教学、日常管理中，对违规违纪情节较为轻微的学生，可以当场实施以下教育惩戒：

（一）点名批评；

（四）一节课堂教学时间内的教室内站立。

第十五条　学校应当支持、监督教师正当履行职务。教师因实施教育惩戒与学生及其家长发生纠纷，学校应当及时进行处理，教师无过错的，不得因教师实施教育惩戒而给予其处分或者其他不利处理。

第十六条　学校、教师应当重视家校协作，积极与家长沟通，使家长理解、支持和配合实施教育惩戒，形成合力。家长应当履行对子女的教育职责，尊重教师的教育权利，配合教师、学校对违规违纪学生进行管教。

**案例评析：**

育红小学的代课教师因学生不遵守课堂纪律，对学生进行了批评教育，并且罚站了几分钟以示惩戒。显然，这是一起教师合规惩戒学生的案例。但罚站学生的家长却不能理解教师的做法，认为自己的孩子在学校受到了不公平待遇，对代课教师进行侮辱谩骂，甚至要求校长开除代课教师。

本案例中代课教师所采取的罚站几分钟的方式是合法的教育惩戒行为，不同于变相体罚那种伤害学生的行为。当然，生活中确实存在一些教师滥用教育惩戒措施的情况，需要对教育惩戒措施设定底线与边界，做到尊重学生的人格尊严，保障学生的基本权利。但是，我们也不能够矫枉过正。就像本案例中的家长，与教师的教育观念存在较大差异，不接受、不配合教师正当的教育惩戒措施，甚至无理干涉学校的内在管理，使教师几乎沦为了家校关系中的弱势群体。

家长参与学校教育是十分重要的，有助于形成家校协作的良好局面。但学校应当对家长的参与进行积极引导，不能使其过度介入学校与教师的教育活动，帮助他们准确合理地定位自己在学生的校园生活中的职能与责任边界，积极主动地与家长展开沟通与交流，获得家长的理解与支持，形成合力。学校应当承担起教师权益的保护者职责，对教师所作的处理都应当经过充分的调查研究。学校应对教师的合规教育权进行保护，在教师实施正当的教育惩戒措施时，不能给予其处分或是其他不利处理。

当然，教师在实施教育惩戒行为时除了要做到合规，更重要的是要进行合理的裁量。现实中，家长对教师教育惩戒行为的不配合并不排除是出于孩子个体感受差异的考虑。毕竟，对于不同的学生来说，受到同一种教育惩戒的感受可能存在很大差别。不同年龄段的学生，性格差异较大，仅强调教育惩戒的合规也许并不能达到教育目的。因此，教师需要更多地关注学生的个体差异，用好教师自由裁量权的同时，注重自身教育教学经验的积累，结合学生各自的性格特色，尽可能地考虑对学生权益的保护与身心健康的维护，实施最恰当的教育方式。

**专家支招：**

认真学习《规则》，明确教育惩戒的合规做法，注重对教师教育权益的维护。学校与教师应当注重家校互信，积极引导家长理性合理地对学校与教师的教育方式进行监督，形成合力，共同促进学生全面发展。

1. 针对学生的违规违纪行为，采取适当的教育惩戒措施，并就学生情况及时与家长展开沟通交流，以获得家长的理解与支持。在日常教育管理中，注重教育经验的积累，多多关注学生的心理状态，采取最适合的教育惩戒方式。

2. 组织教师学习《规则》，邀请专家对教师实施教育惩戒的裁量问题进行专题讲座，邀请从业多年的教师分享相关经验，促进学习心得交流。此外，学校还应建立家校沟通的专门渠道，积极分享学校的教育动态，注重对家长教育观念的引导，以促使家长配合支持学校，合理参与教育教学活动，共同帮助学生健康成长。

**案例来源：**

摘自卢颖：《教师惩戒权力缺失问题研究：一个案例的思考》，《教育观察》2019 年第 29 期，第 27 页。

**编者：李鑫狄**

## 案例 5
# 某中学德育主任训导学生

**案例关键词：**

违反自习纪律、德育主任、训导

**案例详情：**

某中学高一学生抗拒参加晚自习，违反自习纪律，在晚自习期间吃东西看小说，随意进出教室，对周边同学自习造成了影响。值班老师看见后，对其进行了口头批评，并叮嘱其向其他同学学习，安静地上晚自习，认真学习。值班老师的言语叮嘱并没有起到良好的效果。在后来的晚自习中，该同学依旧我行我素，不认真自习，甚至还和周边的同学交流了起来，值班老师再次对其进行了口头批评，但该同学仍旧不改正。几天以来，该同学的晚自习行为并没有改正，值班老师将该同学的行为报告给了年级组长和德育主任，他们对该学生进行了训导，让他对自己的行为进行反省，写一篇 800 字以上的反思。此外，德育主任还将该同学在晚自习期间的所作所为告诉了家长，在家长的理解与配合下，一起对该学生进行规范行为的引导。

德育工作者对违纪学生进行训导的教育惩戒方式是比较常见的，学校德育工作负责人在学校教育引导学生方面发挥了较大的作用。譬如，某同学在初一时，违反校规校纪，多次私自携带手机到学校，虽然在校期间没有使用手机，但未按照规定上交班主任保管，被发现后由德育主任带走予以训导。德育主任将该生情况告知家长，将手机没收，并要求其写一份检讨。

**案例知识点：**

《规则》明确规定了可以实施教育惩戒行为的主体不仅是教师，还包括学校，二者都是适格主体。教师惩戒多是当场做出的，以便及时制止、约束学生的违规违纪行为。学校惩戒，是对不适宜在教育教学过程中当场惩戒或是教师的当场惩戒未能使学生改变不良行为的情况下，按照法定的条件与程序，采取适当的事后惩戒措施，规范学生的行为。学校实施教育惩戒措施是为实现育人目标，为履行学校教育管理职责、维护学校秩序所采取的必要手段。学校应考量学生违规违纪的行为类型、严重程度等内容，采取合法平等恰当的惩戒措施。《规则》主要是通过设定完善的事后救济进行监督，并未对学校的自由裁量权进行过度限制，即在为教育惩戒设定边界与底线的前提下，将对学生违规违纪的情节轻微、情节较重或是情节严重的判断裁量权赋予学校，由学校根据自己的教育管理经验作出恰当的判断。

《规则》规定“学生违反校规校纪，情节较重或者经当场教育惩戒拒不改正的”，学校可以让德育工作负责人予以训导。德育工作负责人对学生的训导应通过说服教育的方式展开，对学生的思想道德进行引导，帮助学生理解自身行为的偏差，引领学生成为一个行为规范、全面发展、三观正确、对社会有用的人。《规则》明确了学校可以采取的教育惩戒措施，学校的教育惩戒有了法定依据，更有利于保障学校教育教学工作的正常开展。

**适用规则：**

《中小学教育惩戒规则（试行）》

第九条　学生违反校规校纪，情节较重或者经当场教育惩戒拒不改正的，学校可以实施以下教育惩戒，并应当及时告知家长：

（一）由学校德育工作负责人予以训导。

第十一条　教师、学校发现学生携带、使用违规物品或者行为具有危险性的，应当采取必要措施予以制止；发现学生藏匿违法、危险物品的，应当责令学生交出并可以对可能藏匿物品的课桌、储物柜等进行检查。

教师、学校对学生的违规物品可以予以暂扣并妥善保管，在适当时候交还学生家长；属于违法、危险物品的，应当及时报告公安机关、应急管理部门等有关部门依法处理。

**案例评析：**

某中学的德育主任因学生屡次违反晚自习纪律，经提醒后依旧不改正，对学生进行了训导，并将相关情况告知其家长，叮嘱家长配合学校对该学生进行教育管理。该案例属于学校的合规教育惩戒。学校进行教育惩戒，既是为了实现教师惩戒所没有达成的教育目的，又是为了维护学校的教育教学秩序，确保学校日常教学工作有序开展。

当然，学校在进行教育惩戒时更应当注意错罚相当，保证公平，发挥教育惩戒的积极作用，引导学生的行为规范化。相较于教师，学校对学生进行教育惩戒时，拥有更大的权责。学校可以采取训导或是专门教育等较轻的处罚措施，也可采取更严重的纪律处分。由于这种处罚会对学生造成重大影响，所以学校应针对学生的违纪行为进行全面的判断，按照《规则》的规定采取适当的教育惩戒措施，避免学校因不全面的判断采取不恰当的惩戒行为，损害学生人格。本案例中，在经值班老师上报违纪情况后，由德育负责人对学生进行训导是合法恰当的教育惩戒行为。

同时，学校在对学生进行教育惩戒时，应当按照相应的程序，告知家长。在家长支持理解下采取的教育惩戒将发挥更大的效用，利于形成家校协作，共同促成学生健康成长的良好局面。及时将相应的惩戒措施告知家长，也有利于对学生权益的维护。若家长对惩戒行为有异议，可以及时采取合理的方式寻求救济。本案例中，德育处主任及时将学生的相关情况告知家长，与家长进行良好的沟通，在家校合力下对该学生进行积极的行为引导。

**专家支招：**

中小学校应当认真学习《规则》，明确学校在教育学生与维护教育教学秩序中应当承担的责任与义务，明确学校所能采取的教育惩戒方式以及与之相对应的学生违纪程度的要求，合理运用裁量权，保证学校惩戒的合法、适当、有效。

1. 针对学生的违规违纪行为，情节较严重，不能当场予以制止或约束无效或拒不改正的，教师应当上报学校，由学校采取教育惩戒措施。教师应当配合学校进行相关的教育惩戒工作。

2. 学校应当组织学习《规则》，并对教师判断学生违规违纪行为的程度与后果给予一定的指引。由学校德育工作负责人、法治副校长或者法治辅导员、专业的社会工作者开展学校教育惩戒的专题讲座，探讨交流学校教育惩戒工作。对本校或其他学校的教育惩戒案例进行整理分析，剖析学校的行为是否恰当，总结经验教训，进行学习分享。

**案例来源：**

浙江省杭州市某中学实地调研所得，调研人为李鑫狄，调研时间为2021年3月10日。

**编者：李鑫狄**

## 案例6

## 惩戒清单制度

**案例关键词：**

惩戒清单、民主制定、家长会

**案例详情：**

一位高中班主任利用班会课与班上的学生几经讨论，并在家长会上征得了家长们的同意，最终制定了一套惩罚“清单”：

学生根据所犯错误大小，选择以下一种或几种方式接受惩罚：

A. 为过错行为做好补救工作，并视情节轻重上交 300 ~ 600 字的心理感受一篇；

B. 搜集相关的哲理故事 3 篇，并在课间、饭后流畅地讲给同学们听，与同学们分享；

C. 将事情经过编写成情景剧并进行表演，也可以采用漫画等形式；

D. 做一件有益的事情，或参加一项公益（文体）活动，记录过程并写下感触；

E. 放学后被剥夺自由半小时，利用这段时间反省或背诵一些国学经典；

F. 为相关工作贡献一个金点子或提出合理化建议；

G. 制作小礼物送给受伤害者并表示歉意；

H. 在班里讲述一则名人故事及其对自己的启示；

I. 展示自己的拿手好戏，并教会全班同学。

（注：情节恶劣者将附带取消评优资格。）

如果有同学违反了班级或学校的纪律或守则，就由老师从中选取一到数则来惩戒他们。每到学期末时，老师和同学们都会拿出一节班会来重新考查他们的惩戒清单，对其中的惩罚事项进行修改、增加和删减，并在家长会上把相应的修改告知家长。

**案例知识点：**

《规则》第五条第一款和第三款规定：“学校应当结合本校学生特点，依法制定、完善校规校纪，明确学生行为规范，健全实施教育惩戒的具体情形和规则。……教师可以组织学生、家长以民主讨论形式共同制定班规或者班级公约，报学校备案后施行。”本案例中教师在班级范围内制定“惩戒清单”，这属于班规的一部分，旨在健全实施教育惩戒的规则，起到的是惩戒失范行为，保障这些规则正常、有效运转，促进班级自我管理，维护班级良好秩序的作用。

同时，教师经与全班学生讨论并经家长同意后制定和修改惩戒清单，这符合《规则》的规定。不过，教师未能将所制定的清单向学校层面备案，这虽然在事实上不影响所制定规则的效力，但一旦发生事故也有可能被视为教师行为瑕疵，因此报学校备案的程序不能欠缺。需要注意的是，设立惩戒清单不代表清单内容可以违反《规则》和其他法律法规，清单仍然应当严守不得体罚的界限，即使教师、学生和家长都能够接受一些比较轻微的体罚或学业成绩惩罚，也仍然是《规则》所不允许的，从这个意义上看，报学校备案也有防止所制定的惩戒清单过线的作用。

**适用规则：**

《中小学教育惩戒规则（试行）》

第五条　学校应当结合本校学生特点，依法制定、完善校规校纪，明确学生行为规范，健全实施教育惩戒的具体情形和规则。

学校制定校规校纪，应当广泛征求教职工、学生和学生父母或者其他监护人（以下称家长）的意见；有条件的，可以组织有学生、家长及有关方面代表参加的听证。校规校纪应当提交家长委员会、教职工代表大会讨论，经校长办公会议审议通过后施行，并报主管教育部门备案。

教师可以组织学生、家长以民主讨论的形式共同制定班规或者班级公约，报学校备案后施行。

**案例评析：**

教师与学生及其家长约定“惩戒”清单，为教师实施教育惩戒提供了一种具有可操作性的方式。首先，从自我保护的角度看，教师实施教育惩戒而受到投诉甚至导致严重后果而承担责任的情形，往往是教师在未及细思的情况下实施惩戒，这很有可能过线；而学生对惩戒的手段没有预知，就有可能对惩戒作出过激反应；家长如果不了解教师的惩戒手段，就有可能对事实上并不严苛、熟虑之下能够接受的惩戒手段产生不满，从而导致不必要的投诉。因此，事先确定教育惩戒的方式方法，有利于教师避免情绪化惩戒，把握惩戒的合理限度，防止违规惩戒，学生和家长了解惩戒方式，能够减少不确定预期及其导致的不当行为。所以，预先确定教育惩戒的方式有利于教师合理使用惩戒权、保护自身合法权益。其次，从教育惩戒中目的与手段的关系看，进行教育、防止再犯是目的，惩戒本身只是手段。因此，惩戒手段需要反复思考，但在日常需要实施惩戒的场景下对每一个失范行为具体思考适当的惩戒手段是不现实的——有时教师的灵光一现能够产生非常对症而适当的惩戒手段，但大多时候教师仍然是凭借自身经验，以一般的惩戒手段为之。如能在事前经过广泛讨论确定惩戒的方式，就有可能产生更多新的、适当的惩戒手段，这不仅扩大了教师的惩戒手段库，也更有利于达到惩戒的目的——教育学生，防止再犯。此外，通过将教育惩戒和学生的学业结合起来，有望在惩戒过程中提升学生的知识水平和综合能力，从而为惩戒赋予超越“工具”的教育价值。第三，从教育惩戒与师生关系的角度看，良好的教育惩戒有助于形成和维系健康的师生关系。如果教育惩戒的手段是学生经过讨论和深思熟虑后接受的，在这过程中就能促使学生对自身行为的检视，那么在接受惩戒时的反感和不适——无论是对实施惩戒的教师，还是对惩戒行为本身——都会大大减少，惩戒带来的就不是猫鼠般的师生关系，而是具有权威性的平等关系。第四，从教育惩戒与法治教育的角度来看，讨论和通过教育惩戒的手段，并在犯错后接受教育惩戒，本质上已经与民主立法、主动守法的过程比较相似，因此这些教育惩戒的实践有助于学生形成规则意识和民主意识，促进自身走向“自律”，这本身就是一种法治教育。第五，从教育惩戒和家校联系的角度看，这一惩戒清单还可以被扩展到针对学生在家庭中的失范行为，引导家庭教育的开展，这就可以加强教师与家长的关系、家庭教育与学校教育的关系，从而更好地促进学生的成长。

当然，惩戒清单的实施也存在很多问题。比如，有些不宜公开进行的惩戒就不可通过此种方法订定。再如，对于不同轻重的失范行为，如何从惩戒清单中进行选择，由学生自择、教师选择还是投票为之，颇值深思。又如，惩戒清单的讨论和实施需要教师的介入和引导，也可能会占用比较多的班会时间甚至是教学时间，如何提高讨论行为效能同时减少对教学进度的影响也需要教师反复斟酌。还需要注意的是，这种约定惩戒清单的行为应当与学生的发展水平相适应，比如对年级较低的小学生，与学生讨论惩戒清单就显然不如与其家长讨论形成清单，再面向学生实施更为恰当。对比较成熟的中学生和高年级小学生，就应当注重发挥学生自身的主观能动性了。最后，本案例中所出现的惩戒清单，只面向了在本班级内、事实上由教师实施的惩戒，而未能将教师惩戒与学校实施的惩戒，如校内公益服务和专门干预等衔接起来，这一衔接如何进行，同样是制定过程中需要仔细思考的。

**专家支招：**

1. 教师在制定惩戒清单时，应当根据班级学生的发展水平，与学生或（和）其家长集思广益、共同订定，在制定的过程中注重民主性；制定完成后与其他班规一起报学校备案，并至少每学年与学生或（和）家长共同修订一次。同时，可以参考其他教育者的经验，比如魏书生老师的《班主任工作漫谈》等。

在制定惩戒清单时，应当注意结合学生的生理和心理特点；注重惩戒内容与学校惩戒的衔接性；注意不要出现体罚等违规惩戒的内容。

2. 学校应当认真对待备案的惩戒清单等班规，把好合规惩戒关，防止出现违法违规的惩戒内容。此外，学校可以结合相应的法治教育要求，组织师生学习教育惩戒和班规民主制定的相关知识，提高惩戒清单的水平；较好的惩戒清单可以供各年级、班级相互学习，也可以将之公开发表，供更多的学校和教师借鉴。

**案例来源：**

改编自郑英《惩戒的艺术》：https://www.sohu.com/a/443007170%5F372549（最后访问日期：2021 年 1 月 21 日）。

**编者：闫波**

## 案例 7
# 玻璃板下的检查

**案例关键词：**

责令书面检讨、重复利用、惩戒后干预

**案例详情：**

叮铃铃……上课铃响，行知小学五年级一班的同学们鱼贯进入教室。大部分同学很快就坐定准备好上课了，可小皮和另一个同学仍对课间时的打沙包游戏恋恋不舍，两个人在教室最后一排将沙包你扔过来，我扔过去，玩得不亦乐乎。不到一分钟，英语王老师夹着书本走进了教室。她站上讲台转过身，正好看到沙包从空中划过弧线，落在了小皮的座位上。王老师也不言语，放下书缓缓走向小皮的座位，轻轻拿起小皮想要藏起的沙包说道："拿着这个去找你们高老师吧。"

在老师和全班同学的注视下，小皮羞得无地自容，恨不得找个地缝钻进去。他灰溜溜地从后门离开教室，朝着办公室走了过去。高老师是小皮的班主任，平时对同学们非常好，也很喜欢小皮，经常夸奖他。一想到自己要因为违反课堂纪律挨高老师的批评，小皮就觉得汗流如注。

轻喊报告，开门走进，高老师看着拿着沙包、耷拉着头、满脸通红的小皮，大概就明白发生了什么，但该有的流程还是要有的。"怎么啦？"高老师开言问道。

当着办公室其他老师的面，小皮更觉羞赧了，但他还是一五一十地把他的行为说了出来，等待着高老师的批评。

谁料老师并没有批评他，而是要求他中午回家写一份检查。

从某种程度上讲，这个惩罚对于小皮是更严重的——这是一向遵规守纪的小皮上学以来第一次写检查啊……他回到家，开始绞尽脑汁地将自我反思和自我批评写成文字，一句"深刻反省"用了三遍。等他写完，那张信纸已经被他手中冒出的汗洇湿了。检查写完了，小皮想想下午可能的遭遇：在全班面前朗读再挨老师批评，唉，真想下午装病不去上学啊！

下午，忐忑不安的小皮趁着高老师刚进办公室箭也似的跑进去，把检查双手递给老师。他心里还有点小九九：在办公室交给老师，也许就不用再去教室挨批了吧！

可再一次出乎他的意料的是，高老师读完这篇检查之后，既没有起身去教室，也没有开言批评他，取而代之的是，当着小皮的面，她将这份检查压在了自己桌上的玻璃板下，说道："记住你的检查了吗？它就压在我的桌子下面。以后上课还会不会乱说乱动了？"

小皮既喜且悲，喜的是不用在全班面前"公开处刑"或者承受高老师暴风骤雨般的怒火。他暗暗心想，自己以后再也不做违反课堂纪律的行为了。可复杂的情绪之下，他竟说不出话，只能不住地点头，嗫嚅着答应了。

这一次惩罚就算是过去了。

接下来的两年里，小皮上课时几乎没有任何违反课堂纪律的行为了。即使有时候还是会不自觉地乱说乱动，可每次当高老师说“小皮，你又管不住自己了吗？想想你的检查！”，他就能立刻自己改正。

**案例知识点：**

案例中小皮的行为属于《规则》第七条第一款第二项规定的“扰乱课堂秩序、学校教育教学秩序”，老师可以就此类行为进行惩戒。高老师的惩戒方式也在《规则》第八条第一款第二项中有明确规定，即“责令赔礼道歉、做口头或者书面检讨”。因此，高老师的惩戒行为是合法和适当的。同时，高老师对一直谨守规矩、偶犯纪律，而且能够意识到自己错误的小皮同学进行了比较轻微的惩罚，符合《规则》第四条的要求：“选择适当措施，与学生过错程度相适应”。最后，高老师对于小皮所写检查的持续“利用”，是对《规则》第十三条“教师对学生实施教育惩戒后，应当注重与学生的沟通和帮扶……”的实践。事实证明，高老师采取的轻微惩戒手段起到了极佳的惩戒效果。

**适用规则：**

《中小学教育惩戒规则（试行）》

第四条　实施教育惩戒应当符合教育规律，注重育人效果；遵循法治原则，做到客观公正；选择适当措施，与学生过错程度相适应。

第七条　学生有下列情形之一，学校及其教师应当予以制止并进行批评教育，确有必要的，可以实施教育惩戒：

（二）扰乱课堂秩序、学校教育教学秩序的。

第八条　教师在课堂教学、日常管理中，对违规违纪情节较为轻微的学生，可以当场实施以下教育惩戒：

（二）责令赔礼道歉、做口头或者书面检讨。

第十三条　教师对学生实施教育惩戒后，应当注重与学生的沟通和帮扶，对改正错误的学生及时予以表扬、鼓励。

**案例评析：**

这个案例中，我们可以看到两个有关教育惩戒的问题：一是根据学生及其失范行为的特点实施惩戒，二是惩戒后的干预。以下分别陈述这两个问题。

教育惩戒的目的在于纠正学生的失范行为。正如教育家夸美纽斯所言，进行教育、防止再犯是目的，惩戒本身只是手段。因此，最适合学生个体及其具体失范行为的惩戒就是最好的惩戒手段。本案例中，小皮很聪明，知道自己上课扔沙包这种行为是错误的，也并非屡教不改，只是一时管不住自己。所以，教师不需要对小皮进行过多说教，但这并不意味着不需要对小皮实施惩戒。如果缺乏惩罚，像小皮这样的"好学生"也未尝不会变成坏孩子，因此惩戒是完全必要的。然而，为什么高老师选择了这种惩戒手段呢？这是因为小皮这个孩子脸皮很薄，即使是被老师私下批评，他都会觉得很难堪乃至无地自容，如果在全班同学面前批评他，或者让他在同学们面前朗读检查，那小皮的心情可想而知——他很有可能会作出一些过激的行为，或者对老师产生抵触情绪。如果这样的话，惩戒起到的就是反效果了。

本案例涉及的另一个问题是惩戒后干预。写检查作为惩戒手段，效果最大的时候往往是第一次。当学生被要求反复写检查，尤其是针对同类失范行为写检查时，检查就会逐渐流于形式，而非学生自我反思、自我批评的机会。因此，案例中的老师将学生所写的检查放在自己桌子的玻璃板下，在学生再次出现失范行为时援引，巧妙地避免了前述问题，同时最大化地利用了单次教育惩戒。与写检查类似，诸如没收学生物品式的惩戒也存在惩戒后干预的问题，如果教师没收学生的物品后自行持有、径直扔掉或还给家长，就丧失了一次利用没收物品教育学生的机会，而学生则对没收这种惩戒方式产生投机心理，降低了惩戒的效果。对此，很多老师通过要求学生完成一些课外的学习劳动任务或约定达到一个成绩标准后归还的方法，实现惩戒后干预。在提高学生学习的动力或能力的同时，将惩戒置于一种良性循环之中，这些做法可资借鉴。总之，"惩戒后不管"与"惩戒后干预"相比，后者是更为可取的做法。

**专家支招：**

1. 实施教育惩戒应当注重方法的选择。教师在进行教育惩戒时，应当仔细考虑学生及其失范行为的特点，因人、因事制宜，确定惩戒的方法，以最大限度地实现惩戒目的、避免不利后果。

2. 实施教育惩戒应当注重惩戒后的干预。对一部分惩戒，如写检查、没收物品等，教师应当认真对待单次惩戒，谨慎利用相关物品，还可以为学生相应安排一些任务，在提高学生能力的同时避免惩戒流于形式。

**案例来源：**

山西省某小学调研所得，调研人为闫波，调研时间为 2021 年 1 月 5 日。

**编者：闫波**

## 案例 8

# 班主任老师要求学生清理班级卫生

**案例关键词：**

班级规定、违反纪律、卫生清理

**案例详情：**

高一四班的班主任陈老师一向按照班级规定管理全班学生。按照班级规定的要求，如果学生未能在自习时保持良好的纪律，在班级内大声喧哗，则需要负责当天班级内的所有卫生清理工作。这项规定是由班主任提出，全班同学一致同意的。因为同学们一致认为班级自习时的秩序十分重要。也正因为有了该规定，班级内的自习课总是秩序井然。

这天自习课上，班内的小王同学趁老师不在，明知道班内对于自习纪律有严格的规定，但还是违反了。他不但多次大声喧哗，还用笔在前排同学的校服上涂涂抹抹，严重影响到了班级内其他同学的学习状态。发现小王的不当行为后，班内的纪律委员对小王进行了制止，但小王并没有安静下来的意思。于是，纪律委员将这件事记录在了班级日志中。

陈老师回来后，阅读了当天的班级日志，知道了小王违反班级规定的事情。于是，陈老师在自习课结束后马上向全班同学说明，由于小王不但没有认真自习，还严重影响了班级自习纪律，要求小王连续两天负责班级内的所有卫生清理工作。小王被陈老师惩罚后，开始还觉得不服气，后来看到教室环境十分洁净，再加上班内自习课非常安静，想到自己前两天的不当行为便十分后悔，不仅主动提出再多负责两天的班级卫生清理工作，还决定以后再也不扰乱班级学习秩序了。至此，班级自习时违反纪律的人更少了，自习课上的环境更加安静，同学们的学习状态也得到了更好的保证。

**案例知识点：**

《规则》第八条第一款规定："教师在课堂教学、日常管理中，对违规违纪情节较为轻微的学生，可以当场实施以下教育惩戒：……（三）适当增加额外的教学或者班级公益服务任务。"由上可知，《规则》明确列举了部分教师可以当场实施的教育惩戒，并说明了可以实施该类教育惩戒的条件，即"课堂教学、日常管理中"和"违规违纪情节较为轻微"。而"适当增加额外的教学或者班级公益服务任务"不仅能起到惩罚的作用，更重要的是能够让学生在公益性服务中认识到自己的违规违纪给班级秩序带来的负面影响并在以后的学习生活中予以改正。此外，正是由于学生的违规违纪情节较为轻微，因此相对应的教育惩戒措施也不应过于严厉。应当注意的是，教育惩戒措施的种类和强度应当考虑管理效果，对于学生的严重不良行为不应采用程度过于轻微的教育惩戒。例如对于屡次违规违纪的学生，教师可以上报学校，由学校采取德育负责人训导、承担校内公益任务、安排专门的校规校纪和行为规则教育等惩戒措施。

**适用规则：**

《中小学教育惩戒规则（试行）》

第五条　学校应当结合本校学生特点，依法制定、完善校规校纪，明确学生行为规范，健全实施教育惩戒的具体情形和规则。

学校制定校规校纪，应当广泛征求教职工、学生和学生父母或者其他监护人（以下称家长）的意见；有条件的，可以组织有学生、家长及有关方面代表参加的听证。校规校纪应当提交家长委员会、教职工代表大会讨论，经校长办公会议审议通过后施行，并报主管教育部门备案。

教师可以组织学生、家长以民主讨论形式共同制定班规或者班级公约，报学校备案后施行。

第八条　教师在课堂教学、日常管理中，对违规违纪情节较为轻微的学生，可以当场实施以下教育惩戒：

（一）点名批评；

（二）责令赔礼道歉、做口头或者书面检讨；

（三）适当增加额外的教学或者班级公益服务任务；

（四）一节课堂教学时间内的教室内站立；

（五）课后教导；

（六）学校校规校纪或者班规、班级公约规定的其他适当措施。

教师对学生实施前款措施后，可以以适当方式告知学生家长。

《中小学班主任工作规定》

第十六条　班主任在日常教育教学管理中，有采取适当方式对学生进行批评教育的权利。

《未成年人保护法》

第二十五条　学校应当全面贯彻国家教育方针，坚持立德树人，实施素质教育，提高教育质量，注重培养未成年学生认知能力、合作能力、创新能力和实践能力，促进未成年学生全面发展。

学校应当建立未成年学生保护工作制度，健全学生行为规范，培养未成年学生遵纪守法的良好行为习惯。

**案例评析：**

《规则》第八条第一款规定："教师在课堂教学、日常管理中，对违规违纪情节较为轻微的学生，可以当场实施以下教育惩戒：……（三）适当增加额外的教学或者班级公益服务任务。"在本案例中，小王没有认真学习，扰乱了课堂教学秩序，陈老师按照小王犯错误的程度当场进行教育惩戒，要求小王连续两天完成班级卫生清理的公益服务工作符合《规则》的规定。

此外，虽然陈老师对学生实施有班内规定的管理是较为人性化的，但

《规则》第五条规定:“学校应当结合本校学生特点，依法制定、完善校规校纪，明确学生行为规范，健全实施教育惩戒的具体情形和规则。……教师可以组织学生、家长以民主讨论形式共同制定班规或者班级公约，报学校备案后施行。”学校应结合本校学生的具体情况制定、完善本校学生的行为准则和教育惩戒的具体规则。根据该条规定，教师可以组织学生、家长在学校要求的基础上进行民主讨论，确定班级公约，上报给学校备案。

**专家支招:**

中小学校和中小学教师应对《规则》的具体规定进行精细化把握。例如，根据之前的教育惩戒经验总结出一套适于本校和本班级学生的、合乎规定的惩戒措施，而后根据学生的反馈及时进行一定程度上的灵活调整。

1. 根据《规则》的规定，对于较为轻微的违规违纪行为，教师应当根据上述规则采取适当形式的教育惩戒。

2. 学校应当注意听取、整合各班级内的班级制度，教师在民主讨论、确定班级公约后应当上报给学校备案，使得教育惩戒更加精细化、体系化。在整合各班级惩戒措施和经验后，学校可以组织校内老师就此问题进行互相交流、学习。

**案例来源:**

山东省济南市某中学调研所得，调研人为张冠群，调研时间为2021年1月29日。

**编者:张冠群**

## 案例 9

# 小学教师批评、上报学生推搡

**案例关键词：**

推搡、批评、专门教育

**案例详情：**

五年级二班的小宁和其他班的一个学生在课间由于琐事发生了争执。在争执中，小宁和该学生发生了相互推搡。由于该学生相较于小宁较为瘦弱，因此被小宁推倒在地。班主任蔡老师经过班级楼道正巧碰到，便十分严肃地批评了小宁推搡同学、激化矛盾的行为，并要求小宁马上向对方道歉，而小宁虽然不太情愿，但仍然按照老师的要求道了歉。

放学后，小宁越想越气，又在回家路上堵住了该学生。他不但大声辱骂了这个学生，还又一次对该学生进行了推搡。这位学生回家后告诉了自己的家长，家长马上向该班班主任反映了这一情况。

第二天，该学生的班主任便找到了蔡老师，向蔡老师说明了前一天放学后发生的事情。蔡老师在下课后找到小宁，在办公室里语重心长地对他进行了批评和告诫。经过蔡老师的一番劝导，小宁终于认识到了自己的错误，并告诉蔡老师之后不会再犯，会与同学们友善相处。

蔡老师告诉小宁，尽管他已经认识到了自己的错误，但必须接受一定的惩罚。他的行为已经违反了校规校纪，而且经过蔡老师第一次的批评教导之后并没有改正，按照学校要求，小宁需要接受学校安排的专门校规校纪教育。学校及时将上述情况告诉了小宁的家长，小宁的家长对学校和老师的处罚表示认可，并表示一定会在家庭生活中更加关注小宁的行为习惯和心理健康。

自此之后，小宁对待老师更加礼貌，和同学之间的关系更为融洽，与发生矛盾的学生也成为不错的朋友。

**案例知识点：**

《规则》明确了教师可以进行当场惩戒的几类情况。根据教育惩戒的基本原则和相关理论，当场惩戒的惩戒措施一般程度较轻，与学生的违纪程度相适应。这是因为教育惩戒在实施对象与实施目的上都具有一定的特殊性，教育惩戒的对象是在读学生，实施目的是矫正学生的失范行为，促使学生引以为戒、认识并改正错误，培养道德情感、加强道德意志、践行道德行为。也就是说，我们不能为了惩戒而惩戒，一切惩戒措施都是教育学生的手段，目的是促进学生健康成长。在实施教育惩戒时，班主任要做到处罚有度、罚中存情。[1]

**适用规则：**

《中小学班主任工作规定》

第十六条　班主任在日常教育教学管理中，有采取适当方式对学生进行批评教育的权利。

《中小学教育惩戒规则（试行）》

第八条　教师在课堂教学、日常管理中，对违规违纪情节较为轻微的学生，可以当场实施以下教育惩戒：

（二）责令赔礼道歉、做口头或者书面检讨。

第九条　学生违反校规校纪，情节较重或者经当场教育惩戒拒不改正的，学校可以实施以下教育惩戒，并应当及时告知家长：

（三）安排接受专门的校规校纪、行为规则教育。

1　吕庆生、马锐：《柔性管理让惩戒更有温度》，《中国教师报》2021 年 3 月 3 日第 10 版。

**案例评析：**

学生在课后发生矛盾是很常见的，矛盾的解决能够在一定程度上体现教师和学校的育人水平。《规则》第八条规定："教师在课堂教学、日常管理中，对违规违纪情节较为轻微的学生，可以当场实施以下教育惩戒：……（二）责令赔礼道歉、做口头或者书面检讨。"本案例中，小宁对同学进行了推搡，蔡老师要求小宁当场道歉是符合上述规定的惩戒行为。

《规则》第九条规定："学生违反校规校纪，情节较重或者经当场教育惩戒拒不改正的，学校可以实施以下教育惩戒，并应当及时告知家长：……（三）安排接受专门的校规校纪、行为规则教育。"本案例中，虽然小宁当场道歉了，但实际上并未改正自己的错误，反而在受到批评之后辱骂、推搡同学。蔡老师知道上述情况后，对小宁作出了批评，同时上报学校，学校要求小宁接受专门的校规校纪教育并告知家长，是符合上述规定的。同时，学校介入后要求小宁接受专门的校规校纪学习，有利于小宁更为全面地约束自身行为。

**专家支招：**

《规则》中明确规定学生轻微违反校规校纪后，经过当场教育惩戒仍然拒不改正，学校可以采取一定的惩戒措施，但应当通知学生家长。经过当场教育惩戒拒不改正的学生相比其他及时改正的学生而言，教育难度明显增加。此时，学校可以针对学生违反校规校纪的行为类型选择不同的惩戒措施。例如：如果某学生多次破坏了学校的设施，可以要求其承担一定时间内的校内公益服务任务，例如清扫垃圾、擦拭设施等；如果学生经常不遵守集体纪律、违反集体约定等，可以暂停其参加外出集体活动等。同时，对于能够在此类惩戒后改正错误的学生，教师和学校应该及时进行鼓励和表扬。

1. 在本案例中，小宁因琐事与别班同学发生矛盾，并对其进行了推搡。

对于该类轻微违反校规校纪的学生，教师应当及时进行劝阻并要求学生当场道歉或进行检讨等。学生经上述惩戒后仍不改正时，教师可以上报学校，由学校进行专门的校规校纪、行为规则教育。

2. 针对惩戒后再犯的学生，学校应当制定一套较为全面、严格的惩戒方案。一方面，学校应当按照学生违规违纪的行为特点“对症下药”，另一方面，学校在实施“由学校德育工作负责人予以训导”“安排接受专门的校规校纪、行为规则教育”等惩戒措施时，应当注意在进行专门教育时结合学生自身性格特点因材施教，并注重训导和规则教育的实际效果，在教育后对学生的表现进行持续性的关注。

**案例来源：**

四川省南充市某小学调研所得，调研人为张冠群，调研时间为2021年1月15日。

**编者：张冠群**

## 案例10

## 女教师让学生罚站被带到派出所

**案例关键词：**

罚站、合规惩戒、教师与家长间关系

**案例详情：**

2019年11月20日，湖南省的一所小学中，一名五年级女孩早上上学迟到，王老师因此要求学生罚站数分钟。之后，学生感到委屈就打电话给妈妈；妈妈联系老师时，老师因其他事情未接到电话。学生妈妈于是联系了身为派出所副所长的爸爸。学生爸爸接完妻子的电话，随即让一名民警和一名辅警到学校了解情况，警察到学校后直接将王老师带到派出所。

随后，该地公安局作出通报称，已对涉事派出所副所长作出停止执行职务的决定。该县纪委派驻纪检组和市公安局警务督察支队等相关部门对此事作进一步调查。（注：案情存在虚构成分，与真实情况有出入。）

**案例知识点：**

学校和教师有教育惩戒的权利，根据《规则》第二条第二款规定："教育惩戒，是指学校、教师基于教育目的，对违规违纪学生进行管理、训导或者以规定方式予以矫治，促使学生引以为戒、认识和改正错误的教育行为"，面对学生的违纪违规行为，教师应当实施合理限度内的教育惩戒。《规则》第八条第四项规定，教师在课堂教学、日常管理中，对违规违纪情节较为轻微的学生，可以当场要求一节课堂教学时间内的教室内站立。

**适用规则：**

《中小学教育惩戒规则（试行）》

第二条　普通中小学校、中等职业学校（以下称学校）及其教师在教育教学和管理过程中对学生实施教育惩戒，适用本规则。

本规则所称教育惩戒，是指学校、教师基于教育目的，对违规违纪学生进行管理、训导或者以规定方式予以矫治，促使学生引以为戒、认识和改正错误的教育行为。

第四条　实施教育惩戒应当符合教育规律，注重育人效果；遵循法治原则，做到客观公正；选择适当措施，与学生过错程度相适应。

第八条　教师在课堂教学、日常管理中，对违规违纪情节较为轻微的学生，可以当场实施以下教育惩戒：

（四）一节课堂教学时间内的教室内站立。

**案例评析：**

本案例涉及学生、教师和家长三方间的关系。教师王某因学生迟到而要求其罚站的行为符合《规则》第八条第四项的规定，是合理限度内的惩戒行为。学生家长未能和老师进行正常沟通，反而利用职权，限制老师的人身自由。

从实践来看，教师实施教育惩戒引发的纠纷案例中，常见的情况便是，学生家长因为情感以及信息不对称等因素而不能客观地理解子女被教育惩戒的事实和意义，将教育惩戒等同于一般意义上的体罚，从而对教师产生负面情绪，加剧与教师之间的矛盾，导致事件升级。本案例再次提醒了学校应注重沟通交流渠道并引导家长理性参与学校教育的监督，协调家校关系。

此外，《治安管理处罚法》第八十二条规定："需要传唤违反治安管理行为人接受调查的，经公安机关办案部门负责人批准，使用传唤证传唤。对现场发现的违反治安管理行为人，人民警察经出示工作证件，可以口头传唤，但应当在询问笔录中注明。公安机关应当将传唤的原因和依据告知被传唤人。"本案例中，警察将王老师带走的行为违反程序规定，学生父亲的行为构成滥用职权。

**专家支招：**

本案例中教师的教育惩戒措施在合理限度内，但后续学生家长和教师之间矛盾激化，为此，学校层面可以完善学校与家长间关系的协调机制。学生家长本就拥有监督学校办学、参与民主管理的权利；从另一个角度看，家长的参与也能帮助学校更好地实施教育和管理工作。因而，学校应该尽力引导家长理性参与学校监督，建立规范渠道，避免影响学校正常教育教学秩序，从多方面完善协调家校关系。

首先，学校在家长会等家校联系的活动中，可以通过讲座等形式普及教育惩戒的概念，帮助家长理解学校教育规律和教育惩戒的意义，为学校和教师实施教育惩戒行为提供更广泛的心理支持，建立家校合作的基础。

其次，学校应重视其教学活动的独立性，避免家长不当或过度干预学校和教师合理的教育惩戒行为。为了使家长更好地接受，可以通过家校协议等形式明确双方的职能和责任边界，在协议过程中，进行充分的民主协商，力求各方的理解。

第三，学校可以建立合理有效的家校沟通机制，可以设置专门的家校间联系方式，避免家长无法联系到学校或者教师。同时，在学校和学生家长间，有条件的也可以建立规范化、制度化的家长委员会，当家校或师生纠纷发生后，家委会可以发挥中间沟通协调的作用，理性、专业地促成问题解决。

**案例来源：**

《女教师让学生罚站　被学生爸爸抓到派出所关 7 小时》：https://news.china.com/socialgd/10000169/20181019/34202300_all.html（最后访问日期：2021 年 3 月 15 日）。

**编者：陶丹凤**

## 案例 11

# 一中学要求打架斗殴的学生打扫两周校内公共道路

**案例关键词：**

打架斗殴、违反校规校纪、公益服务

**案例详情：**

浙江省绍兴市一中学校内偶有学生之间打架斗殴现象，学校校规校纪中规定，根据情节轻重，将给予学生警告或者严重警告处分。尽管存在处分，但一些学生仍未自我反省，为了起到更好的教育作用，学校学生处创新了处罚方式，学生若在校内打架斗殴，除了给予警告或者严重警告处分，还要求打架斗殴的学生承担两周校内公益服务任务，具体任务为打扫校内的公共道路，扫除道路上的垃圾和树叶，保持道路的整洁。该新规定采用公益服务的方式，目的在于培养违规违纪学生的服务意识和责任意识。

**案例知识点：**

秩序是社会生活的前提性条件，良好的秩序是良善生活的特征。若是缺乏必要的秩序，教育活动将无法正常进行。因而，纪律的强化与秩序的维持是教育惩戒的直接诉求。张继明教授提出“教育惩戒是教育生态的客观要求，是惩戒性教育评价的实践形式；在我国，教育惩戒还反映了特殊的国情需要和教育现实需要”。[1]《规则》第九条第二项规定，学生违反校规校纪，情节较重或者经当场教育惩戒拒不改正的，学校可以要求学生承担

1 张继明、王梦超：《教育惩戒：内涵阐释、价值分析与实施策略》，《河北师范大学学报（教育科学版）》2021 年第 1 期。

校内公益服务任务。面对违反校规校纪情节较重或者经当场教育惩戒拒不改正的学生，仅靠口头教育的形式可能无法让学生进行深刻的自我反省。学校学生处作出创新性规定，通过要求学生承担校内公益服务任务，不仅能起到惩戒作用，还能够引导学生建立善恶是非观念，通过劳动教育形成健全的人格。

**适用规则：**

《中小学教育惩戒规则（试行）》

第四条　实施教育惩戒应当符合教育规律，注重育人效果；遵循法治原则，做到客观公正；选择适当措施，与学生过错程度相适应。

第九条　学生违反校规校纪，情节较重或者经当场教育惩戒拒不改正的，学校可以实施以下教育惩戒，并应当及时告知家长：

（二）承担校内公益服务任务。

**案例评析：**

《规则》第四条强调实施教育惩戒应当符合教育规律，注重育人效果。教育惩戒的目的不是给学生施加某些痛苦或不愉快的体验，而是要告诫或引导学生自律，促使学生引以为戒、认识和改正错误的教育行为。

本案例中，学校学生处这一创新的处罚方式，通过要求打架斗殴的学生承担两周校内公益服务任务，培养学生的责任意识和服务意识。这一惩戒行为体现了教育惩戒的教育性价值，不仅教导学生打架斗殴是违反校纪校规的行为，同时也让学生参与公益服务活动，建立健全学生的是非观，培养学生的责任感与服务意识。教育是以学生形成健全的人格为价值追求，惩戒的使用必然是出于善的目的，指向学生的成长，追求学生的自律与自觉。

**专家支招：**

1. 各个学校在实施教育惩戒过程中，应当格外注重育人效果，体现对学生成长的关怀与善意。学校应当创新教育方式，可以探索性地将公益服务性质的惩罚条款纳入班规校纪，使得这种惩戒方式逐渐有据可凭、不断精细化。

2. 教师在实施教育惩戒的过程中，可以有的放矢地尝试以公益服务为形式的惩戒方式，但应牢记育人的目的，从而在惩戒的同时着力培育学生的健全人格。

**案例来源：**

浙江省绍兴市某高级中学实地调研所得，调研人为陶丹凤，调研时间为2021年2月25日。

**编者：陶丹凤**

## 案例12
## 学生殴打老师被停课

**案例关键词：**

殴打老师、学生道歉、停课反省

**案例详情：**

黑龙江黑河市某中学发生的一件事，在网络上引起了一片热议：学校在举办秋季田径运动会期间，一位高三的女班主任对担任裁判的男体育老师的判决结果不满意，于是上前理论，因双方意见始终不一致而起了争执。女老师气不过，踢了体育老师，该班主任所带班级的9名学生见状，也跟着起哄，集体殴打体育老师，仅20秒的时间，这名体育老师就遭受了60脚的踢踹，致使身体多处受伤。目前，针对上述事件，该校已经作出了处罚的决定：参与殴打体育老师事件的9名学生停课，涉事班主任向体育老师道歉。

**案例知识点：**

《规则》第十条规定："小学高年级、初中和高中阶段的学生违规违纪情节严重或者影响恶劣的，学校可以实施以下教育惩戒，并应当事先告知家长：（一）给予不超过一周的停课或者停学，要求家长在家进行教育、管教。"

本案例中主导者虽然是班主任，但9名涉事学生群殴老师，情节十分严重，造成了恶劣影响。从学校的《中小学生违反校规校纪惩罚细则》来看，这类学生群殴老师的行为一般给予记大过或者留校察看、回家反省处分，学校作出停课决定是合理的。

**适用规则：**

《中小学教育惩戒规则（试行）》

第九条　学生违反校规校纪，情节较重或者经当场教育惩戒拒不改正的，学校可以实施以下教育惩戒，并应当及时告知家长：

（一）由学校德育工作负责人予以训导；

（二）承担校内公益服务任务；

（三）安排接受专门的校规校纪、行为规则教育；

（四）暂停或者限制学生参加游览、校外集体活动以及其他外出集体活动；

（五）学校校规校纪规定的其他适当措施。

第十条　小学高年级、初中和高中阶段的学生违规违纪情节严重或者影响恶劣的，学校可以实施以下教育惩戒，并应当事先告知家长：

（一）给予不超过一周的停课或者停学，要求家长在家进行教育、管教；

（二）由法治副校长或者法治辅导员予以训诫；

（三）安排专门的课程或者教育场所，由社会工作者或者其他专业人员进行心理辅导、行为干预。

对违规违纪情节严重，或者经多次教育惩戒仍不改正的学生，学校可以给予警告、严重警告、记过或者留校察看的纪律处分。对高中阶段学生，还可以给予开除学籍的纪律处分。

对有严重不良行为的学生，学校可以按照法定程序，配合家长、有关部门将其转入专门学校教育矫治。

**案例评析：**

本案例是一起恶性的学生殴打老师案件，虽然女老师是发起人，但学生也是造成体育老师受伤害的主要人员；不论在哪一所学校，学生恶意殴打老师都是违纪事件。《规则》从违法违纪的严重程度不同区分了轻微、严重、小学高年级以上学生严重违纪几个等级，针对不同等级有相应的惩戒措施。针对本案例中高中生殴打老师，可以给予不超过一周的停课或者停学，要求家长在家进行教育、管教；由法治副校长或者法治辅导员予以训诫；安排专门的课程或者教育场所，由社会工作者或者其他专业人员进行心理辅导、行为干预。

采取以上教育惩戒措施的前提条件是学生违规违纪情节严重或者影响恶劣，因此在判定上应当符合比例原则，谨慎认定。同时应当注意到第十条最后一项还规定了学校对于此类学生可以给予警告、严重警告、记过或者留校察看的纪律处分，说明在实施教育惩戒时，可以参照相关中小学生纪律规范中的违法违纪事项，解释《规则》中什么行为才算是“严重违纪或不良影响”。

以某校学生纪律处分条例为例，学生有以下行为之一者，经教育局批准后应由家长带回家教育并记大过处分：（一）严重干扰教学秩序，对抗教师教育管理，谩骂、威胁甚至殴打教师，侮辱教师人格尊严，造成恶劣影响者……《规则》出台之后，该校条例可能面临修改，但关于学生殴打老师事件的惩戒以及纪律处分变化不大，类似相关条款可以成为情节严重的认定参考。

**专家支招：**

针对第十条中关于学生停课停学的规定，中小学校以及教师应认真学习《规则》，把握该项惩戒下的适用前提；由于该条款的启用往往意味着学生违纪行为严重，对学生的处罚较重，对学生学业影响较大，因此必须谨慎认定与适用，从而保证教育惩戒的合规、合理、有效。

1. 教师首先应当加强师德修养，为人师表，与学生和谐相处，合理化解学生的不满情绪，更不能带头起哄殴打他人；加强对学生的纪律教育，提高学生的法治素养与纪律意识，防微杜渐，从根源上避免学生严重违法违纪事件发生。

2. 学校可以结合《规则》与相应的学生违纪处分规范进行专题学习，将教育惩戒的不同手段与纪律处分条例中的情形相结合。整理汇编本校学校相关条例，形成相应的指导手册。

停课停学属于严厉的教育惩戒方式，学校应当梳理和完善相应的制度，在决定形成、学生权利救济上保证合理、畅通。

**案例来源：**

《20 秒狂踹 60 脚！女班主任带头踢一脚，9 名学生群起围殴体育老师》：

https://www.163.com/dy/article/EQ3TQF3B055093QR.html（最后访问日期：2021年3月10日）。

**编者：肖鹏**

## 案例 13
## 某中学八年级学生打架道歉

### 案例关键词：

学生打架、拒不改正、学校惩戒

### 案例详情：

八年级的小张同学在操场活动时，因不小心撞到邻班同学，与邻班同学发生言语上的冲突。由于双方僵持不下，互不礼让，小张挥拳打人，进而引发打架事件，导致邻班学生受伤。事情发生之后，学校首先调查了小张打架事件的事实，明确了小张在本次事件中的责任，对其进行了批评教育，但是，小张拒不认错，态度恶劣。在此情况下，学校在告知小张家长之后，决定召开学校专题听证会。在此听证会中，事件的负责老师向相关师生、学生家长陈述了事件经过，宣读了学校的最终处理决定，并要求打架者小张同学在该听证会上陈述自己在该事件中的所作所为，对自己的行为进行检讨，公开向受害者道歉。

**案例知识点：**

学生违反校规校纪，情节严重或者当场教育惩戒拒不改正的，应由学校主体代替教师主体实施教育惩戒。学校作为教育惩戒的实施主体，较于教师享有更大的决定权与惩戒空间，但也应受到一定的限制。具体规定可见《规则》第九条。该条明确了学校实施教育惩戒的若干条件与限度。实施的条件为“学生违反校规校纪，情节较重”或“经当场教育惩戒拒不改正的”，并且学校实施教育惩戒“应当”及时告知家长。这对于学校而言，属于义务性规定。《规则》第九条还规定了五种学校惩戒方式，例如由学校德育工作负责人予以训导，承担校内公益服务任务，安排接受专门的校规校纪、行为规则教育，暂停或者限制学生参加游览、校外集体活动及其他外出集体活动等。第五项“学校校规校纪规定的其他适当措施”给予学校一定的权利空间，但该“适当措施”必须由校规校纪明文规定。

**适用规则：**

《中小学教育惩戒规则（试行）》

第五条　学校应当结合本校学生特点，依法制定、完善校规校纪，明确学生行为规范，健全实施教育惩戒的具体情形和规则。

学校制定校规校纪，应当广泛征求教职工、学生和学生父母或者其他监护人（以下称家长）的意见；有条件的，可以组织有学生、家长及有关方面代表参加的听证。校规校纪应当提交家长委员会、教职工代表大会讨论，经校长办公会议审议通过后施行，并报主管教育部门备案。

第九条　学生违反校规校纪，情节较重或者经当场教育惩戒拒不改正的，学校可以实施以下教育惩戒，并应当及时告知家长：

（一）由学校德育工作负责人予以训导；

（二）承担校内公益服务任务；

（三）安排接受专门的校规校纪、行为规则教育；

（四）暂停或者限制学生参加游览、校外集体活动以及其他外出集体活动；

（五）学校校规校纪规定的其他适当措施。

第十六条　学校、教师应当重视家校协作，积极与家长沟通，使家长理解、支持和配合实施教育惩戒，形成合力。

**案例评析：**

本案例中的学生小张在操场与邻班学生发生冲突后选择用暴力手段解决问题，导致其他学生受伤。学校对其进行口头批评教育后，该生仍不认错，拒不改正，显然没有认识到问题的严重性，需要进一步对其进行教育。作为教育惩戒的主体之一，此时学校应当合理使用《规则》赋予的惩戒权利，对该生进行合理有效的惩戒，帮助该生改正错误观念，遵守校规校纪。本案例中，该校选择的惩戒方式是合规、有效的，值得借鉴学习。学校对小张进行批评教育，在小张拒不认错的情况下对其进一步采取措施，通知家长，并召开专题听证会，要求涉事学生作出公开说明与致歉，以此达到教育、管理的目的。学校的惩戒手段合理合法，有利于帮助涉事学生认识遵守校规校纪的重要性，同时也有利于其他学生了解学校对此类事件的处理方式，进一步增加对校规校纪，尤其是违纪后果的了解。

**专家支招：**

1. 对于情节严重的违规违纪学生，学校作为教育惩戒的主体，应当积极参与进来，在事件中发挥关键作用，以教育、管理学生为目的，实施适当的惩戒措施。但是，即便是面对违规违纪情节严重的学生，学校及教师也不得使用体罚的方式，因为体罚是被《规则》所明确禁止的行为。

2. 学校在进行教育惩戒时，应当及时告知涉事学生家长，且保证处理措施符合公开的校规校纪，这是法治“程序正义”的基本要求。学校要避免单独作出惩戒而不通知家长的情况的发生。

**案例来源：**

安徽省马鞍山市某初中调研所得，调研人为汪羽舒，调研时间为2021年2月16日。

**编者：汪羽舒**

## 案例14
## 某小学教师罚抄作业

**案例关键词：**

不交作业、罚抄作业、联系家长

**案例详情：**

小敏是安徽省某小学的五年级学生。某天，她忘记了语文作业的一项抄写古诗词的任务，导致次日无法按时提交作业。班主任知道情况后，先询问了小敏，允许她作出合理解释，但小敏支支吾吾，不知道该如何向班主任老师说明情况。班主任老师无奈之下，立刻联系了小敏的家长，向其说明了小敏没有及时提交作业的情况。小敏家长很惊讶小敏今天没有提交作业，小敏昨晚回家后并未出现生病等特殊情况，家里也没有其他事情影响小敏完成该项作业，同时表示，今天下班后一定协助老师了解情况，督促孩子完成学习任务。

班主任老师了解情况后，决定再一次与小敏进行沟通，最终小敏承认是因为前一天在记录作业任务时，遗漏了该项作业。于是，班主任老师要求小敏当天将未交的作业罚抄一遍，以达到教育惩戒的目的。小敏在课间时间完成了补作业和罚抄作业的任务，按时提交给老师，并向老师承诺之后一定更认真细心，不再遗漏作业。

**案例知识点：**

在中小学教学中，有个别同学忘记带家庭作业或未能及时提交作业是较为常见的情况，在这种情况下，教师应当采取什么措施才能够合规且有效地对未交作业的同学进行教育与管理呢？根据《规则》第八条的规定，教师在课堂教学、日常管理中，对违规违纪情节较为轻微的学生，可以当场实施诸如点名批评、合理时间的罚站、课后教导等教育惩戒。其中包括“适当增加额外的教学任务”，即可以要求学生完成一定量的学习任务，增加学生的课业。这种方式只要是适当的，就被允许实施。

**适用规则：**

《中小学教育惩戒规则（试行）》

第三条　学校、教师应当遵循教育规律，依法履行职责，通过积极管教和教育惩戒的实施，及时纠正学生错误言行，培养学生的规则意识、责任意识。

教育行政部门应当支持、指导、监督学校及其教师依法依规实施教育惩戒。

第四条　实施教育惩戒应当符合教育规律，注重育人效果；遵循法治原则，做到客观公正；选择适当措施，与学生过错程度相适应。

第八条　教师在课堂教学、日常管理中，对违规违纪情节较为轻微的学生，可以当场实施以下教育惩戒：

（一）点名批评；

（二）责令赔礼道歉、做口头或者书面检讨；

（三）适当增加额外的教学或者班级公益服务任务；

（四）一节课堂教学时间内的教室内站立；

（五）课后教导；

（六）学校校规校纪或者班规、班级公约规定的其他适当措施。

教师对学生实施前款措施后，可以以适当方式告知学生家长。

**案例评析：**

在本案例中，涉事学生小敏没有及时完成家庭作业导致作业无法提交，班主任的做法值得学习借鉴，即先与学生进行交流，再与学生家长进行沟通，全面完整地了解学生情况。在明晰事实之后，班主任用“罚抄作业”的方式对小敏进行教育惩戒。根据其他相关信息可知，班主任仅要求小敏将没有抄写的古诗文罚抄一遍，程度合理，未超出必要限度。

**专家支招：**

1. 教师罚学生写作业时，需要慎重把握罚抄量，控制在合理限度内，尽可能与学生的犯错程度相匹配。这是比例原则的基本要求。比例原则要求教师的惩戒应当与学生的犯错程度成正比，不能用过重的惩戒处理较轻的错误行为。

2. 如果要求学生罚抄过量的内容，或给予学生过重的学习任务，有可能构成变相体罚，这是《规则》所明确禁止的行为。

**案例来源：**

安徽省马鞍山市某小学调研所得，调研人为汪羽舒，调研时间为2021年2月14日。

**编者：汪羽舒**

## 案例 15
# 某学校学生迟到被罚站

### 案例关键词：

上学迟到、教室内罚站、合规惩戒

### 案例详情：

某学校（小学高年级部）某班级规定，若学生上课迟到且无法说明合理原因，则需要在教室后排罚站，直至早读或午读课下课。该校的早午读时长为十分钟，因此迟到学生罚站时长小于十分钟。某日，平平上学时迟到，老师先问了平平迟到的理由，平平如实回答早上起晚了。于是，老师对平平进行口头批评，并要求她在班级最后一排进行罚站，早读课结束后回座位就座。

### 案例知识点：

在日常教学工作中，对于违反校规校纪的同学，教师可以通过积极管教和教育惩戒及时纠正学生错误言行，培养学生的规则意识、责任意识。需要注意的是，教师在进行教育惩戒时，应该符合教育规律，注重育人效果；遵循法治原则，做到客观公正；选择适当措施，与学生过错程度相适应，不能超出必要限度。

根据《规则》第八条的规定，对于违规违纪情节较为轻微的学生，教师可以当场实施“一节课堂教学时间内的教室内站立”的教育惩戒。该惩戒有几个要点，首先，站立时长不得超过一节课堂教学时间；其次，站立地点须是教室内。换言之，教师不得命令学生在室外进行长时间站立，否则有可能构成变相体罚。在日常教学中，教师对于迟到的学生，应当先询问学生是否有特殊的原因导致迟到，允许学生先行作出合理解释。若理由合理，则进行口头教育，无需罚站。若不存在特殊事由，可以要求学生站立，并以适当方式告知学生家长。

**适用规则：**

《中小学教育惩戒规则（试行）》

第三条　学校、教师应当遵循教育规律，依法履行职责，通过积极管教和教育惩戒的实施，及时纠正学生错误言行，培养学生的规则意识、责任意识。

教育行政部门应当支持、指导、监督学校及其教师依法依规实施教育惩戒。

第四条　实施教育惩戒应当符合教育规律，注重育人效果；遵循法治原则，做到客观公正；选择适当措施，与学生过错程度相适应。

第八条　教师在课堂教学、日常管理中，对违规违纪情节较为轻微的学生，可以当场实施以下教育惩戒：

（一）点名批评；

（二）责令赔礼道歉、做口头或者书面检讨；

（三）适当增加额外的教学或者班级公益服务任务；

（四）一节课堂教学时间内的教室内站立；

（五）课后教导；

（六）学校校规校纪或者班规、班级公约规定的其他适当措施。

教师对学生实施前款措施后，可以以适当方式告知学生家长。

**案例评析：**

本案例中，平平由于自身原因上学迟到，违反了班级规定，符合教育惩戒的条件。老师先对平平的情况进行询问，实施了《规则》第八条规定的"点名批评"和"一节课堂教学时间内的教室内站立"两项教育惩戒，属于合规的教育惩戒，未超出必要限度，与学生过错程度相适应。在相似案件中，教师可以要求迟到的学生完成班级公益服务任务，例如在课间负责擦黑板、打扫卫生。在实施该类教育惩戒的过程中，建议教师向学生说明理由，进行有效的口头教育，让学生意识到自己的问题所在，避免再次犯相同的错误。

**专家支招：**

1. 迟到本身属于学生缺乏时间意识、规则意识的表现，因此专家认为，在中小学班级管理中，对于迟到的学生，可以进行当场的教育惩戒。迟到行为本身属于轻微的违纪行为，教师在进行教育惩戒时一定要把握惩戒的强度，绝不可使用体罚或变相体罚的方式进行教育。

2. 教师应当清楚惩戒的目的是教育与管理，是让学生认识到自己的错误，培养学生的规则意识。因此，对于此类情况，建议教师参照《规则》第八条的规定进行合规惩戒。

**案例来源：**

安徽省马鞍山市某小学调研所得，调研人为汪羽舒，调研时间为2021年2月14日。

**编者：汪羽舒**

## 案例16
## 某老师惩罚浪费粉笔学生

**案例关键词：**

浪费班级资源、点名批评、班级公益服务

**案例详情：**

几位同学在学校大课间休息时，用讲台上剩下的小粉笔头互相扔来扔去，本是开玩笑的行为，最后演变为用粉笔进行嬉戏打闹。在小粉笔头用完后，几位同学甚至拆开了一盒讲台下的全新粉笔，掰断互扔，打闹不断，给其他同学的课间休息造成了困扰，同时浪费了粉笔。上课铃响后，几位同学迅速归位，地上的粉笔无人打扫，一片狼藉，被来上课的老师看见后告知班主任。

之后班主任将几位同学叫到办公室进行教育训诫，同时在班会课上进行了点名批评，要求几位同学向全班同学道歉、打扫粉笔头并额外做一周的班级卫生清扫。另外，班主任通知了几位同学的家长，告知以上情形，并要求几位同学买一盒新的粉笔。

**案例知识点：**

《规则》第八条明确规定了教育惩戒的适用规则和类型，并在第十二条从反面列举了不属于教育惩戒的内容，如体罚、变相体罚、辱骂等。

中小学教师在教育管理中应当严格按照《规则》的规定执行，对不遵守纪律的学生给予合适的教育惩戒，做到过罚相当，不过度责罚学生，也不轻易放过严重违规的学生。

另外，要注重对违规违纪学生的家校沟通，如果有教育惩戒的相关情况，应当及时告知家长。

**适用规则：**

《未成年人保护法》

第三十二条　学校、幼儿园应当开展勤俭节约、反对浪费、珍惜粮食、文明饮食等宣传教育活动，帮助未成年人树立浪费可耻、节约为荣的意识，养成文明健康、绿色环保的生活习惯。

《中小学班主任工作规定》

第十六条　班主任在日常教育教学管理中，有采取适当方式对学生进行批评教育的权利。

《中小学教育惩戒规则（试行）》

第七条　学生有下列情形之一，学校及其教师应当予以制止并进行批评教育，确有必要的，可以实施教育惩戒：

（一）故意不完成教学任务要求或者不服从教育、管理的；

（二）扰乱课堂秩序、学校教育教学秩序的。

第八条　教师在课堂教学、日常管理中，对违规违纪情节较为轻微的学生，可以当场实施以下教育惩戒：

（一）点名批评；

（二）责令赔礼道歉、做口头或者书面检讨；

（三）适当增加额外的教学或者班级公益服务任务。

教师对学生实施前款措施后，可以以适当方式告知学生家长。

**案例评析：**

勤俭节约是中华民族传统美德，粉笔属于学校购买、供班级使用的公共资源，学生和老师都应当按需使用。案例中的几位学生从用粉笔头嬉戏打闹逐渐变为向完好的粉笔伸手，浪费了班级资源的同时，扰乱了课间休息秩序，影响了其他课间休息的同学。不仅如此，粉笔掉在班级的地面上几经踩踏也污染了班级原本干净的地面，给负责值日打扫的同学带来了困扰，该行为属于违反班级教育教学管理秩序的情形。

以上违反纪律的行为相对于其他违规违纪行为来说并不严重，但仍需要中小学教师妥善恰当地处理，以防出现后续的模仿事件，不利于班级教学秩序的管理，也不利于节约资源。

本案例中，班主任采取了适当的方式对几位浪费粉笔的同学进行教育惩戒，要求几位同学就浪费粉笔、扰乱课间休息秩序一事向全班同学道歉。另外，班主任在班会课上对几位同学进行了点名批评，要求几位同学打扫干净粉笔头后额外加一周的班级卫生打扫任务，合理适当地对几位同学进行了惩戒。同时，班主任还将惩戒结果及时告知了家长，起到了良好的作用，属于合规的教育惩戒。

**专家支招：**

中小学校以及教师应认真学习《规则》，掌握教育惩戒的多样化方式，注重过惩相当，对不同的违规行为采用不同的教育惩戒方式。对于较轻的违规行为采用较轻的教育惩戒方式，对于较严重的违规行为则采用较严厉的教育惩戒方式，合理适当地惩戒违规行为，破除对于较轻的违规行为不使用教育惩戒或者滥用惩戒措施的局面，从而保证教育惩戒的合规、合理、有效。

1. 针对本案例中学生出现的违反纪律行为，教师应该根据具体情节进行批评教育。教师可以在班级范围内展开厉行节约、反对浪费的主题教育班会，让学生形成珍爱公物、勤俭节约的良好习惯与作风。

2. 学校组织学习《规则》。学校可以聘请专家举办专题讲座或者通过线上网络学习，在全校形成知悉《规则》内容的效果。

鼓励教师开展各种形式的自学。学校可以要求教师提交学习心得，督促教师开展自主学习。在学习心得中分析一个自己处理过的学生违纪案例，并就惩戒是否得当进行剖析。

**案例来源：**

河南省安阳市某高级中学实地调研所得，调研人为付楠，调研时间为2021年2月1日。

**编者：付楠**

## 案例 17

# 某老师教育数学考试作弊学生

**案例关键词：**

考试作弊、教育训诫、课后教导

**案例详情：**

初一某班进行了初中生入校后的第一次数学月考，同学 A 与同学 B 在结束后作为课代表帮有急事的数学老师整理收上来的答卷，并送往办公室。二人在前往办公室的途中通过查看其他同学的试卷发现最后一道题二人都没有回答正确，于是两人商量趁老师办公室没有人，各自更改自己试卷最后一题的答案。二人改试卷的行为正好被走进办公室的另一位老师发现，该老师将此事告知二人的数学老师及班主任。

后经数学老师和班主任协商，由数学老师单独将两位同学叫出去进行教育训诫。数学老师告知两位同学月考的作用是帮助同学们检测知识的掌握程度，不必担心考试成绩的好坏，更不能因为担心成绩的好坏而在已经上交的试卷上私自更改，并告知两位同学即使私自修改成了正确答案，最后一题的分数也不作数。之后，班主任要求两位同学上交保证书，保证不会有第二次作弊行为。对于此事两位老师并没有公开宣扬。

**案例知识点：**

《规则》第八条明确规定了针对违规违纪情节较为轻微的学生的教育惩戒的适用规则和类型，第九条规定了针对违规违纪情节较重或经当场教育惩戒拒不改正的学生的教育惩戒适用规则和类型。

在日常教育教学和管理过程中，中小学教师应当依照《规则》的规定对违规违纪的学生进行教育惩戒。此外，中小学教师可以分析学生的不同特点，根据教育惩戒的基本原则，探索创新合理适当的教育惩戒方式，通过积极管教和教育惩戒的实施，及时纠正学生错误言行，促使学生引以为戒、认识和改正错误，培养学生的规则意识、责任意识。

**适用规则：**

《未成年人保护法》

第二十五条　学校应当建立未成年学生保护工作制度，健全学生行为规范，培养未成年学生遵纪守法的良好行为习惯。

《中小学班主任工作规定》

第十六条　班主任在日常教育教学管理中，有采取适当方式对学生进行批评教育的权利。

《中小学教育惩戒规则（试行）》

第八条　教师在课堂教学、日常管理中，对违规违纪情节较为轻微的学生，可以当场实施以下教育惩戒：

（五）课后教导；

（六）学校校规校纪或者班规、班级公约规定的其他适当措施。

教师对学生实施前款措施后，可以以适当方式告知学生家长。

**案例评析：**

诚实守信是中华民族的良好美德，也是当今社会对于公民的基本要求，考试作弊行为违反了这一美德与基本要求。本案例中，两位同学借课代表之便在收齐试卷后私自更改压轴题答案，属于典型的考试作弊，尽管只是班级内部的月考测验，但仍属于较为严重的违规违纪行为。

我国刑法等法律法规对考试作弊行为规定了严格的处罚措施，中小学校内部就考试作弊行为也有较为严重的教育惩戒措施。对于考试作弊行为，首先要预防，让学生养成良好的人生观、价值观、世界观，了解考试作弊行为的严重性；其次，在事件发生后要妥善处理，所实施的教育惩戒能够让学生警醒，意识到考试作弊行为的危害与严重性，避免再犯。

本案例中，数学老师和班主任共同商量应对措施，对两位作弊同学进行了教育训诫，通过告知其月考的作用、最后一题不计分的方式，让两位同学了解到考试作弊的严重性。班主任要求两位同学作出不会有第二次作弊行为的保证，规范了两位同学的行为举止。两位老师的处理方式符合教育惩戒的基本要求和规定。

两位老师对考试作弊一事并没有公开宣扬，没有采用点名批评等惩戒方式，有利于保护两位同学的自尊，较为适当地处理了作弊事件。这给广大中小学校的老师们作了一个示范，在教育惩戒过程中，需要创新思维，妥善应对违规违纪的学生，保护未成年人的身心健康。

**专家支招：**

中小学校以及教师应认真学习《规则》，掌握多种教育惩戒方式，积极采用教育惩戒，根据学生的不同特点，创新合规适当的教育惩戒措施，破除不敢使用教育惩戒或者滥用惩戒措施的局面，保证教育惩戒的合规、合理、有效。

1. 针对本案例中学生出现的违反纪律行为，教师应该根据具体情节进行批评教育。教师可以在班级范围内展开诚实守信的主题教育活动，例如相关故事分享会、主题手抄报、主题情景剧等，以让学生形成诚实守信的行为方式，了解作弊行为会带给自己的危害。尤其在考试前期，班主任应当特别强调严防作弊行为。

2. 学校组织学习《规则》。学校可以聘请专家举办专题讲座或者通过线上网络学习，在全校形成知悉《规则》内容的效果。

鼓励教师开展各种形式的自学。学校可以要求教师提交学习心得，督促教师开展自主学习。在学习心得中谈一谈自己面对作弊的学生会如何进行惩戒。

**案例来源：**

河南省安阳市某初级中学实地调研所得，调研人为付楠，调研时间为2021年1月21日。

**编者：付楠**

## 案例18
## 严重不良行为者送专门学校矫治

**案例关键词：**

屡教不改、严重不良行为、专门学校矫治

**案例详情：**

张三是某区初级中学七年级的学生，虽然才13岁，却已经恶名远扬，是同学们口中的“校霸”。在校内，他多次以收保护费的名义向其他同学勒索财物，并经常随意殴打同学，一旦哪位同学敢稍有反抗，就会遭受他更强烈的报复。甚至连班主任对其进行批评教育时惹怒了他，他都会冲上去和老师动手，以至于老师也拿他没有办法。学校领导对此很无奈，尽管每次学校都会对张三进行心理疏导和采取相应的惩罚措施，他仍屡教不改。由于张三还处在义务教育阶段，学校不能将其开除。在校外，张三自称是“某某地老大”，常常和校外的社会人士混在一起惹是生非，还曾因实施盗窃、勒索等违法犯罪活动被警方抓过，但由于其年纪尚小，警方无法对其立案，只能进行批评教育，然后让其父母领回家加以管教。

某天下午，张三因为琐事殴打了班内同学李某。李某的家人发现其儿子精神恍惚，身上有多处伤痕，再三追问下李某道出了实情，李某家人随即报了警。警方和学校组织协调，由于张三父母常年在外打工，最后由其爷爷奶奶代替参加了协调。张三在多方压力下，勉强向李某道了歉并写了检讨书，张三的爷爷奶奶也表示将赔付医药费。但是事情并没有就此结束，张三对李某家人的报警行为怀恨在心，一直找机会打击报复李某。在李某一次上学途中，张三持刀追赶了李某几条街，要求李某归还其爷爷奶奶赔偿的医药费。幸运的是，张三最终被路人拦下，没有酿成更严重的后果。

此次事件影响十分恶劣，直接导致了李某转学，但张三仍无悔改之心，依旧我行我素。为了避免以后出现更大的事端，经学校和张三父母协商，由学校向区教育局提出申请，经该区专门教育指导委员会评估同意后，由区教育局决定将张三送入该区专门学校接受专门教育。

**案例知识点：**

《规则》第十条规定“对有严重不良行为的学生，学校可以按照法定程序，配合家长、有关部门将其转入专门学校教育矫治”。

对于“严重不良行为”的认定，可以参考《预防未成年人犯罪法》第三十八条，该条文明确列举了八种严重不良行为，同时还定义了“严重不良行为”——“本法所称严重不良行为，是指未成年人实施的有刑法规定、因不满法定刑事责任年龄不予刑事处罚的行为，以及严重危害社会的行为”。

《规则》第十条中的“法定程序”规定于《预防未成年人犯罪法》第四十三条，学生家长或学校可以向教育行政部门提出申请，经专门教育委员会评估后，由教育行政部门作出决定，才能将学生转入专门学校教育矫治。

**适用规则：**

《预防未成年人犯罪法》

第三十八条　本法所称严重不良行为，是指未成年人实施的有刑法规定、因不满法定刑事责任年龄不予刑事处罚的行为，以及严重危害社会的下列行为：

（一）结伙斗殴，追逐、拦截他人，强拿硬要或者任意损毁、占用公私财物等寻衅滋事行为；

（三）殴打、辱骂、恐吓，或者故意伤害他人身体；

（四）盗窃、哄抢、抢夺或者故意损毁公私财物。

第四十三条　对有严重不良行为的未成年人，未成年人的父母或者其他监护人、所在学校无力管教或者管教无效的，可以向教育行政部门提出申请，经专门教育指导委员会评估同意后，由教育行政部门决定送入专门学校接受专门教育。

第四十四条　未成年人有下列情形之一的，经专门教育指导委员会评估同意，教育行政部门会同公安机关可以决定将其送入专门学校接受专门教育：

（一）实施严重危害社会的行为，情节恶劣或者造成严重后果；

（二）多次实施严重危害社会的行为；

（三）拒不接受或者配合本法第四十一条规定的矫治教育措施；

（四）法律、行政法规规定的其他情形。

《中小学教育惩戒规则（试行）》

第十条　对有严重不良行为的学生，学校可以按照法定程序，配合家长、有关部门将其转入专门学校教育矫治。

**案例评析：**

本案例中，张三曾经有过多次违反纪律的情形，老师和学校按照班规、校规校纪给予了张三惩罚，张三依旧没有改正，甚至违规违纪的情形愈发严重，发展到了严重不良行为的程度，参与斗殴、强拿硬要、殴打恐吓他人甚至抢夺他人财物。

学校和老师积极联系张三家长，但由于其父母常年在外打工，爷爷奶奶无力管教，学校和老师想尽办法依然管教无效。在此情况下，张三的行为已经无法由普通学校管理控制，如果张三继续在普通学校就读，学校难以对张三实施有针对性的教育和行为矫治，将不利于其成长，同时也不利于其他同学的成长与发展。

对于此，学校按照《预防未成年人犯罪法》的相关程序规定，向区教育局申请将张三转入专门学校矫治，具有合理正当性，有利于张三的成长发展，应当肯定。该案例具有警示作用，面对有严重不良行为的学生，当家长和学校都无法管教时，不能放任不管，应当积极采取合法合理的方式施以管教，比如转入专门学校，为未成年人的发展保驾护航。

**专家支招：**

中小学校以及教师应认真学习《规则》，掌握不良行为和严重不良行为的类型以及相应的教育惩戒措施。针对不良行为，教师应当及时干预和介入，防止“小错”酿成“大错”，演化成为严重不良行为。针对严重不良行为，学校应当给予相应的矫治教育，避免其走上违法犯罪的道路。当已有方式无法管教有严重不良行为的学生时，学校应当积极向家长和教育行政部门反映，协商是否将学生送入专门学校，保证教育惩戒及时有效，促使学生认识和改正错误。

1. 针对本案例中学生出现的严重不良行为，如果教师已经采用过多次合理的教育惩戒，仍然不起作用，应当及时通知学生家长，同时向学校反映，共同协商管教学生。在学校决定向教育行政部门申请转入专门学校时，教师应当积极配合完成相关交接工作。

2. 学校应当组织学习《规则》《预防未成年人犯罪法》。学校可以聘请专家举办专题讲座或者通过线上网络学习，让教师了解应对有不良行为、严重不良行为学生的教育惩戒办法，同时学习专门学校的相关知识，确保在出现管教无力的情况下能够及时将学生转入专门学校矫治。

鼓励教师开展各种形式的自学活动。学校可以要求教师提交学习汇报，督促教师开展自主学习。汇报中应当包括对严重不良行为的理解以及如何应对学生转入专门学校的情况等。

**案例来源：**

编者独立编写。

**编者：沈琦尧、付楠**

## 案例 19
## 某中学校园欺凌

**案例关键词：**

校园欺凌、纪律处分、学校惩戒

**案例详情：**

午休时刻，阳光温柔地包裹着静谧的校园，一派安静祥和的景象。

突然，楼梯间一阵激烈的喧闹声打破了这场平静。原来是赵赵和隔壁班的几个同学瞅准时机，将刚刚从卫生间走出来的周周堵在楼梯间，开始了一场蓄谋已久的报复计划。

“你们要干什么？我要回教室！”周周瞪了一眼趾高气扬的赵赵，试图从人群中挤出一条路来。

赵赵却用力将周周推回墙角：“呦，还敢瞪我！好不容易逮到你，怎么可能就这么轻易放你走。识相点，赶紧跟我道歉，否则今天有你好看！”

周周拼命挣扎了几下，却始终无法摆脱这群人的钳制，涨红着脸撑着脖子说：“凭什么我要向你道歉，明明就是你做得不对。快点放我走，不然我一定会告诉老师。”

周周的话好像突然击中了赵赵的痛处，赵赵顿时脸色一变，一把抓住周周的衣领：“又是告诉老师，除了去找老师告状你还会做什么！我警告你，如果你再敢去老师面前乱说话，那就一定不是今天这么简单了。”说完，赵赵猛地抓住周周的辫子往下拽，周周的眼泪一下子就出来了。

“哈哈哈，之前不是挺厉害的，现在怎么还哭起来了。”“就是，也不看看她惹了谁。”“瞧她那个可怜样……”周周突如其来的眼泪仿佛将这场“好戏”推向了高潮，一群人开始嬉闹起来。

看着周周站在角落里畏畏缩缩的样子，赵赵突然计上心头：“我们来玩个游戏吧，也好好帮她清醒清醒。”说完，赵赵从口袋里掏出一个口罩戴在了周周的眼睛上，并作势拍了拍她的肩膀说，“想快点结束就老老实实站着，放心吧，这会儿办公室没人。”

周周忍不住颤抖起来，她想反抗，但是周围的嬉笑声仿佛已经淹没了她所有的勇气，整个人大脑一片空白，只剩下僵直地站在原地。

“啪！”赵赵率先甩了周周一巴掌，并对着人群挑了挑眉：“要试试吗？”见周围没有反应，赵赵又连着打了几个巴掌。

周周踉跄了一下，但没有反抗。

陆续地，开始有人上前加入了这场“游戏”。

周周的脑袋里嗡嗡作响，已经数不清是被打的第几个巴掌，只感觉一个个恶魔的影子在眼前晃来晃去。

“血！”人群中不知是谁发出了一声惊呼，众人这才被拉回了理智。赵赵慌忙从口袋里掏出纸堵住周周的鼻子，血在纸上大朵大朵地晕开。

人群一下子散开了。

周周扯下蒙住眼睛的口罩，只觉得阳光格外刺眼——

下午，楼梯间的视频被人挂到了网上，学校的法治副校长和德育处负责人一起把周周带进了办公室，随后被叫去的还有赵赵。

第二天，校园公告栏上贴出一则通报：

昨日中午，我校学生赵某因琐事与同班同学周某产生矛盾后，邀约他人对周某进行了打骂。我校组织相关学生家长到学校进行协调处理，对赵某等有关学生给予严肃批评教育和相应纪律处分，责成赵某和家长当面向周某及其家长道歉，并配合做好受害人健康检查和心理抚慰等工作。

鉴于该事件性质恶劣、影响极坏，为此我校召开专题会议，对该班班主任疏于日常管理进行了通报批评，责成校德育处负责人、分管副校长等相关负责人作出书面检查；深刻反思该事件，要求举一反三、引以为戒。目前，县教育局、县公安局等部门已组成联合调查组，进驻我校开展调查。

**案例知识点：**

本案例主要涉及学生严重违反校规校纪、造成恶劣影响时学校可以采用的相关惩戒措施，包括对施暴者的严肃批评教育和相应纪律处分等。《规则》第十条规定：“小学高年级、初中和高中阶段的学生违规违纪情节严重或者影响恶劣的，学校可以实施以下教育惩戒，并应当事先告知家长：（一）给予不超过一周的停课或者停学，要求家长在家进行教育、管教；（二）由法治副校长或者法治辅导员予以训诫；（三）安排专门的课程或者教育场所，由社会工作者或者其他专业人员进行心理辅导、行为干预。对违规违纪情节严重，或者经多次教育惩戒仍不改正的学生，学校可以给予警告、严重警告、记过或者留校察看的纪律处分。对高中阶段学生，还可以给予开除学籍的纪律处分。对有严重不良行为的学生，学校可以按照法定程序，配合家长、有关部门将其转入专门学校教育矫治。”对于违规违纪情节严重、影响恶劣的校园欺凌事件，学校必须严肃对待，合规合理地进行惩处，方能及时消除影响，帮助学生建立正确的规则意识和责任意识，还校园一个纯净友善的学习环境。

**适用规则：**

《未成年人保护法》

第三十五条　学校、幼儿园应当建立安全管理制度，对未成年人进行安全教育，完善安保设施、配备安保人员，保障未成年人在校、在园期间的人身和财产安全。

第三十九条　学校应当建立学生欺凌防控工作制度，对教职员工、学生等开展防治学生欺凌的教育和培训。

学校对学生欺凌行为应当立即制止，通知实施欺凌和被欺凌未成年学生的父母或者其他监护人参与欺凌行为的认定和处理；对相关未成年学生及时给予心理辅导、教育和引导；对相关未成年学生的父母或者其他监护人给予必要的家庭教育指导。

对实施欺凌的未成年学生，学校应当根据欺凌行为的性质和程度，依法加强管教。对严重的欺凌行为，学校不得隐瞒，应当及时向公安机关、教育行政部门报告，并配合相关部门依法处理。

《教育部等九部门关于防治中小学生欺凌和暴力的指导意见》

6. 强化教育惩戒威慑作用。对实施欺凌和暴力的中小学生必须依法依规采取适当的矫治措施予以教育惩戒，既做到真情关爱、真诚帮助，力促学生内心感化、行为转化，又充分发挥教育惩戒措施的威慑作用。对实施欺凌和暴力的学生，学校和家长要进行严肃的批评教育和警示谈话，情节较重的，公安机关应参与警示教育。对屡教不改、多次实施欺凌和暴力的学生，应登记在案并将其表现记入学生综合素质评价，必要时转入专门学校就读。对构成违法犯罪的学生，根据《刑法》、《治安管理处罚法》、《预防未成年人犯罪法》等法律法规予以处置，区别不同情况，责令家长或者监护人严加管教，必要时可由政府收容教养，或者给予相应的行政、刑事处罚，特别是对犯罪性质和情节恶劣、手段残忍、后果严重的，必须坚决依法惩处。对校外成年人教唆、胁迫、诱骗、利用在校中小学生违法犯罪行为，必须依法从重惩处，有效遏制学生欺凌和暴力等案事件发生。各级公安、检察、审判机关要依法办理学生欺凌和暴力犯罪案件，做好相关侦查、审查逮捕、审查起诉、诉讼监督、审判和犯罪预防工作。

《中小学教育惩戒规则（试行）》

第十条　小学高年级、初中和高中阶段的学生违规违纪情节严重或者影响恶劣的，学校可以实施以下教育惩戒，并应当事先告知家长：

（一）给予不超过一周的停课或者停学，要求家长在家进行教育、管教；

（二）由法治副校长或者法治辅导员予以训诫。

**案例评析：**

在本案例中，学生因琐事“组团”打骂同学，掌掴致其鼻孔出血，给受害者的生理、心理均造成了严重伤害。这是一起典型的校园霸凌事件，严重违反了校规校纪，情节之恶劣让人感到十分痛心。校园本是学生学习知识、收获快乐的场所，但校园欺凌的出现让这片净土染上了尘埃。对于此种违规违纪情节严重、造成恶劣影响的校园事故，学校必须依法依纪依规严肃处理，既不能受舆论裹挟从重，也不能有所袒护从轻。本案例中学校在发现校园欺凌案件之后第一时间了解情况，协调家长沟通处理，由学校法治副校长和德育处负责人对施暴学生进行严肃批评教育，并施以相应纪律处分的做法符合《规则》的规定，值得称赞。

**专家支招：**

1. 青少年的是非观念处于不断发展完善的过程之中，教师作为学生的“大家长”，面对严重违反校规校纪的学生，除配合学校和上级部门作出教育惩戒之外，还应该关注学生、倾听学生、引导学生，既充分发挥教育惩戒措施的威慑作用，又做到真情关爱、真诚帮助，力促学生内心感化、行为转化。同时，在日常的教育实践当中，教师要有意识地帮助学生树立正确的是非观、道德观，掌握正确的纠纷解决方式。通过召开主题班会、组织演讲比赛、设置情景演练等方式培养学生的规则意识，关注学生的身心健康，切实加强中小学生思想道德教育、法治教育和心理健康教育，注重矛盾冲突的早期发现和及时干预。

2. 对于此种校园恶性事件，学校应当积极配合教育局、公安局等部门的联合调查，协调沟通家长理赔道歉，对受害者进行健康检查和心理抚慰，对施暴者严肃批评教育并处以相应的教育惩戒。此外，校方还应当从该事件当中汲取教训，建立更加完善的安全管理制度，加强预防欺凌和暴力专题教育工作，切实落实教育部等部门《关于防治中小学生欺凌和暴力的指导意见》，强化学生法律法规和校规校纪教育，促进校园和谐，家校合力，共同守护青少年的健康成长。

**案例来源：**

《成都金堂一女生被口罩蒙眼扇耳光　校方：对打人者给予纪律处分》：https://xw.qq.com/partner/zakergg/20200831A01WO600?ADTAG=zakergg&pgv_ref=zakergg&name=zakergg（最后访问日期：2021 年 3 月 18 日）。

**编者：康优**

## 案例 20
# 李镇西与学生共同制定班规

**案例关键词：**

制定班规、自主管理能力、规则意识

**案例详情：**

新班建立，必然会有规章制度，即《班规》。

如何制定《班规》？这也是很多新班主任面临的问题。

我先尽可能简略地说说我制定《班规》的理念，然后用一个案例来给大家“演示”一下如何操作——当然，也只能仅供参考。

我制定《班规》的理念是：第一，《班规》应该是学生的需求，而不是老师的要求；第二，《班规》应该由学生自己制定，而且是人人参与；第三，《班规》所制约的对象应该是包括班主任和任课老师在内的班集体所有成员；第四，制定和实施《班规》的过程，同时就是民主启蒙、民主教育和民主训练的过程。

好，下面我以 2004 年 9 月我当新高一班主任时和学生一起制定《班规》的过程举例（这个案例节选自李镇西著《李镇西和他的学生们》）——

“我们的班规制定出来后，要能够落实而不能是一纸空文。要做到可行性，我想是不是有这些要求，首先，班规的条文应该是对行为的约束，而不是思想道德的提倡？也就是说，班规只管行为，也只有行为我们才能约束。

“比如，过去我看过一些班规是这样制定的：‘爱祖国爱人民’……请问，你怎样知道别人爱不爱祖国爱不爱人民？你敢说谁不爱祖国不爱人民？像这样的条文毫无可行性！

“又如我们不能这样制定：‘勤奋学习’，这也不可监督，如果写成‘课堂认真听讲，按时完成作业’之类，就具备可行性了。总结起来就是要将道德宣言式抽象语言细化为具体可观察的行为动词表述。

“另外，班规的可行性还体现在所作出的规定要有弹性，不能太绝对，如果没有一点弹性最后是很难实行的。

“举个例子，我们可以规定按时交作业，但总有一些时候因为特殊原因——生病呀，或者忘记带作业本呀，有同学可能不能按时交，那么，我们可以这样制定：‘每学期缺作业或不按时交作业不得超过一次’，也可以规定‘两次’，但同时要写明‘缺作业必须要向老师作出说明’，这样富有弹性并不是降低要求或迁就不交作业的同学，而是让班规更加符合实际，从而真正能够实施。”

同学们纷纷点头，觉得我说得有道理。

我继续说：“但这样还不能算有可行性，因为有一点没有作出规定：违反班规了怎么办？也就是说，需不需要惩罚？”

同学们齐声说：“需要！”

我紧接着问：“怎样惩罚？”

有同学说：“罚做清洁！”有同学说：“罚抄作业！”有同学说：“罚款！”

我说：“劳动是光荣的，怎么成了惩罚呢？罚抄作业我也不同意，学习应该是愉快的。至于罚款我更反对，又不是你们的钱，是家长的钱，怎么你们犯了错误居然要罚家长的款呢？”

学生们没辙了，他们望着我，似乎在问：“那您说怎么办？”

我说：“和同学们一样，我也主张应该有惩罚，没有惩罚的教育是不完整的教育。但我要说的是，惩罚不等于体罚！我想，我们的惩罚措施能不能既有精神的，也有行动的？”

“前者比如如果谁犯了错误，就让他给大家表演一个节目，给大家带来一些愉快，以表达他的歉意；后者比如如果谁做清洁卫生不认真，可以规定他必须重新做！你没有做好，让你重做一遍，这是理所应当的呀！”

“前几天我看有的小组做卫生就不太认真，但没有叫他们重做，因为还没有班规嘛！现在我们就要作出这样的规定。这就是我理解的惩罚。”

学生们纷纷说：“可以。”“应该这样。”

**案例知识点：**

本案例主要涉及班规的制定，班主任通过组织学生民主讨论的方式共同制定班规班纪，对违规行为共同商讨出一套可行的惩戒措施。《规则》第五条规定：“学校应当结合本校学生特点，依法制定、完善校规校纪，明确学生行为规范，健全实施教育惩戒的具体情形和规则。学校制定校规校纪，应当广泛征求教职工、学生和学生父母或者其他监护人（以下称家长）的意见；有条件的，可以组织有学生、家长及有关方面代表参加的听证。校规校纪应当提交家长委员会、教职工代表大会讨论，经校长办公会议审议通过后施行，并报主管教育部门备案。教师可以组织学生、家长以民主讨论形式共同制定班规或者班级公约，报学校备案后施行。”班规是一个班级的行为规范，青少年的自我意识处于不断觉醒的阶段，由学生自主制定班规，不仅可以培养学生的自主管理能力和规则意识，满足学生心理归属的需要，而且有助于学生自觉遵守规范，形成民主和谐的师生关系。

**适用规则：**

《中小学班主任工作规定》

第九条　认真做好班级的日常管理工作，维护班级良好秩序，培养学生的规则意识、责任意识和集体荣誉感，营造民主和谐、团结互助、健康向上的集体氛围。指导班委会和团队工作。

《中小学教育惩戒规则（试行）》

第五条　学校应当结合本校学生特点，依法制定、完善校规校纪，明确学生行为规范，健全实施教育惩戒的具体情形和规则。

学校制定校规校纪，应当广泛征求教职工、学生和学生父母或者其他监护人（以下称家长）的意见；有条件的，可以组织有学生、家长及有关方面代表参加的听证。校规校纪应当提交家长委员会、教职工代表大会讨论，经校长办公会议审议通过后施行，并报主管教育部门备案。

教师可以组织学生、家长以民主讨论形式共同制定班规或者班级公约，报学校备案后施行。

第六条　学校应当利用入学教育、班会以及其他适当方式，向学生和家长宣传讲解校规校纪。未经公布的校规校纪不得施行。

学校可以根据情况建立校规校纪执行委员会等组织机构，吸收教师、学生及家长、社会有关方面代表参加，负责确定可适用的教育惩戒措施，监督教育惩戒的实施，开展相关宣传教育等。

**案例评析：**

没有规矩不成方圆，李镇西老师带领学生集体讨论、民主制定班规，将教育惩戒的“权杖”交到学生自己的手中，使每一个学生既是班规的制定者、监督者，同时又是执行者、被监督者，充分调动了学生的积极性和自主性。正如李镇西老师在书中写道：“不仅仅出台一纸班规，而更着眼于学生自我教育和自我管理意识的唤醒与能力的培养；不仅仅让学生遵规守纪，更着眼于我和学生的共同成长；不仅仅达到民主管理的结果，而更着眼于民主教育——把班规制定的过程同时变成对学生进行民主精神启蒙和民主实践训练的过程……”民主制定班规的出现，打破了师生之间管理者与被管理者的桎梏，将教育惩戒的锋芒藏匿在师生平等对话的过程中，有利于营造更加民主和谐的班级氛围，符合新课程改革的要求。

**专家支招：**

1. 在日常教学实践过程中，教师要注重与学生保持平等的双向交流，营造体现学生主体地位的教学环境，实施教育惩戒亦是如此。教师可以组织学生以民主讨论的形式共同制定班规或者惩戒措施，给予学生时间和空间参与班级管理，唤醒学生的主体意识，激发学生自我约束、自我管理的积极性和主动性。

2. 学校制定校规校纪时，应当广泛征求教职工、学生和学生父母或者其他监护人的意见，营造民主、公正、平等的校园环境，并将规则教育作为学校教育的“第一课”，充分发挥校规校纪的预防和规范作用。

**案例来源：**

摘自李镇西《新班主任的第一次——如何第一次制定〈班规〉？》：https://mp.weixin.qq.com/s?__biz=MjM5NDU1NzMyOA%3D%3D&mid=2653105489&idx=1&sn=c396a1a8df62880afbef7453dc8c0da6&scene=45#wechat_redirect（最后访问日期：2021 年 3 月 19 日）。

**编者：康优**

# 第三章

# 违规的教育惩戒

## 案例1
## 闹心的春游

**案例关键词:**

不让春游、班级成绩、学校惩戒

**案例详情:**

桃花红粉醉，柳树白云狂。又到了春暖花开、万物复苏的季节，各个班的同学都在忙着计划一年一度的春游，古老师班级里的同学也不例外。很快，古老师在课堂上提到了春游的事:“同学们，这次春游可以选去海边、农家乐、植物公园、室内滑雪场，还有学校的天台！”

班里顿时叽叽喳喳起来，有的同学一脸高兴地说:“好诶！只要不上课，去哪儿都无所谓！”

马上有同学提议:“老师，咱们去海边吧，上次玩得不尽兴呀！”谁知古老师说:“可以，但春天海水凉，我们只能望海兴叹了，没关系，我可以在旅店里给你们补课。”

同学们当然不想补课，于是又有同学说：“老师，要不咱们去农家乐吧。”古老师一脸狡黠地说道：“也可以，但春天山里冷，还没回暖，什么都没有！没关系，我可以在农舍里给你们补课。”

一个女生说：“老师，既然这样，不如去植物园吧！”果不其然，古老师回答道：“行啊！但植物园现在什么花都没有，给你们补课吧。”

有的同学已经忍不住了：“那就去室内滑雪场，总不会还补课吧！”

古老师作胸有成竹状：“也行，但听说那里正在检修。没关系，到那给你们补课。”

同学们想来想去，唯一能去而且不用补课的地方就只有学校天台了，纷纷闷闷不乐了起来。

到了春游那天，别的班的同学都高高兴兴地出发了，只有古老师班上的同学无奈地坐在天台上，一旁笑容满面的古老师拿出一条白色手绢说道：“同学们，学校的顶楼风景美，又免费，还能丢手绢！”大家看看一览无余的四周和聊胜于无的手绢，纷纷愤怒地说道：“我们想去春游，老师你太糊弄人了！”

可是，古老师本来一直是班级的大家长，与同学们的关系非常好，上次刚刚带同学们去过海边，为什么这次他却不让同学们去了呢？

时间回到三天前，古老师出现在了校长办公室里，他刚听说自己的班级只能在学校顶楼“春游”了。他对校长说：“校长啊，为啥别的班都能去春游，而我们班只能上天台呀？”

谁知校长说：“春游的事一会儿再说，我先给你把工资发了吧。”说着校长递过来一个信封。

古老师接过来一看，里面只有一百块钱，顿时大惑不解：“这……我的工资怎么只有一百块钱！”

校长眼睛半开半闭，似是略为难地说：“你们班成绩太差，不配免费春游，想玩的话旅游费用只能从工资里扣了。”

**案例知识点：**

案例中的校长或者说学校剥夺学生春游资格的行为属于《规则》第九条第四项规定的“暂停或者限制学生参加游览、校外集体活动以及其他外出集体活动”，这一惩戒本身只要与学生的失范行为内容相适应，并及时通知家长，是属于由学校所实施的合法的教育惩戒。然而，《规则》第十二条第五项又规定，不得因学生的学业成绩实施教育惩戒，因此，校长因为成绩太差剥夺全班学生春游资格的行为是典型的违规惩戒。

**适用规则：**

《中小学教育惩戒规则（试行）》

第九条　学生违反校规校纪，情节较重或者经当场教育惩戒拒不改正的，学校可以实施以下教育惩戒，并应当及时告知家长：

（四）暂停或者限制学生参加游览、校外集体活动以及其他外出集体活动。

第十二条　教师在教育教学管理、实施教育惩戒过程中，不得有下列行为：

（五）因学业成绩而教育惩戒学生。

**案例评析：**

像这个故事一样，很多同学由于各种各样的原因不被允许参加春游或秋游等出游活动，成绩太差是常见的原因。不过，更多的时候是班主任而不是学校因为成绩不让全班或个别学生春游。当然，这种班主任直接剥夺学生出游资格的做法违反了《规则》的规定，因为这种惩戒应当由学校实施。剥夺出游和其他集体活动资格对大部分学生而言都是比较严厉、威慑效果也比较强的一种惩戒形式，这种惩戒只要运用得当，是能够起到教育惩戒效果的。

然而，成绩太差不应当成为实施教育惩戒的原因。不可否认，学生成绩欠佳很有可能是由于学生不努力、不上进，因此需要一定的鞭策。然而，正如

《规则》第二条之规定，教育惩戒的客体始终是学生的失范行为，即违规、违纪行为，显然不包括成绩欠佳。因此，教师可以因为学生不写作业而实施惩戒，却不应当因学生作业错漏频出而实施惩戒。学业成绩并不单纯由学习态度决定，也受智力发展水平、学习方法等因素的影响，因此基于学业成绩的惩戒实际上维持甚至加重了学生间的不平等，不利于学生的全面发展和综合素质的提高。因为学业成绩剥夺全班同学的春游资格，不仅会招致学生的抱怨和反感，还可能导致班级凝聚力下降和教师权威弱化。同时，一些社会热点案例表明，教师不让全班春游、留在教室补课的行为不能够赢得大多数家长的赞成，后者甚至会质疑或批评教师，给其工作造成困扰。从这个意义上讲，这种行为于教师和学生是双输的。总之，从规则规定和利弊分析上都能看出，因学业成绩而惩戒学生，例如剥夺学生春游资格的行为，是不可取的、违规的。

**专家支招：**

1. 学校应当遵守《规则》，防止因学业成绩而随意实施惩戒。因班级成绩差，取消班级的免费春游资格，显然违背《规则》的规定。因此，这种惩戒是违法、违规的。

2. 教师可以依据《规则》向学校反映“因班级成绩差，取消班级的免费春游资格”不合理，建议取消该惩戒，为本班同学争取本应属于他们的免费春游资格。

**案例来源：**

该案例改编自奥冬、兰兰《星太奇》第380话《春游囧日记》：https://www.mh160.xyz/kanmanhua/15617/617186.html（最后访问日期：2021年3月22日）。

**编者：闫波**

## 案例 2
# 老师罚站时间过长

**案例关键词：**

长时间罚站、过错、跳楼

**案例详情：**

周某是三河市第三实验中学八年级三班的学生，2018 年 10 月 10 日 7 时 40 分左右，于该校女生宿舍 301 室发生坠楼，经医院诊断为右胫腓骨干骨折和腰椎骨折，分别构成十级伤残和八级伤残。

事发之前，班主任刘老师于 2018 年 10 月 8 日 9 时左右，因周某没有完成假期作业，让她在座位上站着补作业，大概站了两个小时；2018 年 10 月 9 日 16 时左右，因周某假期作业没有补完让她在座位上站着补作业约 45 分钟（一节课），当天晚上第二节晚自习，因周某没有写完作业又让她在座位上站了大概一个半小时。此外，历史老师李老师说："在授课时提问周某，她没有回答上来，让周某在座位上站了一会儿，具体时间记不清了。"

周某家长将三河市第三实验中学告上法庭，要求赔偿伤残赔偿金、康复费用等 67 万余元、精神损失费 50 万元。

本案的焦点是事发之前的罚站是否构成体罚，以及赔偿责任的分担。法院经审理认为，关于第一个问题，法院参照教育部《中小学教师实施教育惩戒规则（征求意见稿）》[1] 第六条第四项规定："教师在课堂教学、日常管理中，可以采取以下教育惩戒：不超过一节课堂教学时间的教室内站立或者面壁反

1 判决书原文如此，本案判决于《中小学教育惩戒规则（试行）》生效之前，当时其仍是征求意见状态。

省。”本案中，老师的体罚已超过了一节课（45 分钟）的体罚，具有一定过错。原告的损害结果与学校管理过错存在一定的因果关系，原告请求学校进行赔偿的诉讼请求一审法院予以支持。原告的跳楼行为是其主观造成的，对其损失亦应承担一定责任，一审法院酌定原告承担 30% 责任，被告三河市实验中学承担 70% 责任。

法院最终认定原告损失 25 万余元，学校需要赔偿其中 70%，并另外支付精神损害抚慰金 2 万元。

**案例知识点：**

本案例是最早适用《中小学教师实施教育惩戒规则（征求意见稿）》（《规则》的草案）判断教育惩戒是否合法的案例，这一案例涉及了何种情形下构成体罚的问题，具有非常强的指导意义。

违规的教育惩戒一旦引发健康权、身体权或生命权等纠纷，就容易将责任归结于学校，从而加大校方责任。一般来说，学生在没有特殊情况时跳楼受伤，法院往往认定学校承担 30% ~ 50% 的责任，但本案中学校被判承担 70% 的责任，就是因为罚站被认定为体罚，从而加重了学校的责任。

教育惩戒和体罚在学理上是比较容易区分的，但实际操作上则很难划定界限，因此需要具体规定或通过案例明确其界限，这提示学校和教师可以注意关注类似案例。具体到罚站，《规则》第八条第一款第四项明文规定，学生可以被罚以一节课时长以内的、位于教室内的站立，而《规则》第十二条第二项又规定，教师不得实施超过正常限度的罚站，也不得强制做不适的动作或姿势。结合两条规定可以看出，单次罚站的限制是：一节课以内、教室内、不得令学生做不适的动作和姿势。本案中，老师让学生单次罚站了两个小时和一个半小时，明显超出了对罚站时长的限制。

此外，还有一个法院没有认定但确实存在的问题：历史老师因为周某未能回答问题而让其罚站，很明显属于《规则》第十二条第五项明令禁止的“因学业成绩而教育惩戒学生”，因此也属于违规惩戒。

**适用规则：**

《中小学教育惩戒规则（试行）》

第八条　教师在课堂教学、日常管理中，对违规违纪情节较为轻微的学生，可以当场实施以下教育惩戒：

（四）一节课堂教学时间内的教室内站立。

第十二条　教师在教育教学管理、实施教育惩戒过程中，不得有下列行为：

（二）超过正常限度的罚站、反复抄写，强制做不适的动作或者姿势，以及刻意孤立等间接伤害身体、心理的变相体罚；

（五）因学业成绩而教育惩戒学生。

**案例评析：**

教师因为学生没有完成假期作业让其站着补作业，该惩戒的事由系属正当，手段亦相当合理，老师、家长和学生可能都对此不存异议。但较长的罚站时间则容易沦为体罚，最终导致了悲剧性的后果。

在实践中，对体罚的界定常常存在一种结果导向的判断方式，即一旦导致严重后果，就将教育惩戒认定为体罚。因此，很多老师战战兢兢、如履薄冰，甚至不敢拿起教鞭。从这个意义上看，《规则》的颁布及接下来的一系列案例对教师能够大胆进行教育惩戒将有所帮助。当罚站的边界明确之后，只要教师严格遵守规定不过线，就能够免于所实施的正当教育惩戒被随意认定为违规惩戒的担忧，从而“敢管学生”。这也与国外先进的惩戒经验相符，例如日本的相关规定详细地规定了教师可以使用的教鞭类型，以及击打的部位和次数（当然体罚不对），这样教师就能够掌握惩罚的限度。

必须看到，这一案例只是为罚站的边界界定开了个头，还有很多问题尚待明确。例如，罚站的时间限制是一事一议，即针对一个具体的失范行为不得罚站超过一节课时间，还是在特定的时间（如半天或一天）内不得超过这个时间？如果是前者，那么“一事”又如何界定？当学生有多个失范行为时能否合并处以较长的罚站，还是最长也不得超过一节课时间？进一步说，其实“教室内”等概念也都有可解释的空间，这些都需要留待将来的惩戒实践予以解答。当然，不是说本案中所划定的边界能够在中小学教育惩戒中被普遍适用，教育惩戒的边界永远应当和学生的发展状况相适应，比如站立同样的时间，对年纪较小的孩子就是更大的负担，因此不能将个案确定的惩戒边界确定地推广到不同的学校、年级和个体。

**专家支招：**

明确教育惩戒与体罚的边界有利于教师实施合规的教育惩戒，实现的途径就是利用细则和案例相结合。但是，让教师时刻关注一切相关案例不现实，也不科学。因此，可以在学校层面以校规的形式明确罚站等教育惩戒方式的细则和边界，并结合当前的法律规定和相关案例进行更新和修正，并由学校组织教师学习，从而达到防止违规教育惩戒、让教师放心地实施惩戒的目的。

**案例来源：**

本案例来自河北省廊坊市中级人民法院（2020）冀10民终4994号判决书，具体可参见：https://www.pkulaw.com/pfnl/a6bdb3332ec0adc4893b7b7975debde84ed855473413a79bbdfb.html（最后访问日期：2021年3月22日）。

**编者：闫波**

## 案例 3

# 某小学老师惩罚全班

**案例关键词：**

破坏纪律、惩罚全班、静坐

**案例详情：**

水水今年七岁，今天放学后闷闷不乐，妈妈见状，问她发生了什么事情，她抱怨道："今天上午上数学课的时候，由于有几位同学调皮捣蛋，破坏了班级的纪律，数学老师很生气，让那几个同学站起来，不许再闹了。但是，那几位同学还是不停地动来动去，偷偷说话，被老师发现后，她非常生气。""这几个小同学确实做得不对。那你为什么会闷闷不乐呢？"妈妈疑惑地问道。水水接着说："因为老师一气之下，罚全班同学静坐了一整节课的时间！可是我明明在认真听讲呀，其他同学打闹我也觉得他们做得不对，可是为什么老师连我和其他无辜的同学都要批评惩罚呢？"说着说着，水水的泪水开始在眼眶里打转，她一直是一个听话认真的好孩子，因被老师无端惩罚而感到委屈。同时，水水感到很不公平，她认为一人犯错一人当，为什么要让"其余同学"也跟着受罚呢？

有时，由于部分同学破坏班级课堂纪律，任课老师会通过让全班同学集体受罚的方式，增加违规学生的负罪感迫使他们认错，或者通过这种方式，让其他同学孤立或指责犯错的同学。

**案例知识点：**

《规则》明确规定了教师进行教育惩戒的类型与范围，教师出于教育目的进行的惩戒行为不得超出必要限度，不得对学生的身体、心理健康造成伤害。《规则》第十二条更是详细、清晰地列举了教师“不得”实施的违规惩戒行为，可谓是一份惩戒“负面清单”。在阅读和了解了这份“负面清单”后，我们可以发现其中的第四项，即教师不得因个人或者少数人违规违纪行为而惩罚全体学生，对现在中小学中较为常见的惩罚方式进行了规制。因个别学生的错误行为惩罚全班学生，这种惩戒行为是错误的、违规的。或许有老师认为，通过惩罚全班的方式可以让犯错的学生产生“负罪心理”从而规范自身的行为，又或许认为受罚的其余学生会因此孤立、排斥犯错学生，从而对犯错学生达到“惩罚教育”的目的。但是，这种方式容易埋下变相体罚、校园欺凌的隐患，会削弱班级的凝聚力，伤害学生间的情谊。因此，教师在进行教育惩戒的时候，不仅需要注意方式方法，慎重考量惩戒的程度与范围，还需要意识到某些不适当的惩戒行为具有的“副作用”。“惩罚全体学生”的方式或许会使犯错学生“长记性”，但其他并未违规违纪的学生则会有所不满，这是错误理解“违规违纪”与“教育惩戒”之间的关系。同时，占用课堂时间让全班同学静坐，超出了教育惩戒的必要限度与惩戒对象范围。更何况，教师有很多更有效、合规的惩戒方式可以使用。

**适用规则：**

《未成年人保护法》

第二十七条　学校、幼儿园的教职员工应当尊重未成年人人格尊严，不得对未成年人实施体罚、变相体罚或者其他侮辱人格尊严的行为。

《义务教育法》

第二十九条　教师在教育教学中应当平等对待学生，关注学生的个体差异，因材施教，促进学生的充分发展。

教师应当尊重学生的人格，不得歧视学生，不得对学生实施体罚、变相体罚或者其他侮辱人格尊严的行为，不得侵犯学生合法权益。

《中小学教育惩戒规则（试行）》

第十二条　教师在教育教学管理、实施教育惩戒过程中，不得有下列行为：

（一）以击打、刺扎等方式直接造成身体痛苦的体罚；

（二）超过正常限度的罚站、反复抄写，强制做不适的动作或者姿势，以及刻意孤立等间接伤害身体、心理的变相体罚；

（三）辱骂或者以歧视性、侮辱性的言行侵犯学生人格尊严；

（四）因个人或者少数人违规违纪行为而惩罚全体学生；

（五）因学业成绩而教育惩戒学生；

（六）因个人情绪、好恶实施或者选择性实施教育惩戒；

（七）指派学生对其他学生实施教育惩戒；

（八）其他侵害学生权利的。

**案例评析：**

本案例中，水水所在班级的老师因个别学生上课破坏课堂纪律而惩罚全班同学集体静坐，违反了《规则》第十二条第四项的规定，属于违规的惩戒行为。教师让全班同学静坐，未违规违纪的学生，如本案例中的水水同学，会产生委屈、困惑甚至怨怼。非针对性的教育惩戒不利于违规违纪学生正确认识自身错误，还有可能因全班均受罚而对惩罚本身产生无所谓的态度，如此就失去了教育惩戒的意义，还会产生很多的不良影响。

**专家支招：**

1. 中小学校以及教师应认真学习《规则》，谨慎使用教育惩戒的权利，注意教育惩戒的力度、方式和范围，确保惩戒符合《规则》的要求。

2. 学生家长可以与实施违规惩戒的教师沟通，引起他们对此类问题的重视。还可以向学校反映教师的“违规惩戒”。

**案例来源：**

改编自某新浪博主的文章《班里少数学生犯错，老师应该责罚全体吗？》：http://blog.sina.com.cn/s/blog_55ce8c770100favw.html#commonComment（最后访问日期：2021 年 3 月 22 日）。

**编者：汪羽舒**

## 案例 4

## 遵义余庆一初三学生被打

**案例关键词：**

办公室围殴、停职调查、违规惩戒

**案例详情：**

2020 年 11 月 30 日，贵州遵义余庆县的吕先生反映，其侄女在学校办公室被多名老师殴打，全身多处受伤。目前已经报警，但几名打人老师拒不认错，学校只提出赔偿医药费。

该事件发生在余庆县的一所学校。一名初三女生，因违反了学校规定（陪同学从自己班级到其他班级去送东西），被几名老师在办公室内围殴，全身多处受伤。据女孩亲戚说，当时带头打人的是他们同村的一个女老师，其家族比较有势力，可能与女孩的二大爷有些不睦，并误以为女孩是她二大爷的女儿，因此下此毒手。据女孩说，她被打倒在地上后，仍被继续殴打，一旁的班主任不闻不问。

孩子的家长知道后，当天就从打工地回到了家乡处理此事。他们试图给该校两位班主任打电话询问情况，但均不了了之。随后又联系该校校长，校长在教室里接待了家长，他表示学校可以赔医药费。由于涉事学生家长不满意校方这样的处理方式，随后选择报警。派出所接警后，并没有通知学校或老师，而是让家长自己找学校处理。无奈之下，吕先生就自己注册了一个微信公众号，将事情以推送的方式发表，很快在网上得到了大众关注。

形成舆论后，派出所联系家长与涉事老师。四名老师均对打人事实供认不讳，但拒绝认错。老师表示，这个学生不听话就该打。教育局表示可以组织调解，但处理结果出来之前，各种关系的人先后来找吕先生，要求吕先生把帖子删除。余庆县宣传部发布情况通报称，已成立联合调查组，对涉事校长、教师停职调查。

**案例知识点：**

《规则》中不仅从正面规定了教育惩戒的合规方式（如第八条），还反向规定了教育惩戒的“负面清单”，即典型的违规教育惩戒行为。其中，第一项就是不得对学生以击打、刺扎等方式直接造成身体痛苦的体罚。体罚不仅对未成年人的身体健康与心理健康造成严重损害，并不能有效地起到教育、管理的作用，甚至可能完全背离教育目的，给学生身心带来巨大的负面影响，容易导致学生产生逆反心理，诲人可能直接演变成“毁人”。体罚是一种老旧的、不文明的、不合法的惩戒方式，损害了学生的合法权益。教师进行教育惩戒时，不得因个人情绪、好恶实施或者选择性实施教育惩戒，应关注教育惩戒的公平、合理。

**适用规则：**

《未成年人保护法》

第二十七条　学校、幼儿园的教职员工应当尊重未成年人人格尊严，不得对未成年人实施体罚、变相体罚或者其他侮辱人格尊严的行为。

《义务教育法》

第二十九条　教师在教育教学中应当平等对待学生，关注学生的个体差异，因材施教，促进学生的充分发展。

教师应当尊重学生的人格，不得歧视学生，不得对学生实施体罚、变相体罚或者其他侮辱人格尊严的行为，不得侵犯学生合法权益。

《中小学班主任工作规定》

第十六条　班主任在日常教育教学管理中，有采取适当方式对学生进行批评教育的权利。

《中小学教育惩戒规则（试行）》

第四条　实施教育惩戒应当符合教育规律，注重育人效果；遵循法治原则，做到客观公正；选择适当措施，与学生过错程度相适应。

第十二条　教师在教育教学管理、实施教育惩戒过程中，不得有下列行为：

（一）以击打、刺扎等方式直接造成身体痛苦的体罚；

（二）超过正常限度的罚站、反复抄写，强制做不适的动作或者姿势，以及刻意孤立等间接伤害身体、心理的变相体罚；

（三）辱骂或者以歧视性、侮辱性的言行侵犯学生人格尊严；

（四）因个人或者少数人违规违纪行为而惩罚全体学生；

（五）因学业成绩而教育惩戒学生；

（六）因个人情绪、好恶实施或者选择性实施教育惩戒；

（七）指派学生对其他学生实施教育惩戒；

（八）其他侵害学生权利的。

**案例评析：**

在本案例中，初三学生因“陪同学从自己班级到其他班级去送东西”，违反了学校的规章制度，教师可以对其实施教育惩戒。需要注意的是，其情节轻微，影响不大，教师可以依照《规则》第八条的规定，进行教育、批评等。但多名教师竟然对其进行了殴打，导致该生全身多处受伤。他们的行为不仅严重超出了惩戒的必要限度，甚至涉嫌构成故意伤害罪。

教师不得直接造成学生身体痛苦，更不能因私事、个人情绪选择性惩罚学生，这是对学生合法权益的极大侵害，学生可以据此提出道歉、赔偿等合理诉求，可追究涉案教师的民事责任，甚至是刑事责任。

**专家支招：**

1. 从法律到《规则》都明确规定了禁止对学生体罚、变相体罚。中小学及教师应当树立合理、合规实施惩戒的观念，不得因个人情绪、好恶对学生进行体罚、变相体罚，应关注教育惩戒的公平、合理。

2. 对于体罚、变相体罚，学生或者家长可以据此提出道歉、赔偿等合理诉求。对学生造成严重伤害或者其他严重后果的，可追究涉案教师的民事责任、行政责任、刑事责任。

**案例来源：**

摘自《贵州遵义庆余一初三女生被多名老师殴打，打人者拒不认错》：https://www.sohu.com/a/435398143_120621575（最后访问日期：2021年3月22日）。

**编者：汪羽舒**

## 案例 5
# 陕西某教师长期辱骂学生案

**案例关键词：**

辱骂学生、人格侮辱、违规惩戒

**案例详情：**

陕西省商洛市商丹高新学校的一名班主任老师王某长期辱骂学生。因学生婷婷半途转班，成绩不好，在入学的半年内，婷婷一直遭到王某的辱骂，王某还诱导全班同学对婷婷进行人格侮辱。婷婷将此情况跟家人反映后，从 6 月 14 号到 7 月 5 号婷婷用录音笔录了 100 多条王某辱骂她的语音。

事后，有记者联系涉事教师王某，但王某拒不承认辱骂学生。校方则表示：这只是老师一时情绪失控，但本质上老师是为孩子好，是从爱孩子的角度出发的。

2019 年 7 月 13 日，《人民日报》发表“微评”《如此行为枉为人师》：“满嘴脏话，不堪入耳，这名教师的底线之低让人难以置信。这不是惩戒，而是人身攻击，这种人是怎么当上教师的？又是谁给评的优秀教师、班主任？长期公然辱骂学生，居然一直没人管？校方的偏袒更让人骇异，这是一所什么样的学校？”该报道引发网友的广泛讨论。

**案例知识点：**

在《规则》的教育惩戒“负面清单”中，有一项典型的违规惩戒方式，即通过辱骂或者歧视性、侮辱性的言语侵犯学生人格尊严。虽然该行为不会给学生造成肉眼可见的物理性伤害，但是言语的“力量”不能小觑。部分老师在批评学生时无法控制个人情绪，可能会用一些较为难听、粗鄙的语言对学生进行贬低与讽刺。对于学生来说，该语言不仅无法起到积极的教育目的，还会损害人格尊严。一些侮辱性、歧视性的语言会对孩子的自我认知、性格养成造成终身难以磨灭的负面影响。尤其是中小学生心智尚未成熟，内心较为敏感脆弱，教师与他们进行沟通的时候，更应该注意用词，保护他们的人格尊严。

**适用规则：**

《未成年人保护法》

第二十七条　学校、幼儿园的教职员工应当尊重未成年人人格尊严，不得对未成年人实施体罚、变相体罚或者其他侮辱人格尊严的行为。

《义务教育法》

第二十九条　教师在教育教学中应当平等对待学生，关注学生的个体差异，因材施教，促进学生的充分发展。

教师应当尊重学生的人格，不得歧视学生，不得对学生实施体罚、变相体罚或者其他侮辱人格尊严的行为，不得侵犯学生合法权益。

《中小学班主任工作规定》

第十六条　班主任在日常教育教学管理中，有采取适当方式对学生进行批评教育的权利。

《中小学教育惩戒规则（试行）》

第四条　实施教育惩戒应当符合教育规律，注重育人效果；遵循法治原则，做到客观公正；选择适当措施，与学生过错程度相适应。

第十二条　教师在教育教学管理、实施教育惩戒过程中，不得有下列行为：

（一）以击打、刺扎等方式直接造成身体痛苦的体罚；

（二）超过正常限度的罚站、反复抄写，强制做不适的动作或者姿势，以及刻意孤立等间接伤害身体、心理的变相体罚；

（三）辱骂或者以歧视性、侮辱性的言行侵犯学生人格尊严；

（四）因个人或者少数人违规违纪行为而惩罚全体学生；

（五）因学业成绩而教育惩戒学生；

（六）因个人情绪、好恶实施或者选择性实施教育惩戒；

（七）指派学生对其他学生实施教育惩戒；

（八）其他侵害学生权利的。

**案例评析：**

陕西省商洛市商丹高新学校的一名班主任老师王某长期辱骂学生，婷婷由于学习不好，长期遭受王某的辱骂，王某还诱导全班同学对婷婷进行人格侮辱。王某的行为违反了《规则》第十二条的规定，属于违规的惩戒行为。王某作为人民教师，即使是“从爱孩子的角度出发”，使用侮辱性语言也违背了师德，况且“爱你就是给你带来无限痛苦”很难具有正当性，诱导其他同学对女生进行人格侮辱更是背离了以身作则的基本教师准则，这种人身攻击已然不属于合规惩戒的范畴。另外，即便根据《规则》第十二条规定的合规教育惩戒方式来看，本案例也是不符合规则标准的教育惩戒。因为对学生进行教育惩戒的前提是，学生违反了校规校纪，存在错误行为。本案例中，婷婷的个人情况为“学习不好，拉了班级后腿”，但并未违反任何校规校纪，不属于实施教育惩戒的情形，而教师想要达到的目的，积极帮助和宽容接纳才是最好的方式。

**专家支招：**

教师在对学生进行批评教育的时候，须把握批评的尺度，不得超出必要限度，更不能辱骂或者以歧视性、侮辱性的言行侵犯学生人格尊严。教师应当控制好个人情绪，以教育、管理、引导为目的，用“循循善诱”代替“咄咄逼人”、用“说理劝服”代替“命令强硬”。建议中小学校以及教师应认真学习《规则》，掌握教育惩戒与变相体罚的界限，采用合规的教育惩戒措施。

**案例来源：**

摘自《陕西某教师长期辱骂学生，人民日报怒批：如此行为，妄为人师！》：https://www.sohu.com/a/326767559_100110192（最后访问日期：2021年3月22日）。

**编者：汪羽舒**

## 案例6
## 教师掌掴学生

**案例关键词：**

锤击掌掴、违规惩戒、停职反省

**案例详情：**

17点，下课铃声刚响，同学们便冲出了教室，争先恐后地一股脑涌进食堂。轮值的第二小组却犯起了难：上了一下午的课，肚子早就已经“咕咕”叫了，好不容易捱到晚饭时间，却轮到打扫清洁区。打扫完卫生再去食堂吃饭的话，好吃的饭菜很可能已经卖完不说，就连晚自习恐怕也会迟到……组里的七个成员聚在一起抱怨连连，不情不愿地向清洁区走去。

“清洁区看起来也不脏啊，我好饿，能不能直接去吃饭啊？”英子大声嚷嚷道。

与英子要好的莉莉随即附和说：“就是，清洁区天天都有人打扫，哪有那么脏？一次不打扫也没人看得出来，反正我是真的饿了。”

花花迟疑了一下：“可是如果被发现的话，段老师肯定又要发脾气了……”

英子听后挥了挥手说：“大家都去吃饭了谁知道我们打扫没打扫？走吧走吧，你们有谁想干吗？”组里的其他六名成员闻言都默不作声，没有进一步行动。见状，英子干脆拉起了莉莉的手说：“那还等什么？走啦走啦。”说完，两人拎着扫帚就往外走。

“她们都走了，那我们也走吧。”“就是，大不了到时候一起挨罚。”“走走走……”

第二天上午，上课铃声还没响，班主任段老师便气冲冲地跨进教室。“昨天晚上值日的小组给我站起来，全校就我们班卫生扣分。你们是怎么打扫的？这点小事你们都做不好吗？”第二小组七名成员连忙站了起来，低着头一声不吭。“说话啊，昨天晚上你们是怎么分工的？”小组成员更加局促，纷纷把头埋得更深。“怎么回事？现在跟你们说话都没有反应了是吗？安排的任务做不好，说的话也没有人听了是不是？全部给我站讲台上来！”英子和莉莉对视了一眼，小声嘀咕道：“怎么办，撞枪口上了，感觉今天段老师好生气。”“先去讲台上吧，看来今天少不了一顿训了……”

一行人战战兢兢地站上了讲台，英子率先开了口：“段老师，昨天晚上时间有点紧，我们看清洁区也不太脏，就提前去吃饭了。老师我们知道错了，下次一定……”还没等说完，段老师就大声打断了英子：“时间紧没空打扫卫生是不是？别的小组怎么就有时间！吃饭吃饭，学习怎么没看见你们这么积极！下次认真打扫，这次扣的分怎么办？说话！”一向大大咧咧的英子此时也吓得大气不敢喘，今天的段老师似乎格外恐怖。

段老师看又没有人回应，顿时怒上心头，一把扯过英子，把英子的手按在讲台上用力地锤击了几下:“是不是偷懒！是不是偷懒！”一旁的莉莉被吓得呆住了，身体不由得往后退了两步，不料被段老师用力地拽了过去:“老师问你们话了没有，哑巴了吗?”见莉莉仍然不说话，段老师一时气急竟扬手连扇了莉莉两个耳光，讲台上的小组成员彻底被吓蒙了，但段老师的怒火依然没有平息……

底下的同学哪见过这阵仗，一个个噤若寒蝉，只有体育委员强子悄悄拿起手机，记录下了教室里惊人的一幕，并上传到了网络上。

该视频一经上传便在网络上广泛传播，舆论迅速发酵，造成了严重的社会影响。县教育局第一时间成立工作专班进驻学校，经初步调查，确认此事属实。教育局随后召开党组会议，认为该教师行为严重违反教师职业道德、有损学生身心健康，并形成处置意见:一是责成学校立即暂停涉事教师班主任及教学工作，停职反省。二是要求该校向学生及家长真诚致歉，并对学生进行心理疏导。三是对涉事教师立案调查。四是责令学校全面开展师德师风专项整顿，全员自查自纠。[1]

**案例知识点:**

本案例主要涉及教师在教学管理过程中不当地使用暴力，公开体罚学生，严重失格，违反了教师的职业道德。《规则》第十二条明确规定:“教师在教育教学管理、实施教育惩戒过程中，不得有下列行为:(一)以击打、刺扎等方式直接造成身体痛苦的体罚;(二)超过正常限度的罚站、反复抄写，强制做不适的动作或者姿势，以及刻意孤立等间接伤害身体、心理的变相体罚;(三)辱骂或者以歧视性、侮辱性的言行侵犯学生人格尊严;(四)

1 英山县教育局:《关于英山县职教中心教师体罚学生的情况通报》，http://www.ysxedu.gov.cn/gov/1/ciye/40680371100001.html(最后访问日期:2021年3月16日)。

因个人或者少数人违规违纪行为而惩罚全体学生;（五）因学业成绩而教育惩戒学生;（六）因个人情绪、好恶实施或者选择性实施教育惩戒;（七）指派学生对其他学生实施教育惩戒;（八）其他侵害学生权利的。”教育惩戒虽然可以具有一定的惩罚性，但必须明确的是，惩罚只是一种手段，目的仍然是“以惩为戒”。因此，不同于对学生身心造成严重痛苦的体罚，教师在教育教学和管理过程中对学生实施教育惩戒必须符合教育规律，注重育人结果，遵循一定的比例原则，选择具有适当性、必要性和均衡性的惩戒措施，严禁采用体罚、变相体罚等有损学生人格尊严和身心健康的手段。

**适用规则:**

《未成年人保护法》

第二十七条　学校、幼儿园的教职员工应当尊重未成年人人格尊严，不得对未成年人实施体罚、变相体罚或者其他侮辱人格尊严的行为。

《义务教育法》

第二十九条　教师在教育教学中应当平等对待学生，关注学生的个体差异，因材施教，促进学生的充分发展。

教师应当尊重学生的人格，不得歧视学生，不得对学生实施体罚、变相体罚或者其他侮辱人格尊严的行为，不得侵犯学生合法权益。

《中小学班主任工作规定》

第十六条　班主任在日常教育教学管理中，有采取适当方式对学生进行批评教育的权利。

《中小学教育惩戒规则（试行）》

第十二条　教师在教育教学管理、实施教育惩戒过程中，不得有下列行为:

（一）以击打、刺扎等方式直接造成身体痛苦的体罚。

**案例评析：**

班主任段老师因学生未按要求打扫清洁区而在教室内公开锤击、掌掴学生，严重侵犯了学生的身心健康，是一起典型的体罚事件，性质非常恶劣。“教师不能够体罚学生，是作为一名教师必须遵守的职业要求之一，是对这份教师工作应持有的敬业忠诚体现。教师必须从内心自觉上严格遵守职业道德——不能对学生体罚。从这个意义上说，这个教师掌掴学生，就是没有职业道德。这个教师也是不配从事教师这份职业的。”[1]

三尺讲台，一片冰心，本该是最美职业代言人的教师却在教室里对学生大打出手，这何等令人齿寒。“师者，所以传道受业解惑也”，教师是学生成长道路上的指路人，是学生德智体美劳全面发展的守护者。对于学生的错误言行，教师应当坚持育人为本，德育为先，而不是让情绪和怒火冲昏头脑，向学生扬起巴掌，践踏教育红线，披着教育惩戒的“外衣”无节制、不理智地对学生实施暴力。县教育局在事故发生后第一时间成立工作专班进驻学校，对涉事学生、教师和学校多管齐下的处理方案值得称赞。此外，本案例中学生的违规情形具有特殊性，其行为在一定程度上不具有期待可能性，教师在处理时不宜不加分别地纳入惩戒的“射程”。

**专家支招：**

**1.** 在教学管理过程中，对于违规违纪情节较为轻微的学生，教师应当予以制止并进行批评教育。根据《规则》第八条，可以当场实施点名批评、责令做口头或者书面检讨、适当增加额外的教学或者班级公益服务任务、一节课堂教学时间内的教室内站立等适当措施，并可以以适当方式告知学生家

1 方圆：《教师掌掴学生，是严重的职业道德问题》，https://mp.weixin.qq.com/s?src=11×tamp=1615861771&ver=2949&signature=Z07R4QoH53slSaIOHETV*iIpiaDm*6RORQIqVZ1*Nx5PhiCxPIjSH3QYpzkTNIyDte8PiFj8MYHWgwMVYVWXjf7C9Jah4j4q2ULQxUimOtO=&new=1（最后访问日期：2021 年 3 月 16 日）。

长。此外，在对学生实施教育惩戒之前，教师应当听取学生的陈述和申辩，对于学生提出的合理理由应当考虑。还可以通过制定班规班纪的方式培养学生的规则意识、责任意识和集体荣誉感等。

2. 对于本案例的教学事故，学校应当积极配合教育主管机关对涉事教师作出停职处罚，配合教育局、公安局等部门对涉事教师进行立案调查，并向学生及家长真诚致歉，协调沟通对受害者的健康检查和心理抚慰工作。与此同时，为了防范此类事故的再度重演，学校还可以组织师生共同学习《规则》，责成学校德育处负责人督导反思，全面开展师德师风专项整顿。

**案例来源：**

摘自《气炸！只因没打扫卫生，7名学生排队遭掌掴锤击（视频）》：https://kuaibao.qq.com/s/20201024A0BZTM00?refer=spider_map（最后访问日期：2021年3月22日）。

**编者：康优**

## 案例7

## 因材施教 or 因"财"施教

**案例关键词：**

歧视辱骂、违规惩戒、撤销教师资格

**案例详情：**

数学课上，肖老师在讲台上扯着嗓子卖力地讲着如何画出一条最简便的辅助线，台下的林林却早就坐不住了。课本上黑压压的字符此刻仿佛变成了一串串小人，咿咿呀呀地在课桌上热闹起来，一会儿在橡皮块上翻跟头，一会儿在尺子边上走平衡木，一会儿又在笔尖上跳起了芭蕾舞……林林彻底听不进去了，低头认真“研究”起了新买的钢笔。但他不知道的是，肖老师早就已经盯上了他，连续好几个“眼神杀”射过来竟都被心不在焉的他躲过去了。

钢笔在林林指尖之间转来转去，几个回合下来林林觉得得意极了，这是继“转书”之后他的又一手绝活。“下课一定要找人 battle 一下”，刚一溜神儿，钢笔突然从手中飞了出去，林林心里大呼不妙，赶忙弯腰去捡。一顿伸手蹬腿之后，钢笔的身子却反而往前欠了一欠，无奈之下林林用笔戳了一下前桌的阿华：“阿华，帮我捡一下笔，就在你脚下。”阿华这边刚要动，一抬头猛然发现肖老师正虎视眈眈地瞧着这边，顿时敛了声响。林林却在后面着起了急：“阿华阿华，帮我捡一下，我够不着——”

一小截粉笔头“嗖”地一下打断了这场课堂上的小插曲，林林这才发现讲台上怒不可遏的肖老师。“林林你给我站起来，全班就你在底下说小话！”林林赶紧站了起来，整个人大气都不敢喘。看着林林不争气的样子，怒极的肖老师声音像暴风骤雨般袭来：“奇葩中的奇葩！也是，我以往带的每届学生，人家家长不是高官，就是富商。就是我现在带的你们，家长都是平民百姓，做什么的都有，太不懂事，太没有家教了！你反思一下，你的家长，能有多少素质？所以你才那么信口开河，张嘴就说话！”泪水一下子涌了上来，林林攥紧了自己的拳头，他不明白肖老师为什么要指责他的父母。肖老师的话就像无数根小针，每一根都直戳进林林内心最柔软的地方，屈辱和自尊撕扯着他的意识，肖老师的话却还在继续：“别的同学的妈妈一年挣的钱，比你妈妈五十年挣的都多！你们素质是一样的吗？你们能一样吗？怎么可能一样？你知道你丢的是谁的脸吗？你丢的是你父母的脸！知道吗？说明你父母没有层次！出来上学你爸爸妈妈不教育你吗？没人管是吗？……”

课后，这段课堂上的音频被悄悄放到了网络上，肖老师“义正辞严”的责骂遭到了大批网友的声讨。区教育局对网传肖老师在教育学生过程中存在不当言论事件展开调查。经调查，并与有关人员核实，情况属实。肖某某作为教师，严重违背师德师风，造成极其恶劣的影响。经区教育局党委研究决定：给予肖某某党内严重警告处分，降低岗位等级，依据《教师资格条例》撤销其教师资格，调离岗位；对学校主要负责人进行问责，给予党内警告处分；在全区教育系统中深入开展师德师风整顿，深刻反思、汲取教训、举一反三、引以为戒，坚决杜绝类似事件再次发生。[1]

**案例知识点：**

本案例主要涉及教师在教学管理过程中不当地发表歧视性、侮辱性的言论，侵犯学生的人格尊严，严重违背师德师风。《规则》第十二条明确规定：“教师在教育教学管理、实施教育惩戒过程中，不得有下列行为：（一）以击打、刺扎等方式直接造成身体痛苦的体罚；（二）超过正常限度的罚站、反复抄写，强制做不适的动作或者姿势，以及刻意孤立等间接伤害身体、心理的变相体罚；（三）辱骂或者以歧视性、侮辱性的言行侵犯学生人格尊严；（四）因个人或者少数人违规违纪行为而惩罚全体学生；（五）因学业成绩而教育惩戒学生；（六）因个人情绪、好恶实施或者选择性实施教育惩戒；（七）指派学生对其他学生实施教育惩戒；（八）其他侵害学生权利的。”良言一句三冬暖，恶语伤人六月寒，暴力不仅仅包括对他人身体和生理造成伤害的物

1 津南区教育局：《处理情况通报》，https://mp.weixin.qq.com/s/wFv4lL7u_q_bqMxireL_Uw（最后访问日期：2021 年 3 月 22 日）。

理暴力，还包括对他人精神和心理造成创伤的语言暴力。青少年的心智尚不成熟，内心世界敏感而又脆弱，语言暴力带来的创伤往往更加难以填补和修复。再加之教师与学生之间本来就存在着不平等的身份关系，对于那些打着“为了你好”的幌子的语言攻击学生往往缺乏自卫能力。长期浸泡在歧视性、侮辱性的言行之中，任何一颗积极阳光的内心也会被罩上阴霾，自卑、敏感、内向……会在无声无息之间摧毁掉一个孩子的健康成长。批评和责骂并不会比鼓励和赞扬更能使人坚强，罔顾学生的心理健康和人格自尊的歧视性、辱骂性的言行本质上也是一种暴力，在日常教育实践当中必须明令禁止。

**适用规则：**

《未成年人保护法》

第二十七条　学校、幼儿园的教职员工应当尊重未成年人人格尊严，不得对未成年人实施体罚、变相体罚或者其他侮辱人格尊严的行为。

《义务教育法》

第二十九条　教师在教育教学中应当平等对待学生，关注学生的个体差异，因材施教，促进学生的充分发展。

教师应当尊重学生的人格，不得歧视学生，不得对学生实施体罚、变相体罚或者其他侮辱人格尊严的行为，不得侵犯学生合法权益。

《中小学班主任工作规定》

第十六条　班主任在日常教育教学管理中，有采取适当方式对学生进行批评教育的权利。

《教师资格条例》

第十九条　有下列情形之一的，由县级以上人民政府教育行政部门撤销其教师资格：

（一）弄虚作假、骗取教师资格的；

（二）品行不良、侮辱学生，影响恶劣的。

被撤销教师资格的，自撤销之日起5年内不得重新申请认定教师资格，其教师资格证书由县级以上人民政府教育行政部门收缴。

《中小学教育惩戒规则（试行）》

第十二条　教师在教育教学管理、实施教育惩戒过程中，不得有下列行为：

（三）辱骂或者以歧视性、侮辱性的言行侵犯学生人格尊严。

**案例评析：**

面对违规违纪的学生，是选择春风化雨般地循循善诱，还是"义正辞严"地恶语相向，案例中的肖老师选择了后者。肖老师傲慢露骨的言辞，充满了对来自普通家庭的林林的"阶级歧视"，将父母的收入与素质画等号，这种因"财"施教严重污化了教育生态。"教育需要乌托邦，需要田园牧歌式的价值追求，更需要一种痴迷，一种疯狂，一种虽九死其犹未悔的执着精神。"[1]对尚未成年的孩子来说，教师的一言一行都会对他们的人生观、价值观和世界观产生潜移默化的影响。教师不仅是一种职业，更是一种希望，肩负着将真善美传递给下一代的责任和使命。案例中的肖老师挥舞着教师的"权威"，将学生指向金钱、物质的角落，与教书育人、为人师表的师风师德背道而驰。这种对学生尊严的践踏和价值观的荼毒，是比肉体惩罚更加恐怖的校园暴力，必须坚持"零容忍"的态度。区教育局党委依据《教师资格条例》撤销肖某某的教师资格，对肃清教师队伍，维护青少年的身心健康起到了积极的作用。

1　《天津肖彩虹老师：因财施教，正在毁了穷人家的孩子！》，https://www.163.com/dy/article/G3VSTF2S0549458K.html（最后访问日期：2021年3月17日）。

**专家支招：**

1. 教师教育学生不得采用具有歧视性、侮辱性的言行侵犯学生的人格尊严。不能用“出身论”“贫富论”的观念歧视学生。

2. 对于本案例，除对涉事教师依法进行处置之外，学校还应当加强整体教师队伍师德师风的建设工作，组织教师学习《规则》。学校主要负责人应参与课堂抽查、摸排工作，畅通举报评价机制，及时发现、处理违规教育惩戒。

**案例来源：**

摘自《公然歧视学生的肖彩虹老师，你可太牛了！》：https://weibo.com/ttarticle/p/show?id=2309634609194824433935（最后访问日期：2021年3月22日）。

**编者：康优**

## 案例 8
## 语文老师罚抄作业

**案例关键词：**

变相体罚、未完成作业、抄写100遍

**案例详情：**

班主任兼语文老师在某日布置了古诗词课文的背诵作业，第二天上语文课时随机抽查背诵情况，某初二学生成绩一直不太理想，抽到该学生时，其无法背诵全文，仅能背出开头几句，语文老师要求该生当天将未能背诵下来的古诗词课文抄写 100 遍，次日上交，以示惩戒。

作为班主任，该语文老师为了提升自己班级的语文成绩，经常对一些不守纪律的学生施加类似的重复抄写惩罚。学生因为害怕老师，不敢反抗，只能按照要求抄写并上交，有部分同学向学校教务处老师反映过类似情况，不仅没有得到任何回复，甚至教务老师也认为该语文老师所作惩罚很有效。

**案例知识点：**

《规则》第八条明确规定了教育惩戒的适用规则和类型，并在第十二条从反面列举了不属于教育惩戒的内容，如体罚、变相体罚、辱骂等。

体罚是给他人身体带来严重痛苦的行为，诸如打脸、拧耳、击头、针扎等方式。变相体罚本质上也是一种体罚，是指采用非暴力的方式给他人身体带来严重痛苦的行为，诸如长时间操场上跑步、太阳下暴晒、寒夜中寝室外罚站、超出正常限度的反复抄写、孤立等。

教育惩戒与体罚不同，虽然教育惩戒可以包含一定的身体痛苦性，但体罚超出了教育的限度，背离了社会一般人的基本共识，因而成为被严格禁止的措施，要明晰体罚的判断依据和严重危害，抵制体罚的发生。

**适用规则：**

《未成年人保护法》

第二十七条　学校、幼儿园的教职员工应当尊重未成年人人格尊严，不得对未成年人实施体罚、变相体罚或者其他侮辱人格尊严的行为。

《义务教育法》

第二十九条　教师在教育教学中应当平等对待学生，关注学生的个体差异，因材施教，促进学生的充分发展。

教师应当尊重学生的人格，不得歧视学生，不得对学生实施体罚、变相体罚或者其他侮辱人格尊严的行为，不得侵犯学生合法权益。

《中小学班主任工作规定》

第十六条　班主任在日常教育教学管理中，有采取适当方式对学生进行批评教育的权利。

《中小学教育惩戒规则（试行）》

第十二条　教师在教育教学管理、实施教育惩戒过程中，不得有下列行为：

（二）超过正常限度的罚站、反复抄写，强制做不适的动作或者姿势，以及刻意孤立等间接伤害身体、心理的变相体罚。

**案例评析：**

语文老师因学生没有背出布置的古诗课文背诵作业，就让学生罚抄 100 遍。显然，这是一起典型的变相体罚事件。案例中的老师并没有对学生直接施加暴力，但罚抄 100 遍的惩罚却明显超出了正常限度，对于初二学生来说，抄写过程中所承受的痛苦不仅仅是身体上的疲倦劳累，更是简单机械重复行为所带来的精神上的痛苦麻木。

惩戒和体罚之间存在一个大致的界限，判断依据是社会大众的一般认知和造成的后果。对于抄写这一惩罚手段，许多语文老师、英语老师都习惯在教育过程中使用。需要明确的是，教育惩戒并不排斥抄写的惩罚，排斥的是“超出正常限度的重复抄写”。对于一些没有完成背诵作业的学生来说，合理适度的抄写能够起到加强记忆的效果，但过度的抄写是没有必要的。尽管学生确实能在抄写惩罚过程中记住抄写的内容，但这种惩罚方式给学生带来的负面痛苦远远超出了学生强化记忆内容的价值。

因为体罚容易“借用”教育惩戒的“外衣”，所以《规则》明确了各种教育惩戒的适用条件，并且明确了教育惩戒的种类和限度。《规则》第七条规定："学生有下列情形之一，学校及其教师应当予以制止并进行批评教育，确有必要的，可以实施教育惩戒：（一）故意不完成教学任务要求或者不服从教育、管理的；……"《规则》第八条规定："教师在课堂教学、日常管理中，对违规违纪情节较为轻微的学生，可以当场实施以下教育惩戒：（一）点名批评；（二）责令赔礼道歉、做口头或者书面检讨；（三）适当增加额外的教学或者班级公益服务任务；（四）一节课堂教学时间内的教室内站立；（五）课后教导；（六）学校校规校纪或者班规、班级公约规定的其他适当措施。教师对学生实施前款措施后，可以以适当方式告知学生家长。"

对于变相体罚事件，首先，应当加强对变相体罚的认识。老师和学生应当认识到何种惩罚属于变相体罚。其次，变相体罚不仅仅有超出重复抄写这一种，对于更多非暴力表现形式的变相体罚，要及时对受到变相体罚学生的身心健康给予关怀。再次，应对变相体罚的实施者进行必要的处罚。具体而言，学校应该对实施变相体罚的老师给予批评教育，并责令写出检讨，以保证其不再实施变相体罚行为。教育行政部门根据相关规定可以给予警告、严重警告、记过、记大过、开除等处分。

本案例中，老师长期实施变相体罚，学生反映情况后，涉事学校也没有对该老师采取任何措施，甚至认可变相体罚，表明学校、老师对变相体罚认识不足，没有认识到罚抄 100 遍古诗词课文的惩罚属于违规的教育惩戒。

**专家支招：**

中小学校以及教师应认真学习《规则》，掌握教育惩戒与变相体罚的界限，正确认识变相体罚的形式与实质危害，坚决杜绝变相体罚，破除滥用变相体罚措施的局面，从而保证教育惩戒的合规、合理、有效。

1. 针对本案例中学生出现的不按时完成背诵作业的行为，教师应该首先对该学生进行批评教育，必要时应当通知学生家长，与其沟通学生的作业完成情况。即使需要对该学生进行惩罚，也应当合理适当，而非使用抄写 100 遍这样的变相体罚方式。

2. 学校组织学习《规则》。学校可以聘请专家举办专题讲座或者通过线上网络学习，在全校形成知悉《规则》内容的效果，构建起变相体罚“零容忍”的校园氛围。

鼓励教师开展各种形式的自学活动。学校可以要求教师提交学习心得，督促教师开展自主学习。学习心得中应当书写对于体罚和变相体罚的理解，分析具体的变相体罚案例，并结合自身惩戒行为进行自我反思，加强教师对变相体罚的认识。

**案例来源：**

河南省安阳市某初级中学实地调研所得，调研人为付楠，调研时间为 2021 年 2 月 21 日。

**编者：付楠**

## 案例 9
## 晨跑迟到惩罚不均

**案例关键词：**

晨跑迟到、班规执行、选择性惩戒

**案例详情：**

某住宿学校在早自习前有集体晨跑活动，并有规定："除因天气原因取消晨跑外，每日晨跑不得迟到，否则扣除班级荣誉分数，一人一分。"某高二班级有班规规定："为保证班级晨跑秩序，晨跑迟到者，罚站一节早自习或写一篇检讨交予班主任。"

因为班内同学早上赖床，经常有人迟到，而班主任并未按照上述规定严格执行，会因为迟到的是班委或者是成绩比较好的同学而免除他们罚站或写检讨。

**案例知识点：**

《规则》第八条明确规定了教育惩戒的适用规则和类型，并在第十二条从反面列举了不属于教育惩戒的内容，如体罚、变相体罚、辱骂、选择性实施教育惩戒等。教师在教育教学中应当平等对待学生，对于违反纪律的学生，所实施的教育惩戒也应当是公平的。

《规则》第五条规定："教师可以组织学生、家长以民主讨论形式共同制定班规或者班级公约，报学校备案后施行。"班级内部已经形成的班规或班级公约，教师应当严格遵照执行，不得因惩罚对象的不同而违反规定。

**适用规则：**

《义务教育法》

第二十九条　教师在教育教学中应当平等对待学生，关注学生的个体差异，因材施教，促进学生的充分发展。

《中小学班主任工作规定》

第十六条　班主任在日常教育教学管理中，有采取适当方式对学生进行批评教育的权利。

《中小学教育惩戒规则（试行）》

第十二条　教师在教育教学管理、实施教育惩戒过程中，不得有下列行为：

（六）因个人情绪、好恶实施或者选择性实施教育惩戒。

**案例评析：**

对迟到行为的惩戒在教育惩戒中是较为常见的。迟到行为的惩戒方式多种多样，根据班级内部的实际情况，不同的教师有不同的惩戒方式。本案例中，学校对晨跑迟到行为作出了明确的处罚规定，该班级为了防止晨跑迟到影响班级评分也规定了罚站一节早自习或写检讨的惩罚。

“不患寡而患不均”，尽管其本意与惩罚无关，但其精神却可以指导教育惩戒。教育惩戒的规则制定后就具有确定性，学校、教师都应当按照已经确定的规则执行。在教育惩戒规则的执行过程中，经常有类似的选择性教育惩戒行为发生，即根据惩戒对象的不同，恣意变更已有的教育惩戒规则，这种做法违反了教育惩戒的基本原则。应当明确的是，规则一旦制定完成就应当严格执行，对于规则的灵活裁量应当有客观根据，比如，对于连续迟到的学生和第一次迟到的学生，因违反纪律的严重程度不同可以有不同的惩戒，但对于违反纪律严重程度相同的学生，惩罚应当相同。

对待同样都是违反纪律规定晨跑迟到的学生，班主任却因学生是班委或者学习较好而不予惩罚，打破了班级规定，有违公平，不利于班级团结和学生教育，损害了规则本身的公信力，难以贯彻执行，使其功能大打折扣，这种选择性惩戒显然属于违规的教育惩戒。

**专家支招：**

1. 中小学及教师对教育惩戒拥有一定的自由裁量权，但不能进行“选择性实施惩戒”。选择性实施惩戒根据惩戒对象的不同，恣意变更已有的教育惩戒规则，这种做法违反了教育惩戒的公平、平等原则。

2. 中小学和教师应警惕“选择性实施惩戒”现象的产生。中小学应当定期举办关于教育惩戒的讲座或者讨论会，深入掌握《规则》的规定和内涵，防止出现偏离惩戒要求的行为。

**案例来源:**

河南省安阳市某高级中学实地调研所得，调研人为付楠，调研日期为2021年3月1日。

**编者: 付楠**

## 案例10

## 数学老师棒棒糖辱人

**案例关键词:**

言语侮辱、成绩歧视、变相体罚

**案例详情:**

一所实验小学五年级三班的数学老师定下了一个不成文的规定:“谁的数学考试成绩班里第一，就能获得一块超大的棒棒糖。”这种奖励机制大大激发了孩子们学习数学的热情，大家跃跃欲试，连班主任也十分赞成数学老师的教育方法。在一次很难的数学测试中，小A和小B同时考了94分，并列第一名。但是老师在宣读成绩时，只单独表扬了小A一个人，并且当众将超大棒棒糖奖励给小A。刚开始小B天真地以为是数学老师忘记了，但小 B 羞于表达，就盼望着老师自己想起来被遗漏的自己，不承想接下来老师的话给小 B 造成了很多年都无法释怀的心理阴影。

数学老师在发完卷子和奖励后严肃地说道：“本次考试小 A 一如既往的优秀，取得第一名的好成绩。但是班里有的同学平时数学一塌糊涂考不及格，突然间考很高的成绩，我今天不点名批评你，是给你留脸面。我最讨厌的就是作弊抄袭，用下三滥的手段取得成绩，希望这位同学好自为之。”原来小 A 是班里的尖子生，平时全科的学习成绩都十分优异，是老师眼中理所当然的好学生；而小 B 是一个学习成绩比较普通的学生，平时内向沉默，尤其是数学成绩一直中等偏下，因此数学老师在没有任何证据的情况下判定小 B 作弊。

其实这种情况在很多学校都会发生，试想一下，一个数学成绩一直不怎么样的学生突然有一天取得了很好的成绩，很多人都会觉得不可思议，容易认定这种成绩是通过作弊等不正当手段取得的。但造成的结果却是，小 B 学习积极性被严重挫伤，从此数学成绩一落千丈，她再也不愿学习数学，看见数学就无端厌恶和恐惧，数学成了她多年的心理阴影，是横亘在她年幼心灵上的一道丑陋的伤疤。多年后小 B 才释然并吐露心声：当时自己为了得到老师的表扬和棒棒糖，利用课外时间“偷偷”做了练习题，所以取得了第一名并非靠作弊抄袭，之前数学成绩不好并非自己不会做，而是自己的做题速度太慢，通过课后练习慢慢提升做题熟练度和做题速度后，小 B 已经可以在保持高正确率的前提下快速做完试题并取得好成绩。

### 案例知识点：

本案例有典型的指导意义：其一，很多老师都会制定班级激励政策，这种激励政策的初衷是良好的，旨在鼓励学生拼搏奋斗，取得优异成绩，但是激励不能够演变为一种恶性的竞争甚至质变为对学生人格的侮辱；其二，现实生活中普遍存在老师的偏私行为，人性本私，但是身为人民教师需要尽量做到客观公正和不偏不倚，每一个人可以有主体的偏好性，但是老师须得做到“一碗水端平”，才能立德树威；其三，老师们在作任何决断时都需要有理有据，不能仅凭借主观臆断和猜测，否则既会伤人又会损害老师的公信力。

**适用规则：**

《义务教育法》

第二十九条　教师在教育教学中应当平等对待学生，关注学生的个体差异，因材施教，促进学生的充分发展。

教师应当尊重学生的人格，不得歧视学生，不得对学生实施体罚、变相体罚或者其他侮辱人格尊严的行为，不得侵犯学生合法权益。

《中小学教育惩戒规则（试行）》

第十二条　教师在教育教学管理、实施教育惩戒过程中，不得有下列行为：

（三）辱骂或者以歧视性、侮辱性的言行侵犯学生人格尊严；

（五）因学业成绩而教育惩戒学生；

（八）其他侵害学生权利的。

**案例评析：**

法律是“最低限度的道德”，追求的是一种合规意义上的平等。棒棒糖奖励机制的初衷是好的，但在实行过程中却因偏见而严重偏离正轨，规则的意义不在于设立而在于遵守。数学老师的无端指控，使得激励机制演变为“讥讽机制”，没有“一碗水端平”，处理手段失之偏颇，伤害了孩子的心灵。

规则除了制度指引功能，更重要的是解决矛盾和纠纷。规则的世界排斥任何毫无根据的猜测、预判、刻板印象和品格证据。老师无证据的指控是一种变相的伤害，孩子则沦为沉默的羔羊以及言语暴力的祭品。这种言语侮辱远比体罚更加伤人和暴力。

规则具有普适性，对每一个适用对象都具有普遍约束力。因人设法和看人下菜的情形都违背规则的普适性和平等性。例如受生理和心理因素的影响，现实生活中经常会出现女老师更“偏爱”男学生，男老师更“喜欢”女学生的现象。

这样的案例在一线教学领域屡见不鲜，试想一下，各位老师是否对自己的学生有过毫无事实根据的想当然怀疑，比如一个学习很差的学生突然有一天某一门课分数考得非常高，或者突然从年级的倒数几名冲到了前几名，此时作为老师心中必有疑虑，这个孩子到底是抄袭作弊还是真的转变了，老师们心里也常常犯嘀咕。其实这是一种老师们普遍存在的现象，但是本案例中这位数学老师错就错在以没有根据的猜测，或者说捕风捉影的主观臆测，草率地判定学生通过不正当手段取得高成绩，这种不具备合理性基础的论断显然有失偏颇。老师们可以采取的合理做法是：先调取监控，若未发现异常就可以及时和班主任老师、家长等沟通了解这位学生近期的学习状态和学习势头，若发现孩子真的有奋发向上的迹象，就应给予平等的奖赏待遇，多多鼓励，让小 B 重新树立起学数学的自信心，这才是最为可取的办法。片面地对孩子进行言语挖苦、讽刺，或者通过“捧高踩低”的棒棒糖奖励手段对孩子进行打击，种种“卑劣”行径是老师行为的严重失格。孩子在成长的过程中非常需要呵护和关怀。很明显案例中的小 B 并不是一个“坏孩子”。小 B 虽然平时数学成绩并不理想，但是她沉静内敛且其他科目成绩优良，各种迹象均表明这个孩子是一位内向坚韧且有上进心、内心良善的孩子，根本不太可能会做出恶意抄袭的行为。她的沉默和软弱恰恰成为这位数学老师狠心伤害和攻击她的借口，这应当引起我们的深刻反思！

考试只是一个证明自己的机会，只有一直努力向上的人，没有一直名列前茅的“常胜将军”，千里马也有失蹄的时候，笨乌龟也有赛过兔子的一天。每一次的考试只是检测自我学习的机会，老师们切忌以成绩论英雄，要看到每一个学生的努力与潜力。每一个学生都是一块璞玉，需要被发现，需要被打磨，需要时间的沉淀，才能散发出独属于自己的魅力与光彩。老师的鼓励以及善意的提醒与帮扶就是促进他们良好成长的营养。但是教师对于学生进步切勿操之过急，以免适得其反。事实证明，小 B 确实没有作弊，她只是默默努力着，最终小 B 考上了市重点高中，在高中时依旧名列前茅并顺利考取复旦大学。这位小 B 是我的好朋友，时隔多年，当她再把这段早已被尘封的过往讲给我听时，她已经十分坦然了。但我深知，对于数学老师的所做所言她并不能完全释怀，那种被冤枉、被讽刺、被嘲笑、被挖苦、被无端怀疑的经历曾使她痛彻心扉，甚至想过彻底放弃学习数学，这种无助的感觉让站在学生角度的我感同身受。

**专家支招：**

1. 数学老师无凭无据恶语伤人，属于对学生的人格侮辱和歧视，侵犯了学生的人格尊严和合法权利。类似案例在实践中屡见不鲜，应该引起教师的高度重视。有时候言语侵犯会给学生心灵造成重大创伤。针对违规惩戒，学生或者学生家长可以向学校申诉，还可以积极地向教育行政部门反映或者要求复核。

2. 学校应该将软考核和硬考核相结合，不能只关注学生的考试成绩，而忽略对学生心理的关怀。学校要经常通过各种形式开展对学生心理的调研，必要时可以采取无记名形式对任课教师进行考评，便于学生如实反映情况，从而及时发现问题、解决问题。

**案例来源：**

新疆维吾尔自治区乌鲁木齐市某中学实地调研所得，调研人为丁紫玉，调研时间为2021年3月8日。

**编者：丁紫玉**

## 案例11
## 性别歧视还是报复性快感？

**案例关键词：**

歧视性教育惩戒、性别侮辱、看人下菜

**案例详情：**

石老师是一位有着20多年教龄的初中数学女老师。石老师在讲台上讲课，小A、小B和小C正在下面窃窃私语，边讨论老师正在讲解的数学题边说一些调侃的闲话。小A是班长，男生，妥妥的学霸一枚，考年级第一是家常便饭，深得老师的喜爱；小B是学习委员，男生，学习优异，为人机灵讨喜，也是老师的心头宝，重要的是性格强势；小C，女生，学习成绩非常优秀，为人内敛自律、勤奋刻苦，经常受到老师的表扬。石老师瞥了一眼"交谈正欢"的三人，沉默半晌若有所思地说道："有些女生为什么这么不要脸皮，整天呲着牙嬉皮笑脸的，自己不听课就算了，不要影响别人。"此话一出，言语直指小C，小C立刻成为众矢之的，成为全班同学暗中嘲笑的对象。由于数学老师的不当言论，本身优秀的小C在同学们心中的形象一落千丈，瞬间成为同学们眼中“不正经”的厚脸皮女孩，这对本就沉静内敛的小C造成了很严重的心理伤害。小C在意的不仅仅是数学老师无端的人身攻击，更令她灰心沮丧的是数学老师这种倚老卖老、看人下菜、性别歧视的做法。

**案例知识点：**

现实生活中，很多老师或多或少地存在“看人下菜”的情形，比如看学生家长从事何种工作，家里条件如何，学生平时是热情大方还是唯唯诺诺等，然后在潜意识里将每一个学生对号入座，在不同的学生群体中划分出不同的阶层。本案例中，三个人在同一节课上窃窃私语，数学老师仅单独批评了一个人，而对其他两人只字未提，这就是典型的“看人下菜”行为。小女孩性格沉默内敛，另外两个男孩则学习优异、性格开朗，而数学老师偏偏就责备了这个女孩，严重违反了老师的职业素养。这种“不平等惩戒方式”不仅难以使各方心悦诚服，还会加剧同学之间以及师生之间的矛盾，根本不利于班级的和谐统一。

**适用规则：**

《义务教育法》

第二十九条　教师在教育教学中应当平等对待学生，关注学生的个体差异，因材施教，促进学生的充分发展。

教师应当尊重学生的人格，不得歧视学生，不得对学生实施体罚、变相体罚或者其他侮辱人格尊严的行为，不得侵犯学生合法权益。

《中小学教育惩戒规则（试行）》

第十二条　教师在教育教学管理、实施教育惩戒过程中，不得有下列行为：

（三）辱骂或者以歧视性、侮辱性的言行侵犯学生人格尊严；

（五）因学业成绩而教育惩戒学生；

（八）其他侵害学生权利的。

**案例评析：**

现实生活中，在某种程度上存在这样的现象，我们作为过来的学生都深有感触，男老师比较喜欢女学生，而女老师比较偏爱男学生。首先声明，此处用词“喜欢”或者“偏爱”绝没有超越老师和学生的道德范畴，只是客观地陈述一种在学校存在的现象，这种现象符合“同性相斥、异性相吸”原理。这种现象本身没有什么，但是案例中这位老师的做法明显越轨了，她的言语已经严重超出教师教育语言的范畴，比如她话中的“有些女生”“不要脸皮”等敏感的词汇，往小了说是对该女生的挖苦讽刺，往大了说可能构成对学生人格的践踏和侮辱，具有明显的性别歧视和对立色彩。

其次，老师没有“一碗水端平”的教育惩戒行为是非常失败的，或者说是具有报复性的，三个孩子上课交头接耳，其中两个学习好的男孩子没有得到同等的训斥，只有女孩子受到了言语侮辱和攻击，甚至老师在话中直接点明“有些女生”“不要脸皮”，这种偏激的处理方式既违法违规又违背伦理道德。国家缘何出台教育惩戒规范，就是因为很多老师在进行教育惩戒时拿捏不够准确，更有甚者将自己家庭中的怒火和私情借惩戒由头而肆意发泄，而作为弱势群体的学生正处于青春懵懂的敏感脆弱时期，并不懂得如何正确地保护自己，很多时候满腔委屈也无从诉说，老师们不当的行为举止尤其是一些过激的言语辞令远比体罚更易使孩子们心灵受伤。飓风往往起于青萍之末，学校传播得最快的就是“风言风语”，如今一句“不要脸皮”从老师的口中传出，这个小女孩将如何自处，蕴含的更为隐秘的潜台词，无异于烙在心上的难以愈合的疤。

本案例中三人课上窃窃私语，但数学老师仅单独批评了女学生小C，对小C的言语攻击已经超出了对学生批评的范畴，将同学间的单纯友谊夸大揣测怀有“不纯良嬉戏动机”。这种看人下菜、性别偏见的行为必然难为理性精神与社会道德所容。

专家支招：

1. 教育惩戒应注重公平性，应一视同仁，杜绝偏私。教师应当尊重学生的人格，不得歧视学生，不得对学生实施侮辱人格尊严的行为，不得侵犯学生合法权益。

2. 学校应提高老师的教育能力和道德水准，注重教师队伍依法合规实施教育惩戒的成效建设。学校可以通过采用“以案说法”的方式组织深度研讨违规惩戒的典型案例，强化正确的教育惩戒观念，自觉抵制违规教育惩戒的发生。

案例来源：

天津市和平区某实验中学实地调研所得，调研人为丁紫玉，调研时间为2021年3月10日。

**编者：丁紫玉**

## 案例12

## 私立学校老师暴力体罚20余名学生

案例关键词：

体罚、因学业成绩处罚、辞退涉事教师

**案例详情:**

2019 年 3 月 29 日，安徽某市博雅实验学校某班发生了一起教师体罚学生事件。

博雅实验学校一名常务副校长告诉记者体罚原因:“考试不达标，受到了老师的惩罚。”“事情的经过就是英语老师给学生定成绩达标标准，比如给学生定 80，他考了 79，少一分没能满足要求，老师就对孩子说不给我考到这个分数我惩罚你，结果老师就犯了这个错误。”

这一说法得到了家长和学生的证实，但结果却不是“犯了一个错误”这么简单，事实上无论你考多少分，差 1 分就是 10 下。学生家长分别表述:

家长甲: 我们孩子自己要报 130 分，老师不同意，非要让他报 140 分，考了不到 130 分，差 0.5 分，一分 10 棍，我孩子挨了 110 棍。

家长乙: 考了 145 分，说挨了 10 下，有的小孩就打得很厉害了，身上都打紫了，有的小孩有打几百下的。

家长丙: 打了我女儿 40 棍，我女儿不敢讲，是别的同学父母给我打电话，说我女儿在学校被老师打了。

学生家长还告诉记者:“打人的英语老师使用的是扫帚棒子，挨打部位让学生自选。把扫把（前边）弄掉，使用扫把上的小棍子。孩子挨打的部位是自己选，身上任由自己选，自己的孩子选的是小腿肚和后背，后背也紫了，两个腿肚子也淤青，走路一瘸一瘸的。”

更令家长感到气愤的是，自己家孩子达到了考试目标，但还是被打了，不过是被教数学的班主任打的:“我儿子定的目标是 120 分，然后考到了 130 分，不是英语老师打的，是班主任数学老师打的，用书和手打他的脸和嘴，两边的脸都打得发青，打出了印子，打肿了。”这名被打的男孩儿告诉记者，看到同学被打，自己想去找校长举报，结果被老师发现了。“因为我想去找校长，同学就把我给拦住了，然后纪律委员去找老师，老师回来就打我。”这一说法得到了班里另一名女同学的证实。

多名家长告诉记者，自己孩子被打得浑身淤青，走路一瘸一拐，有的甚至产生了心理阴影，自己已经带着孩子前往医院进行治疗和鉴定：

家长甲：当天晚上我女儿就发烧了，她没敢跟我讲，我说当时老师打你你为什么不跟我讲，她说老师不让跟家长讲。我女儿不敢去学校上学，心里有阴影，也不敢出街，觉得去学校老师就会打她。

家长乙：我家孩子昨天回来就要转学，不要在那里上了，他自始至终回来都没有说他挨打，只是对他爸爸说，他压力大，不想在那里上学了。

2019 年 4 月 1 日晚上 8 点，该区教体局在其官方微博“埇桥教育”发出此事的最新官方通报，通报说，经查博雅实验学校某班英语教师许某某存在体罚学生的行为。埇桥区教体局研究决定，辞退涉事教师，对学校相关负责人予以严肃处理；责令宿州市博雅实验学校限期改正，并予以警告；组织心理教师对学生进行心理辅导。目前，公安机关已经介入调查，涉事教师也已被高新区派出所传唤。

**案例知识点：**

《规则》第十二条第五项规定，教师在教育教学管理、实施教育惩戒过程中，不得因学业成绩而教育惩戒学生，同时，第十二条第一项规定，教师不得实施以击打、刺扎等方式直接造成身体痛苦的体罚。虽然学科课程学习是中小学生教育中非常重要的内容，但学业成绩不是唯一的评判标准。无论是学校还是教师都应理性对待学生的学业成绩，着眼于学生自身成绩的起伏变化而施以针对性教育，而不是只关注冰冷的数字，正确引导教育学生，合理地帮助学生提高成绩，而不是通过击打等体罚方式惩戒学生，给学生带来身体或者心理上的痛苦。

**适用规则：**

《未成年人保护法》

第二十七条　学校、幼儿园的教职员工应当尊重未成年人人格尊严，不得对未成年人实施体罚、变相体罚或者其他侮辱人格尊严的行为。

《义务教育法》

第二十九条　教师在教育教学中应当平等对待学生，关注学生的个体差异，因材施教，促进学生的充分发展。

教师应当尊重学生的人格，不得歧视学生，不得对学生实施体罚、变相体罚或者其他侮辱人格尊严的行为，不得侵犯学生合法权益。

《中小学班主任工作规定》

第十六条　班主任在日常教育教学管理中，有采取适当方式对学生进行批评教育的权利。

《中小学教育惩戒规则（试行）》

第十二条　教师在教育教学管理、实施教育惩戒过程中，不得有下列行为：

（一）以击打、刺扎等方式直接造成身体痛苦的体罚；

（五）因学业成绩而教育惩戒学生。

**案例评析：**

本案例中的教师强行给学生设定过高的英语考试成绩目标，分数不达标学生就会受到惩罚（少一分会被老师用扫帚棒打十下）。该行为属于《规则》第十二条第一项规定的“以击打、刺扎等方式直接造成身体痛苦的体罚”以及第五项规定的“因学业成绩而教育惩戒学生”的情况，均属于《规则》中禁止的行为。

首先，教育惩戒要合法合规。虽然教师有教育惩戒权，但其不可任意惩戒，需要依规而行，不能侵害学生的合法权益。《规则》明令禁止因学业成绩而对学生实施教育惩戒，本案例中英语老师强行给学生设定考试成绩目标并惩罚未达标者显然违反了这一规定，属于不合规的惩戒。无论是教师、学生和家长都很关心学生的学业成绩。为了让学生更好地升学，多数老师很重视学生成绩的提高，但应该使用合理的教学方法以提高自身教学水平。老师可以带领学生自主制定学习目标来激励学生学习，但这需要符合相关教育法律法规政策，也应允许学生间的民主协商讨论。

本案例中，还有一名学生看到同学被打，自己想去找校长举报，结果被班主任数学老师发现，老师用书和手打他的脸和嘴，导致他两边的脸都发青、变肿，出现印子，给学生身体上造成了痛苦。学生发现老师的不合规体罚而告知校长是合理的，教育惩戒对象只能是过错行为的主体。无故受罚无疑是对非过错者的一种伤害，会导致教师失去学生的信任、丧失威信。同时，该现象反映了校内救济机制的重要性，学校应该重视建立救济渠道，让学生能及时反馈情况。

**专家支招：**

1. 每个教师自身应该主动学习《规则》，明确哪些行为属于《规则》中规定的不合规惩戒，避免出现违反规则的行为。

2. （1）对教师的培训：学校应重视让教师学习《规则》，可以通过定期举办专题讲座或者线上网络学习等方式实行。（2）对学生的教育：学校可以同样给学生组织专题讲座或者线上网络教学来帮助学生学习《规则》等规则，使得学生能够判断老师的教育惩戒合规与否，并教育学生遇到不合规的惩戒应及时通知学校的教务处或学生处。（3）在学生间考察调研：在教学期间，学校可以不定期地通过问卷、访谈等形式，从学生间了解学校教师日常教学过程中是否存在违规惩戒的现象，并及时处理相关情况。（4）建立救济机制：面对教学过程中存在的教师滥用惩戒导致学生权益受损的情况，学校可以在校内建立相应的救济机制，学生及其家长可以通过该救济渠道在学校内部及时反馈，捍卫自身的合法权益。

**案例来源：**

摘自《少一分打十棍，安徽私立学校老师惩罚变“杖罚”致学生身体淤青》：https://weibo.com/ttarticle/p/show?id=2309404356419531969653&sudaref=news.163.com（最后访问日期：2021 年 3 月 22 日）。

**编者：陶丹凤**

## 案例 13
## 四川一小学生被老师体罚后身亡

**案例关键词：**

体罚、罚跪、头晕不适

**案例详情：**

2020 年 9 月 10 日上午，上课期间，张某等 8 名学生因答题错误受到任课教师王老师惩罚。其中，张某两次受罚，累计被王老师用戒尺打手心 4 次，罚跪约 5 分钟。在这之后，张某在教室出现头晕现象，张某的祖母和王老师将其送到医院治疗。然而，张某经抢救无效于当日 15 时 30 分左右死亡。9 月 11 日，法医对其进行了体表检查，没有发现明显外伤。

事发后，张某母亲曾向记者反映：“孩子平日身体很健康，教师节那天高高兴兴地去上学。上午数学课时因为两道应用题没有做对，被数学老师体罚，打了手板，还被罚跪下，被老师踢了两脚，被踢倒了，孩子就一直在哭，老师还是让她跪着，过程中孩子一直抽泣，出现了抬不起头、身体支撑不住的情况，大概有 10 分钟，那节课下课了，她被同学扶到座位上，就这样一直低头趴在座位上。”

“随后那节课还是数学课，数学老师喊过孩子但她没有回应，就继续讲课了。直到那节课下课后，数学老师给孩子奶奶打电话，让她把孩子接走。奶奶赶到教室，发现孩子已经口吐白沫、眼睛睁不开，处于昏迷状态。后来送医救治孩子没有抢救过来，就这样死亡了。”

事发后校方称，那位数学老师是学校副校长，平日很敬业，涉事老师已经被派出所带走，具体情况还要等警方调查结果。

事件发生后，苍溪县委、县政府成立联合工作组开展调查和善后工作。警方对学生死亡原因进行全面调查，涉事老师王某停职接受警方调查。苍溪县教科局对学校校长严某进行停职调查，并派工作组进驻学校，加强师生教育引导和安保工作，维护正常教学秩序和校园稳定。

**案例知识点：**

《规则》对不合规的教育惩戒作出了较为具体的规定，其中第十二条第二项指出，教师在教育教学管理、实施教育惩戒过程中，不得要求超过正常限度的罚站、反复抄写，强制学生做不适的动作或者姿势，以及采取刻意孤立学生等间接伤害身体、心理的变相体罚。该项规定从生理和心理两个角度出发，明确了教师不能实施变相体罚的各类情形。正常限度的罚站和抄写是合规的行为，一旦超过了限度就会对学生造成身体上的伤害。老师在实施教育惩戒的过程中，一定要避免行为过限，严禁强制学生做不适的动作或者姿势等，因为极易导致学生身体不适。此外，这一规定同样重视学生的心理健康，中小学生本就处在身心发展的关键时期；若老师刻意孤立学生或采取其他心理上的变相体罚措施，必然会给学生相对稚嫩的心灵蒙上难以散去的阴霾，不利于学生健康成长。教师在教学管理、教育惩戒过程中，理应注意自己的言行，避免给学生带来身体和心理上的创伤。

10月25日，公安机关已经提供给家属鉴定意见通知书，写明张某死因鉴定意见是“严重双肺支气管肺炎基础上因小脑血管发育畸形破裂致小脑实质出血伴灶性脑干出血死亡”。

**适用规则：**

《未成年人保护法》

第二十七条　学校、幼儿园的教职员工应当尊重未成年人人格尊严，不得对未成年人实施体罚、变相体罚或者其他侮辱人格尊严的行为。

《义务教育法》

第二十九条　教师在教育教学中应当平等对待学生，关注学生的个体差异，因材施教，促进学生的充分发展。

教师应当尊重学生的人格，不得歧视学生，不得对学生实施体罚、变相体罚或者其他侮辱人格尊严的行为，不得侵犯学生合法权益。

《中小学班主任工作规定》

第十六条　班主任在日常教育教学管理中，有采取适当方式对学生进行批评教育的权利。

《中小学教育惩戒规则（试行）》

第十二条　教师在教育教学管理、实施教育惩戒过程中，不得有下列行为：（二）超过正常限度的罚站、反复抄写，强制做不适的动作或者姿势，以及刻意孤立等间接伤害身体、心理的变相体罚。

**案例评析：**

本案例中，事件的缘由仅仅是几名同学答题错误，任课老师王某未能采取合理的教育方式，不仅用戒尺打张同学手心 4 次，还要求她罚跪约 5 分钟。这一系列的惩罚导致学生在教室出现头晕现象，最终张同学经抢救无效死亡。

虽然公安机关出具的鉴定意见通知书内容并不详实，根据意见书，学生的死因无法界定是否为外力作用诱发，虽然该案例中数学老师还不涉及承担刑事责任，但这一悲剧显然给大家敲了一记警钟。

老师实施教育惩戒必须审慎，惩罚对象应针对学生具有主观故意的过错行为。对于学生的无心之过或者不可避免的错误，若学生能主动意识到问题所在，老师应予以适当宽容。学习过程中，学生做错题目难以避免，每个学生的学习能力存在差异，老师应循循善诱、启发诱导。然而，本案例中，对于答题错误的学生，老师选择采用超过限度的惩罚，强制学生罚跪导致身体不适，老师的惩戒明显失当。

此外，教育惩戒根植于教师对学生成长的关怀与善意，即使在惩戒学生时，老师也应避免给学生造成心理和生理上的创伤。本案例中，任课教师王某在惩戒学生后，未及时关心学生，发现学生出现不适症状，未能及时将其送往医院救治。这种对学生的淡漠和疏忽酿成了之后的悲剧。

**专家支招：**

1. 学校可以通过举办专题讲座或者集体学习等方式帮助教师掌握《规则》的具体内容，增强教师的合规惩戒意识。学校可以通过问卷、访谈等形式，从学生那里了解日常教学过程中是否有教师存在违规惩戒的现象，及时处理违规惩戒，防止存在体罚等现象。

2. 学校应让学生知悉《规则》的相应规定，让学生了解什么属于违规的教育惩戒，教育学生遇到违规惩戒应及时向家长、学校反映。

**案例来源：**

摘自《四川一小学被老师体罚后身亡》：https://m.gmw.cn/2020-09/13/content_1301556593.htm?source=sohu（最后访问日期：2021 年 3 月 22 日）。

**编者：陶丹凤**

## 案例 14
# 学生带手机被停课

**案例关键词：**

电子产品入校、停课、回家反省一周

**案例详情：**

在山东临沂临沭二中，为方便联系住校上高一的孩子，家长让孩子把手机带到了学校，一次同学借手机给家里打电话时被老师抓了个正着，老师把手机没收了，并让孩子回家反省一周。作为家长，李先生认为学校可以批评孩子，但停课侵犯了孩子受教育的权利。希望尽快让孩子回去上学。对此，该校一位工作人员称："学校有明文规定，不准学生带手机等电子产品到学校，平时老师多次强调，每个学生都十分清楚。"

**案例知识点：**

《规则》明确规定了只有小学高年级、初中和高中阶段的学生因违规违纪情节严重或者影响恶劣的，学校方可以给予不超过一周的停课或者停学，要求家长在家进行教育、管教的教育惩戒。停课是否涉及侵犯受教育者的权利？《教育法》第四十三条规定，受教育者享有参加教育教学计划安排的各种活动的权利。同时，第四十四条规定，受教育者应遵守所在学校或者其他教育机构的管理制度。权利义务相对等，不能只要求权利，不履行义务，这是常识。违反了不带手机的规定，能在多大程度上影响学生上课的权利，是问题的关键。

尽管《教育部办公厅关于加强中小学手机管理工作的通知》已经规定原则上不得将个人手机带入校园，学生确有将手机带入校园需求的，须经学生家长同意、书面提出申请，进校后应将手机交由学校统一保管，禁止带入课堂。但违反该规定不足以达到停课停学的标准。

因此，即使学生违反校规校纪，学校和教师仍然需要依法依规实施相应的教育惩戒，要保证教育惩戒与学生违规违纪程度相适应，不能盲目惩戒！

**适用规则：**

《教育法》

第四十三条　受教育者享有参加教育教学计划安排的各种活动的权利。

《中小学教育惩戒规则（试行）》

第十条　小学高年级、初中和高中阶段的学生违规违纪情节严重或者影响恶劣的，学校可以实施以下教育惩戒，并应当事先告知家长：

（一）给予不超过一周的停课或者停学，要求家长在家进行教育、管教。

第十七条　学生及其家长对学校依据本规则第十条实施的教育惩戒或者给予的纪律处分不服的，可以在教育惩戒或者纪律处分作出后15个工作日内向学校提起申诉。

学校应当成立由学校相关负责人、教师、学生以及家长、法治副校长等校外有关方面代表组成的学生申诉委员会，受理申诉申请，组织复查。学校应当明确学生申诉委员会的人员构成、受理范围及处理程序等并向学生及家长公布。

《教育部办公厅关于加强中小学生手机管理工作的通知》

一、有限带入校园。

学校应当告知学生和家长，原则上不得将个人手机带入校园。学生确有将手机带入校园需求的，须经学生家长同意、书面提出申请，进校后应将手机交由学校统一保管，禁止带入课堂。

三、加强教育引导。

学校要通过国旗下讲话、班团队会、心理辅导、校规校纪等多种形式加强教育引导，让学生科学理性对待并合理使用手机，提高学生信息素养和自我管理能力，避免简单粗暴管理行为。

**案例评析：**

针对停课，家长和学校立场不同，各有各的难处。作为前者，高中课业紧张，别说给孩子停一周，有时停一节课，补起来都不容易，停课回家反省对当事学生的心理和自尊，可能会造成不小的负担。学校为了维护教学秩序和管理有效性，对违规学生必须进行惩罚。与其他手段相比，将学生从课堂中排除出去更为简单有效。

学校停课停学的惩戒应当谨慎适用，该项适用前提是学生违规违纪情节严重或者影响恶劣。停课在某种程度上涉及受教育者的受教育权利，《教育法》第四十三条规定，受教育者享有参加教育教学计划安排的各种活动的权利。同时，第四十四条规定，受教育者应遵守所在学校或者其他教育机构的管理制度。权利与义务具有对等性，即学校所施加的停课停学惩戒措施应当与学生违反校规严重性相适应，即学生的严重违反校规校纪行为严重干扰学校正常教学。从体系解释的角度，该款第三项规定专门的课程或者教育场所，说明停课停学是很严重的惩戒手段。

违反了不带手机的规定能在多大程度上影响上课的权利，是问题的关键。从一些高中校规制定情况看，停课并不是一种被提倡的惩罚方式。比如，山东某中学曾规定“带零食者停课三天”，后来当地教育局明示：“可以规定不让带零食，但针对该条的停课处罚必须废止。”山东聊城二中已出台《关于严禁对违纪学生停课的规定》，明确老师不得随意对学生进行停课处分，此可视为参考。

其次，即使违反了带手机进校园进课堂的规定，实施停课的教育惩戒仍然不符合比例原则。教育部虽然明文规定手机在校园内应当有限使用，课堂上应当禁止，但违反此规定与诸如恶意殴打老师等案件的严重性明显不同（具体可参考合规教育惩戒部分停课停学案例），带手机进校园本身属于轻微违规违纪行为，并未达到需要停课停学回家反省的地步。

针对该情形，《规则》特别对第十条的惩戒措施进行了相应的权利救济规定，学生可以在教育惩戒或者纪律处分作出后15个工作日内向学校提起申诉，维护自身的合法权益。

**专家支招：**

1. 禁止将停课停学作为教育惩戒的常用手段。停课停学涉及基本的受教育权利，中小学校应当审慎把握停课停学的尺度。

2. 完善关于停课停学处分的相关规范，制定符合《规则》以及其他法律法规、规范性文件的校规校纪。整理全国或本校关于停课停学的相关案例，明确和细化严重违法违纪或不良影响的情形。畅通学生申诉与救济的渠道，对学生进行纪律教育时应及时告知学生享有的权利。

**案例来源：**

《高中生违反校规被停课，不妥》：http://newspaper.jcrb.com/2017/20170324/20170324_004/20170324_004_1.htm（最后访问日期：2021年3月14日）。

编者：肖鹏

## 案例 15
# 教师打学生手板

**案例关键词：**

约定惩戒、打手板、师生冲突

**案例详情：**

据四川省达州市教育局通报，近日，达州市教育局对达州新世纪学校一教师与学生发生冲突相关情况进行了调查处理。

经调查，新世纪学校初三五班班主任、数学老师尤某为加强班级管理，督促学生认真学习，在班级中约定用“打手板”方式（最多 5 下）惩戒考试不及格的学生。12 月 13 日，班级组织了数学测试。12 月 14 日晚自习期间，由于学生王某考试成绩较差，按约定需打 5 下手板，在打了 4 手板后，王某转身离开，尤某以“还差一下”为由制止其离开未果，双方情绪失控，引发语言冲突并发生抓扯，班上学生将二人拉开。考虑在教室影响其他学生学习，尤某将王某带到办公室进行批评教育，双方再次情绪失控引发语言冲突，并发生激烈抓扯。

经检查，双方均未造成明显伤害。但是尤某的过激行为违反了《新时代中小学教师职业行为十项准则》等相关规定，造成了不良影响。尤某已深刻认识到自己的错误，并表示诚恳接受处理。12 月 18 日，尤某向学生及家长致歉，双方达成谅解，王某已回到原班级正常学习。

事后，教育局将按照相关规定实事求是、客观公正进行处理，并举一反三，进一步加强学校管理，规范教师职业行为，加强学生教育管理，保障教师、学生合法权益，构建良好教育生态。

**案例知识点：**

《规则》明确禁止了以击打等方式直接造成身体痛苦的体罚。教师与学生提前约定或者说学生同意并不能成为教师体罚的正当理由。《规则》是对学校、教师惩戒权力的限制，正如公民不能与交警约定，在违章时交警采用人身攻击的方式对行政相对人进行处罚。一方面学生可能并没有足够的认识、行为能力与责任能力应对学校或教师对自身身体的伤害。另一方面在师生关系中，教师往往成为强势一方，学生往往没有选择的余地。因此，不论是教师单独作出体罚决定还是事先约定，都是被严格禁止的。

《规则》明确教师在教育教学管理、实施教育惩戒过程中，不得因学业成绩实施惩戒。不得因学业成绩惩戒学生是指不得因为学生成绩差而进行惩戒，但并非指与学业成绩有关的事务均不得惩戒。教师可以在课程教学、日常管理中对学生的不服从、扰乱秩序、行为失范、具有危险性、侵犯权益等情形实施教育惩戒，注重教育的过程，而仅仅因为学生成绩差即进行点名批评或采取其他惩戒措施则不符合《规则》的理念与价值导向。

**适用规则：**

《中小学教育惩戒规则（试行）》

第八条　教师在课堂教学、日常管理中，对违规违纪情节较为轻微的学生，可以当场实施以下教育惩戒：

（一）点名批评；

（二）责令赔礼道歉、做口头或者书面检讨；

（三）适当增加额外的教学或者班级公益服务任务；

（四）一节课堂教学时间内的教室内站立；

（五）课后教导；

（六）学校校规校纪或者班规、班级公约规定的其他适当措施。

教师对学生实施前款措施后，可以以适当方式告知学生家长。

第十二条　教师在教育教学管理、实施教育惩戒过程中，不得有下列行为：

（一）以击打、刺扎等方式直接造成身体痛苦的体罚；

（二）超过正常限度的罚站、反复抄写，强制做不适的动作或者姿势，以及刻意孤立等间接伤害身体、心理的变相体罚；

（三）辱骂或者以歧视性、侮辱性的言行侵犯学生人格尊严；

（四）因个人或者少数人违规违纪行为而惩罚全体学生；

（五）因学业成绩而教育惩戒学生；

（六）因个人情绪、好恶实施或者选择性实施教育惩戒；

（七）指派学生对其他学生实施教育惩戒；

（八）其他侵害学生权利的。

**案例评析：**

本案例中涉及教师与学生约定体罚以及对学业成绩差的学生进行体罚、惩戒两方面内容。

针对教师与学生约定体罚，首先应当明确《规则》禁止以击打等方式直接造成身体痛苦的体罚行为。有人认为学生或者家长同意可以成为教师体罚的理由，就像在刑法中被害人对轻微伤的承诺，行为人可以不负刑事责任。但教育惩戒中的法律关系有所不同，教育惩戒权并非来自家长或者学生的授予，也并非一种民法上的契约，具有一定的公权力性质，应当受到约束。其次，在师生关系中，学生可能没有足够的认识能力认识到约定可能带来的后果。制定《规则》是确权，也是限权，出发点就是将法律规定的学校、教师的教育权进一步细化，对法律禁止的体罚等教师不当管理行为画出红线，推动落实党和国家教育方针，促进学生全面发展。因此，学校、教师行使教育惩戒权只能在《规则》范围内行使。

许多教师难以理解不得因为学业成绩对学生进行教育惩戒的规定，有的教师认为不能因为学业成绩而教育惩戒学生，那什么时候能？如此下去，认认真真教书、为了学生的学业不能进步而劳心费神的老师，如果因为学生“不学习”而忍不住进行教育惩戒，则可能会因为触犯规则而受到处理。有老师认为很多惩戒就是针对学生成绩差而实施的，像平时只有30分的学生，他考了31分，老师不仅不会罚他，甚至要表扬他。但平时能够考60分的学生，这一次却考了35分，老师可能就要为他找原因了，是因为失误，还是因为厌学、不做功课、学习习惯变差了？如果是失误，老师不会惩罚他，但如果是后面几种情况，老师就可能要惩罚了。罚的目的不是出气，而是为了让学生长记性、改正错误，下一次能够进步。现在，直接一句话，“不能因为学业成绩而教育惩戒学生”，那对于学生在学业中暴露出来的问题，我们是不是就不用进行针对性纠偏了呢？就要放任不管了呢？[1]

其实，要想正确理解这一条的含义，就应当注意到《规则》制定的初衷与依据，《规则》对应当给予教育惩戒的情形作了具体化，规定在确有必要的情况下，学校、教师可以在学生存在不服从、扰乱秩序、行为失范、具有危险性、侵犯权益等情形时实施教育惩戒。不服从，指学生主观不完成其基本的学习任务，包括故意不完成教学任务要求或者不服从学校的教育、管理要求；扰乱秩序，包括扰乱课堂秩序和学校教育教学秩序，即学生的个体行为已经在一定范围内产生了不良影响；行为失范，主要指吸烟、饮酒以及其他违反学生守则的行为；具有危险性，指学生实施有害自己或者他人身心健康的危险行为；侵犯权益，指学生打骂同学、老师，欺凌同学或者侵害他人合法权益的行为。《规则》规定的教育惩戒范围关注的是教育过程，在学业

1 参见《教育部：不能因为学业成绩而教育惩戒学生！老师：让人无所适从》，https://baijiahao.baidu.com/s?id=1687743706153117506&wfr=spider&for=pc（最后访问日期：2021年4月11日）。

成绩问题上，教师可以对教学过程中引起学业成绩不良的原因（例如不交作业、旷课、上课不听讲等不服从行为）进行惩戒，但不能就成绩论成绩，比如不能因为某考生考了 20 分，就在课堂上点名批评或者侮辱，而应该针对学生成绩糟糕的原因对症下药。

**专家支招：**

《规则》中存在需要解释的地方，学校和教师应当仔细解读《规则》，正确把握其宗旨及具体措施，避免片面理解。

1. 针对本案例中约定的体罚行为，教师应当引以为戒，明确不得体罚的底线。禁止刻意针对学业成绩的惩戒，应当关注学生学业成绩不良的原因，对症施策。

2. 学校组织学习《规则》。尤其是针对需要解释的部分，学校可以开展交流学习活动，从《规则》宗旨出发，总体把握规则原旨，针对具体情形进行案例汇编总结。

**案例来源：**

《数学考 10 分的学生与老师激烈抓扯　教育局通报情况》：http://news.eastday.com/s/20191222/u1ai20245737.html（最后访问日期：2021 年 3 月 22 日）。

**编者：肖鹏**

## 案例 16

# 重庆某小学老师罚学生大量抄写错题

**案例关键词：**

成绩不理想、罚抄错题、大量罚抄

**案例详情：**

上课铃刚刚响过，今天的最后一节课是语文课，二年级三班的同学们规规整整地坐在教室里，等待着期中考试的结果。果然，铃声刚刚结束语文老师熊老师就抱着一沓试卷踏入了教室。“下面发这次期中考的试卷，我会按照分数高低，从高到低发放，听到名字的同学就自己上讲台领取。发放完试卷，我们先评讲试卷，然后布置一下今天的家庭作业。”“×××98，×××97.5，×××97，……接下来就是 70 以下的同学了。”张同学紧张地等待着老师宣布自己的成绩，她知道自己这次没考好，但是没想到自己竟然只有六十几分，这样的成绩意味着今天又要写作业写到深夜了。“张××68，上来拿试卷”，老师的呼叫突然将张同学拉回到现实中，她拖着仿佛千斤重的双腿走上讲台领回了自己的试卷。

“试卷的最后一个部分看图写话，我们留着明天上午的课上再讲，接下来我布置一下家庭作业啊。90 分以上的同学只用抄写自己的错题一遍就好；80 分以上的同学抄写自己的错题两遍；70 分以上的同学抄写错题两遍，另外抄写整张试卷一遍；60 分以上的同学抄写错题三遍，另外抄写整张试卷一遍；不及格的同学抄写错题三遍，另外抄写整张试卷两遍。大家在抄写的时候，除了看图写话，其余部分都要原封不动地抄写啊。”熊老师刚刚布置完作业，台下的同学就是一阵唏嘘，考得好的同学后悔自己为什么错了阅读题，这可是要抄原文的，考得差的同学在计算着今天自己要抄多少遍试卷。

张同学此时只想着今晚还能不能睡觉呢。毕竟她似乎每一道题都错了，按照老师布置的作业，她需要抄写试卷 4 遍，自己平日本来写字就慢，今天这么多作业写不写得完呀？

张同学回家跟妈妈说了今天老师布置的作业，妈妈本来就觉得语文老师平日布置的作业有点多，而且今天这个罚抄错题的量也太大了，妈妈让张同学只抄一遍，自己好好看看，领悟一下一样能达到效果。但是张同学怕自己没按要求完成作业，明天老师会罚更多的作业，坚持要写完所有的作业。时间在张同学一笔一画中流逝，深夜 11 点，张同学还有两遍没有抄写完，妈妈一边在一旁陪着一边打着瞌睡。张同学觉得自己的眼皮上似乎有一千只小蚂蚁，压得它快抬不起来了，但是作业还没写完，只能坚持了。

不知困了多少次，在用完一根笔芯，写完一个作业本后，张同学终于写完了作业，抬头一看已经凌晨三点了，终于张同学能去床上睡觉了，但是再也不想写作业的念头也在张同学心里悄悄萌芽。

后来，因为熊老师常年多次布置超过正常体量的作业，导致成绩排名靠后的学生常年写作业到深夜，严重影响学生的休息和对学习的兴趣，学生家长将熊老师投诉到区教育局，后经学校出面协商和调解，熊老师才停止了大量罚抄作业的行为。

**案例知识点：**

《规则》明确规定了教师实施合法惩戒的情形、采取的形式，同时规定了教师在教育教学管理、实施教育惩戒过程中的禁止行为。合法的教育惩戒有利于促使学生引以为戒、认识和改正错误，培养学生的规则意识、责任意识。超过正常限度的罚站、反复抄写，强制做不适的动作或者姿势，以及刻意孤立等间接伤害身体、心理的变相体罚属于违规的教育惩戒。歧视性、侮辱性言行等则会严重伤害学生的心理健康，给学生带来巨大的不利影响。因此，如果教师在不应当实施惩戒的情形下对学生进行了惩戒教育，无论手段是合法还是违规的，教师都应当被问责；即便是教师在实施惩戒时的出发点是善意的，是为了教育目的，也不能以目的善意豁免违规行为。

**适用规则：**

《义务教育法》

第二十九条　教师在教育教学中应当平等对待学生，关注学生的个体差异，因材施教，促进学生的充分发展。

教师应当尊重学生的人格，不得歧视学生，不得对学生实施体罚、变相体罚或者其他侮辱人格尊严的行为，不得侵犯学生合法权益。

《未成年人保护法》

第二十七条　学校、幼儿园的教职员工应当尊重未成年人人格尊严，不得对未成年人实施体罚、变相体罚或者其他侮辱人格尊严的行为。

《中小学教育惩戒规则（试行）》

第七条　学生有下列情形之一，学校及其教师应当予以制止并进行批评教育，确有必要的，可以实施教育惩戒：

（一）故意不完成教学任务要求或者不服从教育、管理的；

（二）扰乱课堂秩序、学校教育教学秩序的；

（三）吸烟、饮酒，或者言行失范违反学生守则的；

（四）实施有害自己或者他人身心健康的危险行为的；

（五）打骂同学、老师，欺凌同学或者侵害他人合法权益的；

（六）其他违反校规校纪的行为。

第十二条　教师在教育教学管理、实施教育惩戒过程中，不得有下列行为：

（一）以击打、刺扎等方式直接造成身体痛苦的体罚；

（二）超过正常限度的罚站、反复抄写，强制做不适的动作或者姿势，以及刻意孤立等间接伤害身体、心理的变相体罚；

（三）辱骂或者以歧视性、侮辱性的言行侵犯学生人格尊严；

（四）因个人或者少数人违规违纪行为而惩罚全体学生；

（五）因学业成绩而教育惩戒学生；

（六）因个人情绪、好恶实施或者选择性实施教育惩戒；

（七）指派学生对其他学生实施教育惩戒；

（八）其他侵害学生权利的。

**案例评析：**

本案例中，有以下三个方面的问题需要厘清：第一，老师在布置作业上的权利范围有多大，其能否以考试分数为依据，要求成绩不理想的学生大量抄写错题？第二，老师罚学生抄写大量错题的行为如何定性，是否属于变相体罚？第三，对于老师的不当惩戒，学生、学生家长应该如何应对，学校及有关教育主管部门应如何处理？

首先，熊老师不能以考试分数为依据，罚成绩不理想的学生大量抄写错题。根据《规则》第七条“学生有下列情形之一，学校及其教师应当予以制止并进行批评教育，确有必要的，可以实施教育惩戒：（一）故意不完成教学任务要求或者不服从教育、管理的；（二）扰乱课堂秩序、学校教育教学秩序的；（三）吸烟、饮酒，或者言行失范违反学生守则的；（四）实施有害自己或者他人身心健康的危险行为的；（五）打骂同学、老师，欺凌同学或者侵害他人合法权益的；（六）其他违反校规校纪的行为”，很显然学业成绩不理想不归属于第七条的任何一种情形。因此，按照“法无授权即禁止”的原则，熊老师在该种情形下并未取得合法的教育惩戒权。

其次，熊老师无权对成绩不理想的学生进行惩戒，惩罚张同学大量抄写错题的行为是变相体罚。变相体罚本质上也是一种体罚，是指采用非暴力的方式给他人身体带来严重痛苦的行为，诸如长时间操场上跑步、太阳下暴晒、反复抄写等。根据《规则》第十二条“教师在教育教学管理、实施教育惩戒过程中，不得有下列行为：……（二）超过正常限度的罚站、反复抄写，强制做不适的动作或者姿势，以及刻意孤立等间接伤害身体、心理的变相体罚；……（五）因学业成绩而教育惩戒学生”，本案例中熊老师的行为违反了上述规定，应被定性为违规的教育惩戒。

最后，对于老师的违规惩戒，学生及其家长应当及时提出异议，学校应当对违规惩戒的老师予以相应的处分。根据《规则》第十五条第二款的规定“教师违反本规则第十二条，情节轻微的，学校应当予以批评教育；情节严重的，应当暂停履行职责或者依法依规给予处分；给学生身心造成伤害，构成违法犯罪的，由公安机关依法处理”，第十六条第二款“家长对教师实施的教育惩戒有异议或者认为教师行为违反本规则第十二条规定的，可以向学校或者主管教育行政部门投诉、举报。学校、教育行政部门应当按照师德师风建设管理的有关要求，及时予以调查、处理”，张同学的妈妈觉得老师布置的作业不合理时，应当第一时间联系老师，及时提出自己的异议和想法，而不是选择容忍。很多时候，容忍代表着默许，反而不利于老师及时纠正错误，会给学生们带来更多的不利影响。学校在接到投诉后应对老师予以处理，更应该建立常规的调查机制，倾听、了解学生对老师的意见和建议，以便于第一时间发现问题、处理问题。

**专家支招：**

1. 教师行使惩戒权应当遵循依法惩戒的原则，注意惩戒手段的合目的性、适当性和必要性，根据具体情节、危害结果选择法定的惩戒种类。因考试成绩差，罚学生大量抄写错题，触犯了《规则》第十二条的规定，涉事教师应当认真反思，引以为戒。

2. 学校在组织学习《规则》时，应让教师知悉教育惩戒的目的、原则、条件、种类和程序。此外，还应特别注意《规则》对于禁止性惩戒的规定，查找、认识、反思、抵制“惩戒负面清单”里的违规惩戒行为。

**案例来源：**

重庆市万州区某小学实地调研所得，调研人为吴绣书，调研时间为2021年2月4日。

**编者：吴绣书**

## 案例17

## 重庆某小学老师因学生不爱卫生刻意孤立学生

**案例关键词：**

学生不爱卫生、多次沟通无果、刻意孤立

**案例详情：**

8点10分的第一节课铃声已经响过，班主任冯老师清点完人数后发现还是陈同学没有到。陈同学是班级里迟到最多的孩子，大多数时候都不太赶得及上课，老师们都很着急，多次找她妈妈来学校了解情况。原来陈同学的母亲曾因车祸脑部受伤后生活自理存在问题，对于女儿起居生活的照顾便更无能为力，其父亲常年在外打工，也无暇照顾女儿。虽然老师们对陈同学的家庭情况感到唏嘘，但是对于其常年迟到，且由于母亲监管不佳，孩子自身也不太懂事，陈同学常年不换洗衣物、不洗漱等，班主任冯老师屡屡找家长谈话，跟孩子沟通，但都以无果作罢。这天，眼看着已经迟到小一刻钟了，冯老师在五楼的教室走廊外看着陈同学缓缓走进了校门，在门口便被督查迟到的小组记上了名字。待陈同学不急不慢地走到教室门口，冯老师生气极了：

“陈 ××，谁跟你一样天天迟到呢？恐怕全校都找不出来第二个吧！还不爱干净，都跟你妈妈说了要换洗衣服，要经常洗头，你看看你这样子，谁愿意靠近你啊？”陈同学可能因常年挨训已经习惯了似的，只低着头，也不回答老师。冯老师看她毫无反应，便提高音量：“我今天最后跟你说一次，你再像这样不换洗衣服，不把你的头发洗干净就别进我的班级了，我说不动你，我就不管你了，你什么时候改正，我就什么时候再教你。”

果然，接下来一连几天，陈同学依然没有换洗衣物，冯老师对她置若罔闻，无论是课堂上还是课下，对她都不说一句话。要知道平日里冯老师可是每天鞭策陈同学，就算是拿她作“反面教材”也是每天把她挂在嘴边的。

**案例知识点：**

《规则》明确规定了教师实施合法惩戒的情形、应当采取的形式，并同时规定了教师在教育教学管理、实施教育惩戒过程中的禁止性行为。其第三条规定“学校、教师应当遵循教育规律，依法履行职责，通过积极管教和教育惩戒的实施，及时纠正学生错误言行，培养学生的规则意识、责任意识”，可见学校、教师对于学生拥有教育惩戒的权利。第四条还明文规定“实施教育惩戒应当符合教育规律，注重育人效果；遵循法治原则，做到客观公正；选择适当措施，与学生过错程度相适应”，即教育惩戒需要同时满足目的和手段的合法性。据此可见，合法的教育惩戒有利于促使学生引以为戒、认识和改正错误，培养学生的规则意识、责任意识。超过正常限度的罚站、反复抄写，强制做不适的动作或者姿势以及刻意孤立等间接伤害身体、心理的变相体罚则会严重伤害学生的身体健康或者心理健康，给学生带来巨大的伤害。因此，即便教师在实施惩戒时的出发点是善意的，但是若其采取了禁止行为，也需要承担相应的责任。

**适用规则：**

《中小学教育惩戒规则（试行）》

第七条　学生有下列情形之一，学校及其教师应当予以制止并进行批评教育，确有必要的，可以实施教育惩戒：

（一）故意不完成教学任务要求或者不服从教育、管理的；

（二）扰乱课堂秩序、学校教育教学秩序的；

（三）吸烟、饮酒，或者言行失范违反学生守则的；

（四）实施有害自己或者他人身心健康的危险行为的；

（五）打骂同学、老师，欺凌同学或者侵害他人合法权益的；

（六）其他违反校规校纪的行为。

第十二条　教师在教育教学管理、实施教育惩戒过程中，不得有下列行为：

（二）超过正常限度的罚站、反复抄写，强制做不适的动作或者姿势，以及刻意孤立等间接伤害身体、心理的变相体罚。

《义务教育法》

第二十九条　教师在教育教学中应当平等对待学生，关注学生的个体差异，因材施教，促进学生的充分发展。

教师应当尊重学生的人格，不得歧视学生，不得对学生实施体罚、变相体罚或者其他侮辱人格尊严的行为，不得侵犯学生合法权益。

《未成年人保护法》

第二十七条　学校、幼儿园的教职员工应当尊重未成年人人格尊严，不得对未成年人实施体罚、变相体罚或者其他侮辱人格尊严的行为。

**案例评析：**

本案例中，核心问题就是班主任冯老师因陈同学不爱卫生以刻意孤立她的方式来督促其改正的行为是不是合法的、正当的？这是否构成违规的惩戒？

首先对于陈同学多次迟到的行为，根据《规则》第七条第三项、第六项，班主任冯老师多次批评教育无果后，确有必要，可以实施教育惩戒。对于陈同学没有打理好个人卫生的情形，班主任老师多次与其家长沟通的行为是正确的，但是在沟通无果，情况并无改观的情况下，对陈同学采取孤立的形式督促其改正的行为是不当的。根据《规则》第十二条“教师在教育教学管理、实施教育惩戒过程中，不得有下列行为：……（二）超过正常限度的罚站、反复抄写，强制做不适的动作或者姿势，以及刻意孤立等间接伤害身体、心理的变相体罚”，本案例中冯老师对陈同学采取的不管不问不关心的方式就属于该条款中的刻意孤立。

冯老师采取这样的教育方式势必会给学生的心理带来伤害，对陈同学以后的发展造成负面影响。众所周知，处于成长阶段的学生的心灵敏感而脆弱。对于犯错误的学生，老师在进行管教时都需要考虑适当性与必要性，更何况是诸如本案例中这般单纯因学生未打理好个人卫生的情况，老师可采取合适的方式予以提醒，但绝不能予以歧视和差别待遇。

**专家支招：**

1. 教师行使惩戒权应当遵循依法惩戒的原则，在确有必要时可以对学生进行惩戒，同时要注意惩戒手段的合目的性、适当性和必要性，根据具体情节、危害结果进行批评教育，不得进行体罚或变相体罚。

2. 学校在平时的教学管理中，要注意提醒教师合法与不法的边界，建立常态的学生反映机制，维护学生投诉、反映问题的权利，切实保护学生的权益。

**案例来源：**

重庆市万州区某小学实地调研所得，调研人为吴绣书，调研时间为2021年2月4日。

**编者：吴绣书**

## 案例18

# 班主任指派纪律委员实施教育惩戒

**案例关键词：**

指派班干部惩戒、点名批评、罚站

**案例详情：**

某小学五年级六班的班主任因需要参加年级组的班主任会议，不能进班对自习课进行管理，所以在布置学习任务后，叮嘱学生安静写作业，不要随意走动或是互相交流，遵守课堂纪律，并嘱咐纪律委员上讲台对班级纪律进行管理。班级中的王同学在班主任离开后就不遵守纪律要求，做作业时多次与其同桌李同学讲闲话，影响了周围同学的学习。纪律委员提醒后王同学仍旧我行我素，最终，纪律委员将他们二人的名字记录在黑板上，在全班面前点名批评了这两位同学的违纪行为，并要求其罚站10分钟。其他时间里也经常出现纪律委员批评处罚同学的情况，班主任知道该情况后也表示默许，并不予以制止。受罚学生觉得不服，将情况告诉了父母。家长质问纪律委员凭什么可以惩罚他的孩子时，纪律委员说，作为纪律委员是由全班同学选举出来的，又被班主任授予了对班级纪律进行管理的权利。家长投诉了班主任的该种授权行为。但班主任表示让学生参与班级的管理出发点是善意的，不仅能使学生的能力得到提升，更有助于实现班级自治。

类似的班干部因班主任授权而惩处同学的行为常有发生。譬如，某中心小学五年级学生的家长就曾发过投诉帖曝光班主任刘某授意班干部随意惩罚班里的学生。宿舍舍长经常要求在宿舍午休时说话违纪的学生罚站，导致他们下午上课没精神，学习成绩有些下滑。[1]其他类似的情形还包括，班主任要求劳动委员监督管理全班同学的卫生打扫情况，有同学经常出现打扫不干净或不及时的情形，劳动委员就直接要求该同学多为班级同学服务三天，以示惩罚。

**案例知识点：**

《规则》第二条第二款明确了教育惩戒的定义，教育惩戒的主体是学校和教师，而违规违纪的学生是教育惩戒的相对方。合规的教育惩戒行为只能由教师或学校实施，而不能指派给学生。故《规则》也明确将“指派学生对其他学生实施教育惩戒”的行为排除在教育惩戒的合规方式外。教育惩戒容易被滥用，相关行为的实施需要全方位考虑教育惩戒行为的必要性、正当性，与违规违纪的情节和结果的适应性等因素，充分考虑学生的心理与身体情况，尊重学生的人格尊严。根据合规要求，只有心理思想成熟、受过专业正规教育的教师在不断的实践与反思中才能有合理选择实施教育惩戒行为的经验与智慧。学生的心智尚未成熟，被指派实施教育惩戒难以做到合规合理，会导致惩戒的随意性，可能会对违纪学生的权益造成过度的侵害。况且，学生主体间是相互平等的，不应当存在一方可以惩戒另一方的情况。在日常教育实践中，指派班干部进行教育惩戒的情况时有存在，大部分情况下这种行为作为一种协助教师管理班集体的行为并不被教师们认为是违规行为。随着《规则》的正式实施，教育惩戒范畴将更为明确，教师也将更明确具体的行为要求。

**适用规则：**

《义务教育法》

第二十九条　教师在教育教学中应当平等对待学生，关注学生的个体差

1　参见王永胜：《教师惩戒权是不可转让的》，《中国德育》2018年第8期，第9页。

异，因材施教，促进学生的充分发展。

《中小学班主任工作规定》

第十六条　班主任在日常教育教学管理中，有采取适当方式对学生进行批评教育的权利。

《中小学教育惩戒规则（试行）》

第十二条　教师在教育教学管理、实施教育惩戒过程中，不得有下列行为：

（七）指派学生对其他学生实施教育惩戒。

第十五条　教师违反本规则第十二条，情节轻微的，学校应当予以批评教育；情节严重的，应当暂停履行职责或者依法依规给予处分；给学生身心造成伤害，构成违法犯罪的，由公安机关依法处理。

**案例评析：**

本案例中，班主任委托纪律委员进行纪律管理，默许纪律委员对违反课堂纪律的王同学和李同学进行点名批评，让他们罚站 10 分钟，以示惩戒。显然，这是一起典型的指派学生对其他学生实施教育惩戒的违规行为。本案例中，教师将可以实施的“点名批评、一节课堂教学时间内的教室内站立”的教育惩戒指派给了班干部。

教师因其职业身份而天然具有教育权，教育惩戒又是教师行使教育权的一种具体方式，教育权可以被让渡给学生吗？或许很多教师都支持本案例中班主任的观点，为了实现学生的自治，配合班主任对班集体进行更好的管理，由班干部实施合规的教育惩戒行为并无不妥。但该理由并不能使学生成为实施教育惩戒的适格主体。对于实施惩戒行为的学生来说，其年龄还较小，无法正确判断针对不同情节与性质的违规违纪行为是否应当进行教育惩戒或者应当进行何种方式的教育惩戒，很有可能造成随意进行教育惩戒的情况。由教师实施的教育惩戒行为是合规合理的，而由学生实施的教育惩戒行为则是被禁止的。

对于教师指派学生对其他学生进行教育惩戒的情况，应当及时纠正，向他们宣传正确的教育惩戒观念。

教师不能主动授权委托或默许学生实施教育惩戒，更要对学生因班干部职责义务引发误解而做出的类似行为进行积极的引导。很多情况下，教师并没有通过明示或默示的方式让渡自己的教育权能，学生为了尽到班干部的职责，可能采用了超过自己能力与权限范围的错误方式。因此，教师应当对学生的日常行为给予更多关注，进行正确的行为与价值引导。当发现班干部私自惩罚同学的情况，应及时制止，鼓励他们以一种更为积极的方式来帮助身边的同学。

**专家支招：**

1. 学校及教师是教育惩戒的实施主体，这种权利不能让渡或者委托他人行使。学校及教师不应当以协助教师管理班级或者实现学生自治为由，授权或者委托学生实施教育惩戒。

2. 学校可以聘请专家对《规则》第十二条“指派学生对其他学生实施教育惩戒”的内容安排专题讲座，并组织全体教师进行学习探讨，让教师反思自己在日常教学与管理中是否存在相应的违规惩戒行为。

**案例来源：**

浙江省杭州市某小学实地调研所得，调研人为李鑫狄，调研时间为2021年3月10日。

**编者：李鑫狄**

## 案例 19

# 小学语文老师指派班干部暴力教育惩戒学生

**案例关键词：**

指派班干部、停课处分、全校通报

**案例详情：**

2013 年 3 月，在佛山禅城南庄一所民办小学的一节语文课上，一年级的孩子张某没有按时完成作业，该老师指示班干部对张某进行了间接体罚。老师让副班长当着全部同学的面，用座椅靠背上的木棍对张某“罚杖 50 下”，致使孩子的屁股淤青。家长对此表示愤怒，相关老师一直在场，但却没有喊停，也没有及时查看孩子是否受伤。但老师解释称，他也不是真的想去体罚他们，也想把他们教育好。

事后校方已经向家长赔礼道歉，对老师作出停课处分，并表示在事件处理结束后可能会予以辞退。并且，校方已经在全校会议上通报此事，要求其他老师吸取教训，引以为戒。

生活中老师直接指派班干部暴力惩罚其他同学的情况多有发生。例如，四川 9 岁的小刚因上课讲话，被班上的纪律委员扇了 20 个耳光，而该行为是数学老师指使纪律委员做的。[1] 再如，高明区石水小学的一三年级学生因没交作业，被班干部当着同学的面轮流狠打屁股，对此学生家长和校方各执一词，家长认为是老师授权班干部做的，而校方则称老师没有暗示班干部这么做。[2]

1 参见《20 耳光扇在了谁的脸上？》，https://comment.scol.com.cn/html/2011/06/011013_874102.shtml（最后访问日期：2021 年 3 月 20 日）。

2 参见《因没交作业佛山男童屁股被女班干轮流拍打》，http://edu.southcn.com/e/2012-04/19/content_43545442.htm（最后访问日期：2021 年 5 月 20 日）。

**案例知识点：**

《规则》明确规定了教育惩戒行为的实施主体，包括教师和学校。教师和学校基于其职业身份或单位性质享有教育权，可以实施教育惩戒行为，但学生并不是实施该行为的适格主体，也不能经受让而享有教育权。教师不得指派学生对其他学生实施教育惩戒行为。“假学生之手”的暴力性质的“教育惩戒”远比教师个人实施的超过教育惩戒限度的行为更为严重。教育惩戒需要在教育的基础上，充分考量学生的心理特点，避免对学生心灵造成伤害。这种让学生代替教师动手的违规做法对学生双方都会造成严重影响。被让渡“教育权”实施“惩戒措施”的学生容易借助教师的权威欺辱其他同学，甚至会引发变相的校园欺凌。对被暴力惩戒的学生来说，他们的身体与心理都将受到不小的侵害。这种违规惩戒行为的存在会阻碍同学之间发展平等和谐互助友好的人际关系，不利于学生人生观、世界观、价值观的塑造。因此，教师实施的教育惩戒必须有度、适度，不得指派学生对其他学生实施教育惩戒，更不能指派学生对其他学生实施超过教育惩戒限度的行为。

**适用规则：**

《未成年人保护法》

第二十七条　学校、幼儿园的教职员工应当尊重未成年人人格尊严，不得对未成年人实施体罚、变相体罚或者其他侮辱人格尊严的行为。

《义务教育法》

第二十九条　教师在教育教学中应当平等对待学生，关注学生的个体差异，因材施教，促进学生的充分发展。

教师应当尊重学生的人格，不得歧视学生，不得对学生实施体罚、变相体罚或者其他侮辱人格尊严的行为，不得侵犯学生合法权益。

《中小学班主任工作规定》

第十六条　班主任在日常教育教学管理中，有采取适当方式对学生进行批评教育的权利。

《中小学教育惩戒规则（试行）》

第十二条　教师在教育教学管理、实施教育惩戒过程中，不得有下列行为：

（一）以击打、刺扎等方式直接造成身体痛苦的体罚；

（七）指派学生对其他学生实施教育惩戒。

第十五条　教师违反本规则第十二条，情节轻微的，学校应当予以批评教育；情节严重的，应当暂停履行职责或者依法依规给予处分；给学生身心造成伤害，构成违法犯罪的，由公安机关依法处理。

**案例评析：**

语文老师因张某没有按时完成作业，就指派副班长当着全部同学的面，用座椅靠背上的木棍对张某“罚杖 50 下”，致使孩子的屁股淤青。显然，这是一起典型的指派学生对其他学生实施体罚的违规的教育惩戒事件。教师基于教育管理学生的需要而享有教育权，可以实施教育惩戒措施，但学生没有正当的职业身份行使该权利，不具备相应的教育惩戒能力。体罚本就超出了教育惩戒的范畴，教师不能实施，更不应当指派给其他学生进行体罚。

学生的心智还不成熟，教师有义务进行积极的价值引导。教师指派学生对其他学生进行体罚则容易误导学生，让他们将在日常交往中暴力处理问题的方式正当化，若不加制止和引导，后续就可能转变为更为严重的校园欺凌事件。此外，这种指派授权行为会使没有正确权利义务观念的学生误认为是教师看重他的能力，对他优异表现的一种赞赏。被同学体罚的学生则会遭受身体和心理的双重伤害，打破他们对平等、和谐、美好友谊的向往。这种违规惩戒行为不利于学生树立正确的责任义务观念，不利于学生塑造正确的三观，也不利于平等团结互助的班集体的建设。

教育惩戒是教育方式的一种，应当由学校或教师在合法适当的范畴内实施。若是不适格的主体做出不恰当的行为就会背离教育惩戒的目的与价值。

违规的惩戒行为将会对成长中的学生造成难以估量的伤害。

对于指派学生对其他学生实施体罚的行为，首先要对受罚学生的身体伤害进行治疗。其次，对双方学生都应当进行心理干预。正确引导实施体罚行为的学生，使其认识到自己的错误，向受罚学生道歉。教导班干部与同学相处时要学会尊重他人，不能以暴力手段解决问题。对于指派学生实施体罚行为的教师，学校应当按照《规则》第十五条第二款的内容及时处理。本案例中，学校向家长致歉，对教师作出停课处分，并在全校会议上通报此事，要求其他教师吸取教训、引以为戒的处理方案还是较为合理的。

**专家支招：**

1. 学校及教师对违规违纪行为应当积极行使批评教育，必要时采取合规的教育惩戒措施，杜绝体罚行为，更要避免指派学生对其他学生进行体罚的现象发生，防止教育惩戒的滥用。若出现班干部惩戒其他学生的，教师应当及时阻止，并引以为戒。“假学生之手”进行的带有暴力性质的“教育惩戒”比教师个人实施的超过教育惩戒限度的行为更为严重。

2. 学校应向家长致歉，对教师作出相应的处分，并向全校通报此事，要求其他教师吸取教训。

**案例来源：**

《民办小学教师令班干部“杖责”未完成作业同学》：http://edu.people.com.cn/n/2013/0314/c1053-20791216.html（最后访问日期：2021年3月20日）。

**编者：李鑫狄**

## 案例 20

# 班主任以言语羞辱学生

**案例关键词：**

“三好学生”、羞辱、心理影响

**案例详情：**

经过一番紧张的复习后，某中学的学生终于迎来了本学期的期末考试。期末考试后，学校便展开了“三好学生”评比活动。在学校往年评选“三好学生”的规定中，期末考试成绩位于班级前五名的学生均可以获评班级“三好学生”。

初一三班的小郑平时成绩一直位于班级中游。他的父母都是在外务工人员，只有小郑和爷爷奶奶一起在家乡生活。由于家庭在经济上比较困难，小郑并不像其他同学那样有着丰富多彩的课外生活，他从未参加过钢琴、绘画等兴趣班，也很少参与课后补习班，甚至在购买教辅资料的时候也要对比几种不同书籍的价格。由于本次期末考试前小郑学习十分勤奋，在熟练掌握知识点的基础上对考查内容有了较为深刻的理解。因此，他在本次期末考试中取得了极大的进步，总分排在班级第五名。正是这样，从期末考试成绩发布后，小郑就一直期待着在班会上获得班主任的表扬和获评“三好学生”。

期末考试后的班会如期而至。在这次班会上，班主任宋老师不但没有表扬小郑，反而在班级“三好学生”的颁奖名单中将小郑的名字删去，加上了班内小王的名字。小王家境优渥，平时经常参加课外补习班和预习班，因此成绩一直在前十名。但是小王在上个假期里沉迷于网络游戏，上课时也不再认真听讲，而是想着如何在游戏中“打怪升级”。他的父母心急如焚，在过节时更是给宋老师送去了很多礼品，拜托宋老师在平时学习上“多加照顾”。小郑的家长虽然也较为关心小郑的日常生活和在校成绩，但并没有给宋老师赠送礼品。

宋老师接受了小王父母的礼物后，在上课时经常让小王回答问题，并在课间为小王讲解题目。但是小王依旧沉迷于网络游戏，因此他的期末考试成绩仍然没有大的提升，在班级中处于中游。

令小郑没想到的是，宋老师在班会上不仅将小王评为班级“三好学生”，并称赞他在平时的较好表现，还将“三好学生”证书颁发给了小王。班内的同学都疑惑地看着宋老师，并发出了细碎的讨论声。宋老师在全班同学面前解释称，将“三好学生”颁发给小王而不是小郑并不是没有理由的。小郑之所以能够获得班级第五名的成绩，是因为他肯定在期末考试中作弊了，否则就凭小郑的天赋和平时的成绩，是不可能考到如此高的分数的。除此之外，宋老师还对小郑大加奚落，说小郑的衣衫上经常有污渍，平时也不爱参加班级组织的出游活动，小王恰恰相反，应当鼓励小王这样平时表现较好的同学，不能让小郑因为一次没有被抓到的作弊而获得“三好学生”的奖项，因此将“三好学生”的奖励破格颁发给小王。

小郑面对周围同学对他作弊的议论，难堪地低下了头，课后没有再找宋老师解释和询问。这件事给小郑的心理造成了很大的影响，初二时他的成绩一蹶不振，并和几个“社会人士”称兄道弟，也未能升入高中。

**案例知识点：**

《规则》第十二条规定：“教师在教育教学管理、实施教育惩戒过程中，不得有下列行为：……（二）超过正常限度的罚站、反复抄写，强制做不适的动作或者姿势，以及刻意孤立等间接伤害身体、心理的变相体罚；（三）辱骂或者以歧视性、侮辱性的言行侵犯学生人格尊严。”首先，教师实施教育惩戒的前提是学生存在一定的不当行为，例如不同程度的违规违纪行为。

如果学生并未实施上述不良行为，教师无论以何种形式实施教育惩戒，都不具备正当理由。其次，教育惩戒并不意味着随意处罚。教师若实施了上述规则第十二条内的不合理行为，往往不但起不到教育作用，还会对学生的生理、心理产生负面影响，不利于学生的健康成长。最后，教师不应当收受家长礼物，在进行班级管理的时候应当注意平等对待学生，不应歧视家庭特殊的学生。

**适用规则：**

《未成年人保护法》

第二十七条　学校、幼儿园的教职员工应当尊重未成年人人格尊严，不得对未成年人实施体罚、变相体罚或者其他侮辱人格尊严的行为。

《义务教育法》

第二十九条　教师在教育教学中应当平等对待学生，关注学生的个体差异，因材施教，促进学生的充分发展。

教师应当尊重学生的人格，不得歧视学生，不得对学生实施体罚、变相体罚或者其他侮辱人格尊严的行为，不得侵犯学生合法权益。

《中小学教育惩戒规则（试行）》

第十二条　教师在教育教学管理、实施教育惩戒过程中，不得有下列行为：

（二）超过正常限度的罚站、反复抄写，强制做不适的动作或者姿势，以及刻意孤立等间接伤害身体、心理的变相体罚；

（三）辱骂或者以歧视性、侮辱性的言行侵犯学生人格尊严。

第十五条　教师违反本规则第十二条，情节轻微的，学校应当予以批评教育；情节严重的，应当暂停履行职责或者依法依规给予处分；给学生身心造成伤害，构成违法犯罪的，由公安机关依法处理。

**案例评析：**

在本案例中，首先，班主任宋老师因为收取了小王家长的礼物而对小王照顾有加，显然没有在日常班级管理中做到平等对待学生。其次，在“三好学生”评选中，班主任并未遵守学校的评定规则进行颁奖，取消了小郑本应获得的荣誉称号和奖状并将其颁发给小王，还对小郑进行言语上的侮辱，称小郑依靠作弊获得好成绩，对于其平时的表现也施以言语上的打压和歧视，严重违反了《未成年人保护法》《义务教育法》和《规则》的规定。

教育惩戒的目的是促进学生健康成长、全面发展，使得学生在实施不良行为后及时反省改正。应当注意的是，上述目的建立在保护学生合法权益的基础上，在学生并未实施不良行为的情况下在班级内对学生实施体罚，是缺乏理由与根据的。

**专家支招：**

1. 教师应当遵守《规则》的规定，平等对待每一位学生，更不能在学生没有不当行为的基础上对学生进行惩戒。

2. 学校应当根据教师行为的严重性和学生身心受到伤害的程度，对教师进行包括批评教育、暂停职责、给予处分等不同方式的处理。当教师行为构成违法犯罪时，应当移送公安机关依法处理。

**案例来源：**

江苏省南通市某中学实地调研所得，调研人为张冠群，调研时间为2021年1月9日。

**编者：张冠群**

〔第四编〕

# 制定学校实施细则的典型范例

第一章

# 华政附中制定实施细则的过程[1]

2019年11月20日，教育部就教师“教育惩戒”问题向全社会征询意见，华东政法大学附属中学（以下简称“华政附中”）学生事务中心的学生向教育部提交了“全国唯一一份来自中学生有组织的意见建议”。

教育部发布中华人民共和国教育部令第49号《中小学教育惩戒规则（试行）》已于2021年3月1日起施行。华政附中学生事务中心又积极行动起来，依照学校“校园立法”程序，组织教师、学生、家长和社会专业人士共同研制教育惩戒规则在本校的实施细则。

## 一、华政附中学生事务中心

学生事务中心是华政附中学生志愿者参与校园学生事务自主管理，践行民主法治思想的综合实践平台。

在近十年的发展过程中，学生事务中心形成了完整的组织架构和章程，

1 本编课题组长：傅松。课题成员：陈依群、顾平康、蒋怀峰、许盈银、丁爽、顾一帆、刘美月、陈陆平。

自主管理，服务校园学生事务、服务社会是他们的实践宗旨。在团委、学生会的组织、领导及管理下，学生事务中心面向全体学生，由志愿者自主报名，竞聘上岗，以模拟学校各行政岗位管理者的身份为特色，开展组织自治。志愿者们分别担任了校长助理以及教导处、德育处、科研室、总务处助理和干事，在学校行政各部门的指导下，定期召开学生行政会议，用学生的眼光、以学生的思维和方法进行调研，了解学生所思所想，凝聚学生智慧，吸纳师生家长建议，成为学生参与学校依法治校、民主管理的重要渠道和学生走向社会、尝试实践的鲜活平台，从而极大丰富了学校民主法治教育的外延和内涵。华政附中十多年来坚持法治办学、特色育人，立足普通高中特色化多样化发展，践行“活力教育”理念，放大德育中“法治教育”内容，以尚法特色教育为支点，撬动育人观和育人方式的转变与变革，提升学生学习品质，培养面向未来的现代公民，彰显出上海市特色高中的教育活力。

学校从认知、能力和价值观三个层面明确了“尚法”的校本内涵，强调对基础性、差异性、选择性和未来适应性的兼顾，惠及全体，构建完整的“尚法”特色课程体系，指向学生全面成长，促进个性特长发展。根据学生的不同层次和发展需要，多层次分类实施，为学生提供更多发展和可以选择的成长空间。成为对内自主建构优化，对外有效整合各方优质资源，同时不断产生向外辐射效应的有机体，培养能够主动承担社会责任，服务社会，面向未来社会需要的“明德·尚法·精业的现代公民”。

依据面向全体、分层实施的原则，开发学术类、活动类、社团类和服务类四大门类40多门尚法校本课程。兼顾全体全面和个体个性发展需求，解决有限的时空与丰富的课程之间的矛盾。“明德尚法杯”校园模拟听证已成为区域品牌项目；40多节法治教育慕课挂入上海名校慕课网。与国家课程交叉实施，采用自主选修、限定选修等不同的修习方式，为学生提供了多元开放的学习资源和修习时空。

基于尚法特色建设，“尚法”融入学校整体运作系统体系。通过校园

“立法”、决策听证、民主立规、志愿服务等途径，使全校师生真正成为参与学校管理的主人，形成了规则共订、责任共担的现代学校治理管理机制。

学生事务中心的志愿者们学以致用，围绕师生关注的，尤其是与学生利益密切相关的校园热点难点问题，依照华政附中民主治理规则去探究、解决生活中的实际问题，成为学生自主学习管理校园学生事务的探索者和实践者。法治等综合素养的提升成为激发他们迅速全面成长的助推器，同时也撬动学校运行机制发生变革，促使学校治理机制的重构，学校的决策真正落到以学生发展为本的原点，彰显教育活力。

事务中心志愿者制定华政附中校园立法程序，努力做到校园规则制定的民主化、科学化、法治化。针对校园热点问题或矛盾纠纷点，先由学生志愿者通过调查问卷、访谈等方式进行调研，在此基础上召开校园听证会。经由学生、家长、老师及其他相关人士共同参加的听证会，充分发扬民主，听取各方代表阐述意见，最终达成共识，以此作为后续校园立法的必要前置程序。基于听证结论，由学生事务中心立法委员会起草相关校园法草案，提交学校学生会，经由学生代表大会讨论、表决通过，再正式递交学校校务会审定，经校长签字，正式生效。截至 2020 年，已经出台《华东政法大学附属中学无校服日实施规定》《华东政法大学附属中学学生作业自主权实施规定》《华东政法大学附属中学学生在校使用手机规定》《华东政法大学附属中学生活垃圾分类管理规定》《华东政法大学附属中学学生外带食品进校园管理若干规定》等五部校园法案，成为全校师生共同遵守的“行为规则”。

服务类课程已发展成学校特色品牌，事务中心的志愿者们从校内走向社会，开展项目化学习。学生们越来越关注社会，尤其是涉及中小学生利益的问题，开展调研，就具体问题的解决提出建议，并提交有关部门作为决策参考，学着承担社会责任。

近年来，华政附中形成了五个典型案例，分别是 2019 年为教育部“教育惩戒规则”意见征询提出修改意见获采纳和来函肯定；2020 年就学校周边交通信号灯设置不合理情况提出建议，成为长宁区政协正式提案并获答复解决；同年参与国家“未保法”修订，一条建议被全国人大常委会正式采纳；2021 年，学生们又继续针对国家“预防未成年人犯罪法”修法提出了自己的意见；还参与了全国人大常委会法工委关于“反食品浪费法”的视频意见征询座谈会。

在“六五普法”“七五普法”总结阶段，市教委、市司法局把华政附中作为迎接中央巡视组检查的一个窗口，展现上海市青少年法治教育的成果；制定“八五普法”方案时司法部专门发函来校征集意见；2020 年成功举办主题为“法治 · 未来”的第三届上海高中生论坛，全方位展示了华政附中法治育人方面的斐然成绩。

学生在学校特色建设过程中，主体地位得到充分体现，以明德尚法、自主探究、思辨合作、创新实践为主的综合学力得到充分发展。学生在丰富学习经历的同时，增加了法律知识贮备，学会使用法律知识、法治思维去研究问题、解决问题，以适应学生对未来法治生活的需要。

“尚法”特色课程培育了中学生的法治精神，助力学生民主公正、思辨质疑、社会责任等现代公民所需核心素养的提升及必备品格的形成。学生事务中心的中学生志愿者们自主学习、情境实践、学以致用、关注社会、担当责任，立志成为尊法、学法、守法、用法的时代楷模。

## 二、为“教育惩戒”发声

志愿者们学法、用法的脚步跨出校园走向社会，主动承担社会责任，用法服务社会，尝试探究解决社会问题，尤其关注涉及青少年切身利益的事件，为青少年自己发声。

2019 年 11 月 20 日，教育部就教师教育惩戒规则向全社会征询意见，附中师生认为这是涉及自身权益的一件大事，必须发出自己的声音。

围绕这些问题，学生事务中心在“模校管理”课程老师的指导下，认真学习上述规则（征询意见稿）原文，利用已有的法律知识，针对教育惩戒的必要性与合理性、“惩戒”与“体罚”的认知边界、惩戒方和被惩戒方的责任、义务与维权等问题，设计出学生、老师、家长和专家问卷（共四份），并开展了广泛的实地和网上调查，调查群体包括学生、教师、中学校长、法学和教育发展研究专家等。组成多个调查小组，开展师生访谈，收集相关信息。校内师生参与率达到了 100%。

他们共收回有效问卷 3089 份，获得建议或意见 355 条。通过处理和分析，他们发现对于实施教育惩戒，教师赞同率为 96.64%，家长和社会专家、校长等赞同率为 87%，学生赞同率为 76.54%。显示出在中小学教育管理中，保障教师正当行使教育惩戒具有广泛的群众基础。

“模拟听证”是华政附中的品牌尚法课程之一。随着依法治校的深入开展，模拟听证逐步走向实务听证，师生及家长共同参与解决校园事务问题，已成为华政附中依法治校、民主办学的重要特征。

12 月 20 日，学生事务中心就草拟的《关于教师教育惩戒权的意见建议》组织开展校园听证会。此次听证活动的开展，235 位学生表达了参与听证的意愿。听证会上，20 位陈述人作了发言，提出了很多极具建设意义的修改建议，经过书记员汇总，形成了听证建议提交学生事务中心。在大学专家和大学生辅导员的指导下，学生事务中心进行了完善，形成了由 10 条修改建议和修改理由组成的“关于《中小学教师实施教育惩戒规则（征求意见稿）》的修改意见”，并呈送教育部。

教育部政策法规司收到华政附中同学们的修改建议后，表示这是他们收到的唯一一份来自中学生的有组织的建议，来函给予充分肯定并附采纳证明。

## 三、民主立规

《规则》已于 2021 年 3 月 1 日起施行，结束了教育惩戒无章可循无法可依的窘境，对教师有依有据地行使教育惩戒，具有非常重要的指导意义。

但是，如何正确有效地实施教育惩戒，成为华政附中避不开的话题。

一是传统的教育观念和行为根深蒂固，把握不好度，极有可能引火烧身，如何建立观念和思想认识的“防火墙”势在必行。

二是必须对已有的校规校纪相关条款进行“对表式”梳理、修改和调整，如：中学生行为规范、学生在校一日常规等，使学校校园法体系更加配套兼容，管理更加规范有效。

三是教育部相关法规比较宏观，虽然可以直接拿来使用，但是作为上位法规，学校如何找到与之相适应的，符合学校实际的细化操作和规范实施的路径，显得更为必要和迫切。

四是教育惩戒针对的是极少数学生，有没有必要为此大费周章？

对此，学生事务中心讨论认为，教育惩戒规则鲜明地提出，教育惩戒是教育的重要组成部分，学校既要支持教师敢用、善用教育惩戒，也要通过正确落实教育惩戒达到育人功能。为了让学生能够认同、接受教育惩戒细则实施，促进学生勇于自律、自省和知过就改，就必须再次开展更为广泛的调研，以确保程序公正，从而就实施细则达成共识。

**（一）广泛征集对华政附中教育惩戒规则制定的意见建议。**

学校对《规则》进行认真研读，除了适应性修改，重点梳理出七大需要在学校具体施行但又必须进一步细化成可借鉴可操作的细则（第一稿），并就此设计了征询意见问卷，在全校范围内广泛征求老师、学生和家长的意见建议。

**（二）对师生和家长代表进行培训，学习领会校园立“法”的背景和参**

**与要求。**

向全校师生和家长发布校园教育惩戒立“法”听证会与会意向。对准备参加听证的相关教师、学生和家长代表集中进行培训，使其认真学习领会教育惩戒规则制定的背景以及立法思想和立法意图，共同探讨交流相关规则条款如何修改细化落地的思路和设想，当面重点听取他们从各自立场表达的观点和意见。

**（三）发布对《华东政法大学附属中学教育惩戒实施细则（征求意见稿）》的意见征询。**

这次意见征求共收到有效的来自教师的意见 90 条、家长的意见 33 条和学生的意见 148 条。在充分吸取各方代表征询意见基础上，再易其稿，形成了《华东政法大学附属中学教育惩戒实施细则（征求意见稿）》第二稿。

在这个过程中，我们认识到：

第一，学校教育根本宗旨是育人。教育惩戒规则第一条就明确了，根本目的在于“落实立德树人根本任务，保障和规范学校、教师依法履行教育教学和管理职责，保护学生合法权益，促进学生健康成长、全面发展”。

从字面上理解，惩：惩罚；戒：防备。惩戒的意思就是对已经犯下的过失进行惩罚，对未来可能出现的过失行为进行戒备。因为“戒”，所以才有“惩”。教育惩戒的目的在于教育，“惩”是教育的一种方式。教育惩戒是促使学生引以为戒、认识和改正错误的教育行为。

本次立“法”既关注和强调了校园“法”的约束力，也进一步明确惩戒教育的内涵，确保惩戒的育人功能，落实教育惩戒的根本目的，谨记培养学生身心的良好习惯并使之健康发展才是惩戒规则的真正使命。

第二，2020 年教育部在向全国征求意见时用的是“教师教育惩戒权”，正式发布时用的是“教育惩戒规则”，这其中大有不同：前者强调的是教师主体实施的权力；而后者更注重对学生的惩戒教育，强调规则、规范。

学校教师的根本任务在于育人，遵循教育规律，遵循法治原则，客观公正地实施惩戒。制定实施细则，既是支持教师履行教育职责，让教师会用、敢用、慎用教育惩戒规则，非必要不使用，也是真正促进学生健康成长，保护学生的合法权利，做到有目的、有温度、有尺度、有力度、有效度，才是实施教育惩戒的正确之路。

第三，行使教育惩戒有法可依固然重要，但如何有效用好教育惩戒这一教育良方仍是挑战。教育惩戒是一盒火柴，不用是愚蠢的，滥用则是危险的。无细则就无实施、就无实效，学生权益无法得到保障。必须细化教育惩戒权责边界、明确惩戒行使程序、完善惩戒监督体系。更要规范教师教育行为，保障学生的合法权益。

第四，教育是一门科学，也是一门艺术，教育惩戒可能是教育行为中最为精细的科学、最为微妙的艺术。遵循教育规律，遵守法治原则，客观公正地实施惩戒，保护学生的合法权益，支持教师履行教育职责，做到有爱、有理、有度、有效，才是正确实施教育惩戒的基本保障。失之毫厘，谬以千里。我们应该心怀敬畏，永怀一颗爱心。

第五，作为上海市尚法特色学校，附中人学法、用法、守法、护法，学生、教师、学校、家庭、社会共同参与教育惩戒校园立“法”，这个活动本身就是一个学法、普法的过程，是了解、认同、自我教育的过程，更是一个问题解决的过程，体现了学校全员育人、依法治校、民主管理和以师生发展为本的理念。对教师来讲是一次法的普及，了解惩戒原则边界和尺度，让师德师爱在敢管善管的轨道中展现；对学生来讲是一次升级版的行为规范教育，规则意识、规范意识得到加强，权利、义务理解更深更透，更加理解学校和老师；对家长来讲是一次深入贴近学校，理解老师，读懂教育，更加积极主动有效地与学校老师互动配合，教育好孩子，建设更加亲密紧密的家校命运共同体。让家校和整个社会携手并肩，协商、协调、协力做好教育惩戒这篇文章，共同营造华政附中和谐美好的育人氛围，使教育惩戒真正发挥它应有的教育价值！

## 四、为新“法”诞生听证

### （一）听证会基本情况介绍。

2021 年 3 月 25 日，华政附中学生事务中心再次就教育惩戒校园立“法”召开听证会，对草拟的《华东政法大学附属中学教育惩戒实施细则》进行听证。

本次听证会听证方：校长、书记、工会主席；本次听证陈述人由华政附中教师代表、学生事务中心学生代表和家长代表组成；另外出席会议的还有特邀嘉宾华东政法大学行政法专家邹荣教授。长宁区优秀青年后备干部和校园级后备干部（高中组）、长宁区中小学德育教导培训班成员一行也共同观摩了本次听证会。

这是一次以教师为主体，学生和家长共同参与的校园听证会。《规则》毕竟是全国性法规，与上海和学校实际还是有距离的，因此新的校园“法”制定必须从实际出发，贴近学校和学生实际。

因为 2019 年底学校曾就教育惩戒进行过一次听证，不少观点被采纳，所以这次听证老师、学生和家长的观点主要聚焦于对《规则》中提出的比较原则的问题如何细化，既与上位法原则保持一致兼容，又与学校实际结合，使其落地更有针对性、可操作性和实际意义。

如果说第一次教育惩戒听证一定程度上打消了教师敢不敢管的疑虑，那么这次听证则在更广更深层面和程度上凝聚了教师善不善管的教育智慧和手段。

会上共有 27 位代表陈述了自己的观点，形成了七条听证建议，为接下来的校园立“法”提供了各方富有建设性的参考意见。

会后，我们把听证后修改的《华东政法大学附属中学教育惩戒实施细则（征求意见稿）》第三稿提交给华东政法大学和教育部青少年法治教育协同创新中心专家，请他们从技术方面给予指导和专业上的把关，经过进一步研究讨论修改，形成了《华东政法大学附属中学教育惩戒实施细则（征求意见稿）》第四稿。

**（二）听证陈述人观点摘要。**

这次关于教育惩戒的校园立“法”听证有如下几个亮点：

**1. 完善立“法”实现双向保护。**

对学生进行批评、惩戒以及处分，必须有合法的程序。传统的做法虽然十分直接、快速，可是缺乏程序正义，把属于学校公共事务的批评、惩戒和处分演变成了学生和教师之间的恩怨，直接导致被批评、惩戒、处分的学生及学生家长把矛头对准教师，制造师生间的冲突。这次立“法”赋予教育惩戒合法的程序，即把学生严重违规、不良行为上报由学校领导、教师代表、家长代表、社会专业人士代表共同组成的校纪校规执行委员会，由该委员会启动对学生行为的调查，包括听取被惩戒学生的陈述、辩解，根据调查结果作出惩戒决定，把惩戒决定告诉学生及学生家长，学生及学生家长可提起申诉，学校成立申诉委员会或仲裁委员会再进行调查、举行听证会，根据新的调查结果作出新的决定。“这一程序和机制，一方面使教育惩戒有章可循，有法可依，改变过去学校与教师‘不敢管’的尴尬局面；另一方面，对于学校和教师的不恰当惩戒行为，校园立‘法’也可以对学生起到保护作用，对大家来说都是好事，进一步规范与保障惩戒行为的实施，有利于教师权益和学生权益的双向保护，使惩戒真正起到对学生进行规则、法治教育的作用，对紧张的师生关系也能起到润滑剂作用。”朱昶安妈妈如是说。

**2. 教师主体把握尺度温度。**

教师是实施教育惩戒细则的主体，校园立“法”过程就是学校细化惩戒权责边界，明确教育惩戒行使程序的过程。因此，在本次校园立“法”过程中，充分听取了我校一线教师的意见和建议，明确了什么情况下可以实施何种形式的惩戒，使学生和教师双方的正当权益均受到保护。预备年级班主任胡琰莹老师建议，重视惩戒的行使程序，严格遵守程序对学生实行惩戒，保障惩戒的公平公正、合理合法。高二年级闵佳老师提到，学校规则应定义在学校层面，应适当留白，给年级组制定细则留出空间。针对不同年级的学生，应因材施教，避免一刀切。老师们也提到，制定学校教育惩戒实施细则并不代表学校和教师要“能用尽用”，而是“能不用尽量不用”，惩戒是对学生不端行为的警示，旨在通过这种方式帮助学生反省和改正自身的错误行为，其最终目的不是惩罚学生。“让老师用爱心去感动学生，用耐心去教育学生，没有惩戒教育，学生很难明事理。惩戒要以爱和尊重为原则。充分肯定学生的其他优点，保护学生的上进心，使他们甘于受惩，勇于改错，把惩戒的过程当作人生一课。”佟嘉和家长动情地说。

### 3. 建立机制维护公平正义。

青少年问题行为的出现与家庭教育密切相关，良好的亲子关系可以降低学生出现问题行为的风险。因此，本次校园立“法”也将家长教育活动纳入教育惩戒体系，推动家庭与学校之间建立起相互配合、互为补充的教育协作关系。正如杜瑞琛妈妈所说：“作为家长，我们是不是要注重平时跟孩子的沟通？尽管我们有养家的压力，孩子也有学习的压力，如果家长能掌握好度，保持顺畅的亲子沟通，把孩子可能会发生的严重违规行为消散在良好的家庭氛围中，孩子好与坏，在于沟通与关怀！”初三年级周士杰同学提出要赋予学生、家长对学校教育惩戒的申诉监督权利，推动构建由教育主管部门、社会、家长、学校共同组成的申诉委员会，对因教育惩戒而引发的各种纠纷进行仲裁，确保学生的合理诉求、合法权益得到尊重和维护，同时也提醒学校和老师正确、合理地使用惩戒权；处分解除后，应将处分记录封存，让学生轻装上阵，能够在升学以及未来生活中真正被平等对待。对此，学校计划建立申诉渠道，打开倾诉大门，深化和拓展原有的“模拟调解”“模拟仲裁”等课程，使之逐步从模拟走向实务，同时开通心理倾诉热线和阳光小屋，使之成为又一条解决校园实际问题、维护学生权益、支持教师履行教育职责的科学、民主管理新通道。

**4. 专家引领提升立“法”水平。**

本次立“法”既关注和强调了校园“法”的约束力，也时刻谨记教育惩戒在培养学生良好习惯并使之健康发展的初衷和目的。在此次听证活动的组织过程中，学校邀请到了华东政法大学的刘竞元、邹荣教授以及上海市法学会的专家来校进行专业指导，对这次校园立“法”提出了许多视野宽、针对性强、富有建设性的意见和建议，让师生和家长不仅深化了对《规则》立法精神实质的理解，而且感受到了如何通过民主的程序表达诉求，如何制定和执行规则，特别是如何把握立“法”的尺度和温度，这样有利于提升教育惩戒细则推进的效能和效度。全校师生和家长通过参与校园立“法”活动，同时也进行了一次生动的普法学习和思想情感的彼此沟通与交流，为即将诞生的新的校园“法”进行了很好的学习宣传和动员。

根据听证会专家的意见建议，学校协同教师、学生、家长，对《华东政法大学附属中学学生一日常规》《华东政法大学附属中学学生奖励办法》和《华东政法大学附属中学学生违纪处罚条例》等，进行适应性梳理和修订，使之与即将诞生的《华东政法大学附属中学教育惩戒实施细则》形成口径一致、奖惩配套的校园“法”体系。

在综合各方修改意见建议之后，学校邀请法治副校长、法律顾问、法律专家、法官等专业人士对细则第四稿进行审阅修改。最终《华东政法大学附属中学教育惩戒实施细则（征求意见稿）》第五稿，将递交给召开的教师、学生和家长三方联席代表大会审议表决通过，再经学校校务会议审核、校长签署、全面宣传后施行，并报教育主管部门备案。

如果说赏识是阳光，学生在赏识的阳光下可以自信而快乐地成长，那么教育惩戒就是风雨，让学生学会辨风识雨，规避风雨。经历教育惩戒的风雨，有助于学生学会担当责任，承受挫折，接受磨练，从而实现超越自我，走向成熟。

# 第二章

# 华政附中实施细则（讨论稿）

## 华东政法大学附属中学《中小学教育惩戒规则（试行）》实施细则（草案）

**（讨论第五稿）**

**第一条（制定目的）** 为规范学校、教师实施教育惩戒行为和程序，落实“立德树人”目标，有效实现教育惩戒对学生的教育作用，维护学生的合法权益，依据教育部《中小学教育惩戒规则（试行）》的实施规范，结合本校实际，制定本细则（草案）。

**第二条（适用范围）** 华东政法大学附属中学和全体教师在教育教学和管理过程中基于教育目的，对有行为失范、违规违纪的学生实施教育惩戒，适用本细则。

对于违反《华东政法大学附属中学学生一日常规》的行为，应当适用本细则予以惩戒。

**第三条（适用原则一：鼓励依规惩戒原则）** 华东政法大学附属中学支

持、指导、监督教师依法依规实施教育惩戒。有针对性地加强对教师的培训，促进教师更新教育理念、改进教育方式方法，使教师“会用、敢用、善用”教育惩戒，实现教育惩戒的育人目标。

**第四条（适用原则二：审慎惩戒原则）** 教育惩戒必须审慎使用，以“非必要不实施”为原则。

**第五条（适用原则三：遵循正当程序原则）** 对学生进行惩戒，除可以当场作出的轻微教育惩戒和年级教育惩戒委员会作出教育惩戒决定外，其余情节较重或情节严重的教育惩戒决定必须经过校级学校教育惩戒委员会审议、决定，报校务会审核批准后才可生效实施。

教育惩戒委员会在审议和作出惩戒决定前，应当听取学生、学生家长或者其他法定监护人的陈述、辩解，校德育处、校务会给予协调、指导和监督。

**第六条（适用原则四：重在教育矫治原则）** 实施教育惩戒必须严格做到“实施前的深入了解倾听，实施中的沟通帮扶，实施后的谈心激励”。

学校建立由学校分管副校长、德育处主任、青保教师、心理教师及法治副校长（辅导员）以及法律、心理、社会工作等方面的专业人员组成的学生教育保护辅导工作组和工作机制，对有需要的学生进行专门的心理辅导、行为矫治。

**第七条（惩戒组织）** 学校健全教育惩戒组织机构，建立两级（校级和年级）教育惩戒委员会和学生申诉委员会。

学校教育惩戒委员会和学生申诉委员会应当吸收教师、团委学生会、学生事务中心、家委会、法治副校长、华东政法大学法学专家、华政附中教育指导委员会成员、校外辅导员、学校法律顾问以及社会有关方面代表参加。

**第八条（对违反一日常规的惩戒）** 对于学生违反《华东政法大学附属中学学生一日常规》，情节较为轻微的，教师可参照《中小学教育惩戒规则（试行）》第八条规定当场实施教育惩戒，或课后及时教导。如有必要教师可以适当方式告知学生家长。如屡教不改，或造成不良影响及后果，根据班级规定，教师可报年级教育惩戒委员会予以处理。年级教育惩戒委员会可以按照《中小学教育惩戒规则（试行）》第九条实施教育惩戒。

**第九条（应受惩戒直至处分的行为）** 学生有以下违纪违规行为的，学校德育处、学校教育惩戒委员会可依据《中小学教育惩戒规则（试行）》第九条、第十条实施教育惩戒，有必要的可以根据《华东政法大学附属中学学生违纪处罚条例》予以处分。

（1）多次故意违反校纪校规并屡教不改。

（2）故意不完成各项任务要求，严重干扰学校教育教学秩序，造成不良影响。

（3）拒不服从教师教育，出言不逊、无理顶撞师长，发生肢体冲突。

（4）考试作弊。

（5）辱骂、欺负同学，发生肢体冲突打架斗殴。

（6）偷窃、故意损坏公私财物，危及自身或他人安全严重的，校园欺凌造成后果的，殴打侮辱老师影响极坏的；严重危害校园安全，携带管制刀具及其他危险违禁物品进校的。

（7）逃学、旷课吸毒。

（8）出入未成年人禁入场所。

（9）沉迷网络、手机，危害身体健康。

（10）恶意造谣中伤他人，以不良言行诱导其他同学。

（11）其他《预防未成年人犯罪法》规定的不良行为或严重不良行为。

**第十条（示范行为的现场处置）** 学生扰乱课堂或者教育教学秩序，影响他人或者可能对自己及他人造成伤害的，教师可以采取以下必要措施：

（1）教师还必须上课的情况下，可以派班干部到办公室，请其他教师协助，将其带离教室或者教学现场，并予以看管，使其冷静反思。必要时可请心理教师等协助。不可使学生置于无人管理的境地。

（2）如学生拒绝离开教室，尽量避免肢体冲突。出于保护学生本人和其他学生的目的，教师可请其他教师协助，在确保安全的情况下，通过拉抱衣服、手臂、肩膀等方式带其离开，切忌拎衣领、反剪双臂等侮辱性动作。

（3）下课后，教师及时予以教育处理。

**第十一条（检查及对物品的处置规则）** 教师发现学生携带、使用违规物品进校进班的，或未按照《华东政法大学附属中学校园手机管理办法》上交手机的，应当采取必要措施及时予以制止或收缴；发现学生藏匿携带违法、危险物品，如各类毒品、易燃易爆物、淫秽色情书籍、非法电子制品等到学校，应当当场责令学生交出并可以对可能藏匿物品的课桌、书包、储物柜等进行检查。检查时应当遵守下列规则：

（1）检查时要注意保护学生的个人隐私，一般由女教师检查女生物品。

（2）检查时应该由 2 名以上的教师在场。

（3）对收缴的学生违规物品，要有书面说明及清单，由学生本人签字确认，教师需根据情况判断决定妥善保管的方式，避免遗失。必要时逐级上交。属于违法、危险物品的，学校应当及时报告公安机关、应急管理部门等有关部门依法处理，并告知学生处理的方式。

（4）暂扣收缴的学生物品，应该在适当的时候交还学生家长，并请家长签收。

**第十二条（惩戒行为的规则）** 教师在教育教学管理、实施教育惩戒过程中，不得有《中小学教育惩戒规则（试行）》第十二条规定的行为。实施各项惩戒，应当遵守下列规则：

（1）罚站，不得超过一节课时间；下课自行终止，不得延续到下节课；可以要求学生立正站好，但不得附加其他动作；为避免遮挡后面学生视线，可以要求受罚学生站到教室后面，但是不能要求其站到教室外面或教师看不到的地方。

（2）罚抄，不得超过正常速度半小时内能完成的量（当天同类处罚原则上不得叠加）；一般在学校内完成。

（3）不得以冷言冷语嘲讽或不理不睬漠视等“冷暴力”行为对待犯错的学生。

（4）不得影响学生正常的同伴关系，要求或暗示学生孤立犯错的学生。

（5）不得以物理空间隔离犯错的学生。

**第十三条（从轻、减轻惩戒）** 受到教育惩戒措施的学生，经过批评、提醒、诫勉谈话后，能够诚恳认错、积极改正的，并消除不良影响，得到相关人谅解的，经德育处、年级组、班级等考察和认定，可以从轻、减轻或者提前解除教育惩戒。

**第十四条（争议调处）** 教师因实施教育惩戒与学生及其家长发生纠纷，学校予以及时处理，酌情组织由学校行政、学校工会、学生会、家委会、学生事务中心等代表及学校法律顾问、相关法律专家等参加的调解委员会，进行调解。学校不因教师无过错但造成不良后果处分教师。

**第十五条（协调、沟通与配合）** 学校、教师应当重视和强化家校协作，发挥学校“班主任为首席的导师制”的作用，积极与家长沟通，取得家长的理解、支持和配合，形成教育合力。

德育处、年级组积极保持与家委会沟通交流，听取家长的意见建议。认真办好“家长学校”，作好家庭教育指导。

家长应当履行对子女的教育职责，尊重教师的教育权利，配合教师、学校对违规违纪学生进行教育和管理。

**第十六条（生效时间）** 本细则自［　］年［　］月［　］日起试行。

**第十七条** 本细则经校务会批准公布后实施。

**图书在版编目（CIP）数据**

中小学教育惩戒裁量基准及案例式解读 / 任海涛，晋涛主编．—上海：华东师范大学出版社，2021

ISBN 978 - 7 - 5760 - 1885 - 1

Ⅰ.①中… Ⅱ.①任…②晋… Ⅲ.①中小学教育—教育方法—研究 Ⅳ.① G632.41-62

中国版本图书馆 CIP 数据核字（2021）第 118627 号

大夏书系 · 教师专业发展

**中小学教育惩戒裁量基准及案例式解读**

**主　　编**　任海涛　晋　涛
**策划编辑**　李永梅
**责任编辑**　张思扬
**责任校对**　杨　坤
**装帧设计**　奇文云海 · 设计顾问

**出版发行**　华东师范大学出版社
**社　　址**　上海市中山北路 3663 号　邮编　200062
**网　　址**　www.ecnupress.com.cn
**电　　话**　021 - 60821666　行政传真　021 - 62572105
**客服电话**　021 - 62865537
**邮购电话**　021 - 62869887　地址　上海市中山北路 3663 号华东师范大学校内先锋路口
**网　　店**　http：//hdsdcbs.tmall.com

**印 刷 者**　北京密兴印刷有限公司
**开　　本**　700 × 1000　16 开
**插　　页**　1
**印　　张**　18.5
**字　　数**　254 千字
**版　　次**　2021 年 9 月第一版
**印　　次**　2024 年 10 月第五次
**印　　数**　12 101–13 100
**书　　号**　ISBN 978 - 7 - 5760 - 1885 - 1
**定　　价**　58.00 元

**出 版 人**　王　焰

（如发现本版图书有印订质量问题，请寄回本社市场部调换或电话 021-62865537 联系）